职业教育智慧康育系列新形态教材

U0812785

婴幼儿家园共育

沧州医学高等专科学校
中德诺浩（北京）教育科技股份有限公司 组编

主　编　李　彦　天津城市职业学院
　　　　王　茜　天津市和平保育院
副主编　王晓晴　天津城市职业学院
　　　　刘淑红　天津城市职业学院
　　　　杭　琴　如皋经济技术开发区实验幼儿园
参　编　董悦琳　天津城市职业学院
　　　　范静雯　天津城市职业学院
　　　　李美慧　天津城市职业学院
　　　　魏　玲　天津市河北区第一幼儿园

大连理工大学出版社

内容提要：

《婴幼儿家园共育》教材紧贴婴幼儿养育教育职业人才培养需求，根据工作岗位和工作内容，梳理典型任务，组织四个情境，依据0~6岁儿童生理、心理和社会化发展状况，阶梯式设计学习情境和任务，结合职业院校学生学习特点，提炼、序化职业道德、理论知识和技术能力为学习内容。

教材包括家园共育共同体建构、家庭教育指导、家园共育有效沟通技巧与策略和家园共育活动的策划与组织四个情境，每一个情境分别根据0~6岁儿童生理、心理和社会化发展状况，设计了3~4个典型任务，每一个任务也是教学单元。情境一包括家园共育计划、家园共育组织架构、家园共育宣传与推广三个任务；情境二包括0~1岁婴儿家庭教育指导、1~3岁幼儿家庭教育指导、3~6岁儿童家庭教育指导三个任务；情境三包括家长个体沟通、家长群体沟通、社区沟通三个任务；情境四包括幼儿园开放活动策划与组织、幼儿园家庭主题活动、社区亲子活动策划与组织、突发事件应急与处理四个任务。

图书在版编目(CIP)数据

婴幼儿家园共育 / 李彦, 王茜主编. -- 大连 : 大连理工大学出版社, 2024.11

ISBN 978-7-5685-4521-1

Ⅰ. ①婴… Ⅱ. ①李… ②王… Ⅲ. ①托儿所—家长工作(教育)—高等职业教育—教材 Ⅳ. ①G616

中国国家版本馆CIP数据核字(2023)第123332号

出 版 人 苏克治

策划编辑 赵晓艳　　**责任编辑** 夏圆圆

责任校对 初　蕾　　**封面设计** 方　茜

出版发行 大连理工大学出版社

地　　址 大连市软件园路80号　　**邮政编码** 116023

电　　话 0411-84707410　0411-84708842（营销中心）　0411-84706041（邮购及零售）

邮　　箱 dutp@dutp.cn

网　　址 https://www.dutp.cn

印　　刷 大连天骄彩色印刷有限公司印刷

幅面尺寸 185mm × 260mm　　**印　　张** 17　　**字　　数** 393千字

版　　次 2024年11月第1版　　**印　　次** 2024年11月第1次印刷

书　　号 978-7-5685-4521-1　　**定　　价** 77.50元

教材编写委员会

主　任

才晓茹　沧州医学高等专科学校党委书记

副主任

吕丕华　中德诺浩(北京)教育科技股份有限公司副总裁

王　衍　沧州医学高等专科学校副校长

委　员　(排名不分先后)

李　彦　张毓华　高志敏　张　娟　邢　燕　王　茜

崔国华　石　磊　梁　巍　杜巧新　许智达　陈秀君

尹逊全　李　娜　孙　林

前　言

PREFACE

婴幼儿照护服务，不仅事关婴幼儿的健康成长，也关系着千家万户的福祉与国家民族的未来。针对0~3岁婴幼儿的托育服务，是构建社会化抚养体系的重要部分，该服务能够解决“小孩没人带”的困境，同时降低中国传统家庭式抚养婴幼儿所消耗的大量时间和精力，受到社会越来越多的关注。

党的二十大报告在回顾总结新时代十年的伟大变革时提到“幼有所育”，《中华人民共和国国民经济和社会发展第十四个五年规划和2035年远景目标纲要》中提到了婴幼儿照护服务的具体发展目标。科学、良好的婴幼儿照护服务，有利于全面提升我国人口素质，为促进经济社会高质量发展提供持续、优良的人力资本。我国婴幼儿照护服务事业正处于高速发展期，为提高婴幼儿照护服务能力和水平，迫切需要培养大量高素质技术技能型人才。《国务院办公厅关于促进养老托育服务健康发展的意见》（国办发〔2020〕52号）指出，“加强老年医学、老年护理、社会工作、婴幼儿发展与健康管理、婴幼儿保育等学科专业建设，结合行业发展动态优化专业设置，完善教学标准，加大培养力度”。《中华人民共和国职业教育法》第二十一条提到“国家采取措施，加快培养托育、护理、康养、家政等方面技术技能人才”。这是国家通过立法，罕见针对某个领域的人才培养作出法律规定，说明这四类人才培养的重要性和紧迫性。

综上所述，为了弥补高质量康育人才短缺这个短板，为我国婴幼儿托育事业提供强有力的人才和技能支撑，我们编写了这本职业教育新形态一体化教材。

本教材主要具备以下特点：

1. 对标国际理念，打造范式创新

本教材主要借鉴尊重个性发展、引导式教育等国际先进的婴幼儿托育服务理念，结合最新研究进展，融入个性化照护服务技能、智能辅具设备应用等知识，力求从各个方面助力提高学生的实践胜任力，培养具备国际视野、适应未来托育服务新范式的创新人才。

2. 对接职教双标，“岗课赛证”融通

本教材设计依据职业教育专业教学标准要求，以保育师、婴幼儿发展引导员等岗位需求“知识+技能+素养”为主导，以教育教学为中心，以职业院校早期教育相关技能大赛项目为依

托，以婴幼儿照护、母婴护理等职业技能鉴定评价标准为依据，通过“岗课赛证”融通，实现高质量人才培养目标。

3. 产教深度融合，创新教材形态

本教材由天津城市职业学院教师与天津市和平保育院等机构专家共同编写，融合了婴幼儿托育服务企业典型照护服务实践案例、创新教学模式与方法、产业前沿知识与先进技术，采用工作手册式教材形式、图文并茂设计，配套多样化数字资源，有效激发学生学习兴趣和创新潜能。

4. 坚持德育为先，德技并行兼修

本教材遵循职业教育的人才培养规律，坚持立德树人、德技并修。在内容编写中，坚持正确的政治方向和价值导向，落实课程思政要求，培育劳模精神、劳动精神、工匠精神和人文关怀的素养。

本教材由天津城市职业学院李彦、天津市和平保育院王茜担任主编；天津城市职业学院王晓晴、刘淑红，如皋经济技术开发区实验幼儿园杭琴担任副主编；天津城市职业学院董悦琳、范静雯、李美慧，天津市河北区第一幼儿园魏玲参与编写。其中，李彦和刘淑红共同编写情境一任务一、二、三；王晓晴编写情境二任务一、二、三；魏玲编写情境三任务一，董悦琳编写情境三任务二、三；李美慧编写情境四任务一、三；范静雯编写情境四任务二、四；部分案例由王茜、杭琴提供。

本教材可作为职业院校婴幼儿托育服务与管理专业教材，也可作为相关专业核心课教材和拓展类教材使用，同时还可供从事托育服务、管理、培训的技术人员学习和参考。

尽管我们在教材特色的建设方面做出了许多努力，但是由于编写团队水平有限，教材中仍可能存在一些疏漏和不妥之处，恳请各教学单位和读者在使用本教材时多提宝贵意见，以便我们不断完善。

本教材编写组

目 录
CONTENTS

情境一
家园共育共同体建构

情境介绍

家园共育共同体建构包括家园共育计划、家园共育组织架构和家园共育宣传与推广三项任务。

制订家园共育计划是建构家园共同体的重要内容之一，也是保证家园共育工作有效落实的前提，可以使家园共育工作有计划、有目的地开展，从而不断丰富家园共育的经验。家园共育计划任务，涵盖家园共同体的内涵、家园共同体的构成和新生家长问卷的相关概念，如何设计新生家长问卷以及如何制订家园共育计划等内容。

家园共育组织是每一所托育机构（幼儿园）积极开展共育沟通理解和共育方法互动的有效途径，不同的家园共育组织对应着托育机构（幼儿园）中不同的家园共育内容，需要在托育机构（幼儿园）的指导下开展家园共育工作，服务家长、服务每一个婴幼儿，以保证其健康成长。家园共育组织架构任务涵盖家委会的组建和家长学校的开办。

托育机构（幼儿园）需要借助相应的平台，将科学的托育理念、保教理念有效地传播和融入每一个家庭，从而加深家长对专业机构的认知，自觉强化双方的主体意识，增强家园之间的有效沟通。家园共育宣传与推广任务涵盖家园宣传栏——线下宣传、微信公众号——线上推广知识。

情境目标

- 能根据家园共育共同体的内涵，结合婴幼儿（0~3岁、3~6岁）身心发展规律和家长照护及养育需求，完成新学期家长问卷的设计和新学期家园共育计划的制订。

- 能结合家长委员会(家委会)职责,完成家委会成员的推选、家委会参与家园共育工作的策划、组织与反馈;充分发挥家长学校的作用,确定家长学校的工作内容,完成家长学校工作的策划、组织与反馈。
- 能根据家园共育宣传与传播的特点,灵活选用家园宣传栏和微信公众号等宣传渠道,完成科学喂养、科学照护和科学保教等家园共育工作的线下宣传与线上推广。

任务一 家园共育计划

任务二 家园共育组织架构

任务三 家园共育宣传与推广

任务一　家园共育计划

教学资源

任务导入

场景：托育机构或幼儿园

人物：教师、婴幼儿家长

情节：小王老师是宝宝托育中心（幼儿园）的一名新教师，承担新生班级的一日生活照料、养育与保教工作。在开学不到一周的时间里，小王老师就被各种问题困扰住了。有家长担心老师不了解自己孩子的行为习惯而围在活动室外不肯离开，有家长担心托育中心（幼儿园）的膳食不符合自己宝宝的饮食习惯，甚至有一些家长因为自家宝宝不适应集体生活而直接指责小王老师的照料与保教工作没有做好。面对这些问题，小王老师意识到婴幼儿一日生活的管理、照料与保育等工作，一定要与家庭密切合作，提前熟悉和了解婴幼儿在家庭生活中养成的一些生活习惯、情绪特点以及家庭的养育条件和养育方式，即提前做好家园共育的方案是非常必要的。请你和小王老师一起来设计一份新生家长问卷，并制订一份家园共育计划，帮助小王老师做到对每一个新生心中有数，提前公布近期家园共育的相关内容，指导并与家长携手做好照护和保教工作。

任务目标

- 能结合《托育机构设置标准（试行）》《托育机构管理规范（试行）》《幼儿园工作规程》《3~6岁儿童学习与发展指南》要求，筛选与确定问卷内容，完成新生家长问卷的设计。
- 能结合《幼儿园工作规程》《幼儿园教育指导纲要（试行）》要求，完成新生家长问卷的发放与调查。

- 能结合岗位要求，回收问卷，完成调查结果分析。
- 能根据婴幼儿身心发展特点和家长需求，科学选择家园共育的内容，合理安排家园共育的频次和时间，完成家园共育计划的制订。

任务实施

(一)新生家长问卷设计

1.知识学习

(1)家园共同体的内涵

家园共同体：以促进婴幼儿发展为共同目标，是由婴幼儿的家庭成员、与其相关的教养人员、幼儿园教师及相关工作人员组成的不断建构的群体，双方有着共同的责任(家庭的责任和幼儿园的社会责任)和需求(促进幼儿富有个性地发展)。

自然的共同体：家庭和托育机构是婴幼儿生活成长的主要场所，双方所提供的教养环境、教养态度和教养方式对婴幼儿的成长起着重要作用。每个婴幼儿从开始集体生活的那一刻起，婴幼儿的家庭与托育机构基本上构成一个整体，成为一个自然的家园养育共同体。而自然的家园养育共同体虽然有着共同的终极目标——促进婴幼儿在身体与心理、认知与能力、态度与情感等方面的健康成长，但在教育理念、方法和策略上存在着很大的差异，甚至是分歧。因此，为了有效达成双方共同的终极目标，在教育实践层面，自然的家园养育共同体需要重新建构，成为和谐的家园养育共同体。

有组织的共同体：在建构过程中需要家长和教师通过多种方式的互动，渐进性地形成彼此间平等、尊重、理解、包容、接纳的互动特质，形成同频共振、同向发力的家园共同体。有组织的共同体必须是家长与教师之间在教育理念上是共存共通的，在教育方式上是理解接纳的，在教育行为上是步调一致的，从而形成“理想的”家园共同体，使婴幼儿在原有水平上得到发展。

“理想的”家园共同体突出人员的流动性和多样性。由于托育机构中的生源是动态的，每学年会有一批新生入园、老生毕业，每学期会有随机的新生入园和老生离园，在客观上构成了家长成员的动态变化。同时，由于受教育经历、文化水平、家庭背景和职业特点的不同，家长成员间还呈现多样性的特征。

“理想的”家园共同体突出家长与教师双方的对话与互动。一方面教师主动与家长对话互动，传递婴幼儿照料、养育和保教的科学理念和教育方式方法；另一方面家长也要保持极高的参与度，积极参与到和教师的互动中来。双方真诚分享教育经验、探讨教育策略，通过分享、倾听、吸纳、质疑、碰撞，促进彼此的互通互融，形成养育合力。

(2)家园共同体的构成

家园共同体工作职责：《幼儿园工作规程》第四十条 幼儿园园长职责中第七条规定“组织和指导家长工作”；第四十一条 幼儿园教师职责中第四条规定“与家长保持经常联系，了解幼儿家庭的教育环境，商讨符合幼儿特点的教育措施，相互配合共同完成教育任务”。

家园共同体工作内容：《幼儿园工作规程》第五十三条规定“幼儿园应当建立幼儿园与家长联系的制度”。幼儿园可采取多种形式，指导家长正确了解幼儿园保育和教育的内容、方法，定期召开家长会议，并接待家长的来访和咨询。幼儿园应当认真分析、吸收家长对幼儿园教育与管理工作的意见与建议。幼儿园应当建立家长开放日制度。

家园共同体的组织架构：《幼儿园工作规程》第十章幼儿园的管理中明确了幼儿园的园务委员会由园长、副园长、党组织负责人和保教、卫生保健、财会等方面的工作人员代表以及幼儿家长代表组成。

《幼儿园教育指导纲要(试行)》中指出“幼儿园应与家庭、社区密切合作，与小学衔接，综合利用各种教育资源，共同为幼儿的发展创造良好的条件。”“家庭是幼儿园重要的合作伙伴。应本着尊重、平等、合作的原则，争取家长的理解、支持和主动参与，并积极支持、帮助家长提高教育能力。”这些法规文件都充分表明我国对幼儿园教育与家庭教育要协同一致、合力教育，在养与育中共同发挥作用的重视。

家园养育共同体的构成包括围绕幼儿园和家庭开展的各种面对面互动、借助各种媒介开展的互动。围绕幼儿园和家庭开展的各种互动包括家长会、家委会、伙食委会、家长学校(科学养育知识讲座、科学养育咨询、科学养育经验介绍、家长论坛)、家长助教团、家长开放日和家长沙龙等。借助各种媒介开展的互动包括家长宣传栏、家园联系手册、宝宝成长档案、共育书吧、便签留言、微信群和微信公众号等。

(3)家长问卷的相关知识

家长问卷是教师了解新生成长背景的一种主要的渠道，是未来构建和谐家园共同体的一块基石；通过家长问卷便于教师了解关于某个孩子、家庭的信息；是教师与家长的首次对话；也是初次建立情感的一种途径。

通过家长问卷，托育机构和教师能更加科学精准地对婴幼儿进行专业化、个性化的指导，托育机构在坚持贯彻执行国家相关政策、坚持主流教育观的同时，还要具体结合每个婴幼儿不同的家庭教育观，提供满足不同家庭和家长教育期望的各种方法和途径。通过家长问卷，托育机构和教师还能全面了解家长的职业背景，为推选家委会成员、开展丰富的助教活动提供可借鉴的信息，

家长问卷按照入园时间可分为新生问卷和老生问卷；按照问卷结果可分为新学期工作意见调查问卷和学期末家长满意度调查问卷；按照工作性质可分为家委会问卷、伙食委会问卷、家长学校问卷等。托育机构非常重视家长问卷，要求教师每学期对新生进行一次问卷，对老生进行一次问卷；为了加强与家长的沟通，提高家长参与共育的积极性和主动性，学校会在学期初，向家长征询新学期对托育机构的工作想法与建议，向家长进行工作意见调查问卷；为了全面了解家长对托育机构一学期工作的熟知度和认可度，向家长发放机构和班级满意度调查问卷；为了了解不同部门的相关工作，向家长发放关于家委会、伙食委员会和家长学校等的问卷。

家长问卷形式多样，可以是纸质的，也可以是电子的，两种问卷形式各有所长。纸质问卷具有相对高质量的数据优势，由于是纸质版，因而更加便于被调查者浏览作答，面向的群体更加广泛，不仅婴幼儿的父母可以作答，其祖父母辈的年长者也能作答，如果进行的是现场答卷，仔细认真的程度还会提高，如有困惑还可以向问卷人进行咨询，这些都有助于提高问卷数据的质量。同时，纸质问卷还具有题型设计灵活的特点，如选择题中不仅有单选题、多选题，还有开放性题目。劣势是印刷成本高、问卷回收耗时费力、数据录入耗费时间和精力等。电子问卷的优势在于便捷、高效、低耗。问卷人可直接在相应的系统中进行问卷设计，通过作答链接、二维码等形式就能发放给被调查者，传播速度快、传播范围广。电子问卷同时还具备快捷、高效处理和分析问卷结果的优势，由系统自动对问卷数据进行回收。劣势是数据的真实性难以控制，由于被调查者在手机或电脑上操作，作答过程可能出现随意点击或他人代答、多人轮流点击等不可控因素，数据的质量也受到影响。另外，由于系统原因，有些题型不能满足问卷要求，问卷的合理性、科学性同样受到一定影响。

(4)新生家长问卷设计的步骤

新生家长问卷工作一般在开学初甚至是开学前进行，通过问卷初步了解即将入园婴幼儿的生活习惯、性格特点、认知能力等；了解婴幼儿的家庭结构、家庭养育理念和养育方式，选择托育机构的标准以及对本托育

机构的认可度等；征询家长对托育机构的要求、建议及希望等，建立初步交流沟通的渠道，与婴幼儿及家长建立初步的情感联系。这些信息的搜集与获得，有助于教师在新生入园的第一天就能实施有针对性的教育，开展较有基础的家园共育活动。新生家长问卷设计一般包括前言设计、主体设计和问卷检测(图 1-1-1)。

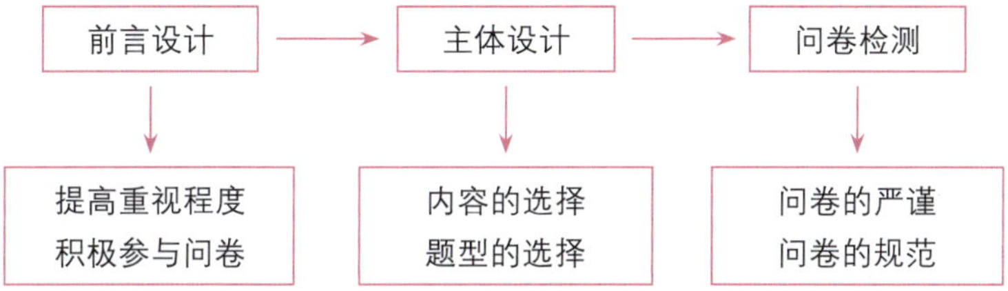

图 1-1-1　新生家长问卷设计的三个步骤

1)新生家长问卷的前言设计

设计一份完整、有价值的问卷首先要对问卷的目的进行思考，因为问卷承载着调查目的，所以要紧紧围绕最终的目的进行问卷的设计。新生家长问卷的目的在于了解不同年龄段婴幼儿开始集体生活前的性格特点、生活习惯和认知能力；了解家庭养育条件及方式。这些调查目的需要在问卷的前言中进行说明，提高家长的重视程度。前言部分还要有填写问卷的须知、回收时间、回收地点以及其他需要说明的事项等设计，辅助家长顺利答卷及回收。前言的最后是致谢，对家长的积极参与和配合表示感谢(图 1-1-2)。

尊敬的家长朋友：

您的宝宝即将来到 XX 托育中心（幼儿园）度过一段难忘的集体生活，这也是宝宝首次离开熟悉的家庭环境，开始踏入社会环境的新尝试。为了让照护宝宝的教师第一时间了解宝宝在家庭中的照护环境、家庭照护人的照护方式和照护习惯，以便于托育中心（幼儿园）在膳食营养、生长发育、安全防护和疾病防控等方面与家庭照护和养育方式无缝衔接，为宝宝健康成长提供个性化、多元化和多样化的照护与保教服务，特设计以下问卷内容。

请您积极配合，认真完成问卷的填写，并于 XXXX 年 XX 月 XX 日，将问卷交给班内教师，也可以将问卷投放到 XX 处家长问卷回收箱内。

感谢您的配合与参与！

图 1-1-2　新生家长问卷的前言设计

2)新生家长问卷的主体设计

这部分内容包括三个部分：第一部分是基本情况，主要采集被调查者的基本信息；第二部分是问卷核心，围绕调查问卷主题选择适宜的内容进行问题设计并向家长征询意见或建议；第三部分是选择恰当的题型(图 1-1-3)。

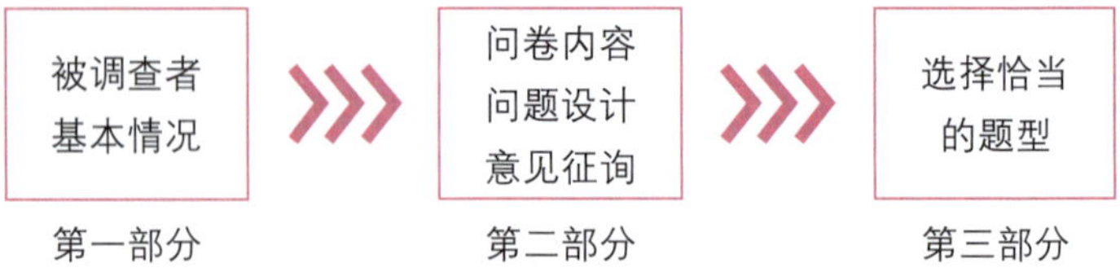

图 1-1-3　新生家长问卷的主体设计

第一部分中被调查者基本情况主要包括家长的姓名、年龄、性别、学历情况、工作情况、父母有无特长、家庭成员居住情况、照护婴幼儿情况等，由于这部分内容带有隐私性，设计问卷的时候要根据问卷的主题进行添加或删减。

第二部分问卷的内容与问题设计是新生家长问卷最重要的一部分，应围绕问卷主题确定问卷内容、设计具体问题。内容的选择和问题的设计应保证能准确地搜集到对婴幼儿进行照护与托育的重要信息，同时问题的设计还应避免给家长带来不必要的困扰和负担，并且争取到家长的认同和理解，有助于其积极参与问卷调查工作。

①新生家长问卷内容的选择

这部分内容首先需要根据年龄特点确定婴幼儿发展的相关内容。

0~1 岁新生家长问卷主要围绕身体发育情况（抬头、翻身、坐、爬、站等动作发生的时间、完成动作情况）、语言发育情况（对声音的反应、对词的理解）等进行内容设计；1~3 岁新生家长问卷主要围绕生活习惯、动作发展（走、跑、跳）、语言表达情况、思维发展和自我意识等方面进行内容设计；围绕家庭养育条件和方式方法进行内容设计，如参加早期教育指导活动的情况；最后要征询家长对婴幼儿饮食、饮水、喂奶等喂养习惯的建议、对托育机构的教育建议等（表 1-1-1）。

表 1-1-1　0~3 岁新生家长问卷内容的选择

年龄段	婴幼儿发展的相关内容	具体项目
0~1 岁	婴幼儿动作的发展	抬头、爬、站立
1~3 岁	婴幼儿手部动作的发展	用勺、积木叠高、涂鸦
1~3 岁	婴幼儿语言的发展	倾听能力、表达能力、语言理解能力
1~3 岁	婴幼儿生活卫生习惯	饮水、如厕、进餐、睡眠

3~6 岁幼儿家长问卷主要围绕入园适应、自理能力、幼儿的兴趣爱好、性格特点、语言表达能力、思维发展和社会性交往等方面进行内容设计，以及家长自身在养育中为促进幼儿发展提供的环境、条件和教育方式等情况；最后要征询家长的教育需求、家园共育的需求和对幼儿园的教育建议等（表 1-1-2）。

温馨提示

○由于 0~3 岁阶段，婴幼儿间的差异较大，因此问卷的设计上应多关注个体需求。

表 1-1-2　3~6 岁新生家长问卷内容的选择

年龄段	幼儿发展的相关内容	具体项目
3~6 岁	幼儿自理能力的发展	如厕、盥洗、进餐、睡眠、穿脱衣服
	幼儿情绪情感的发展	情绪的表达、情绪的宣泄
	幼儿社会交往的发展	人际交往、友好相处

②新生家长问卷问题的设计及意见征询（表 1-1-3、表 1-1-4）

表 1-1-3　0~3 岁新生家长问卷问题的设计

问题	选择
1. 请您回忆宝宝是如何学会抬头动作的 A. 自然出现 B. 有抬头意识时照护人辅助学会 C. 无抬头意识，照护人训练学会	□
2. 请您回忆宝宝是如何学会爬的动作的 A. 自然出现 B. 有爬的意识时照护人辅助学会 C. 无爬的意识，照护人训练学会	□
3. 请您回忆宝宝是如何学会站的动作的 A. 自然出现 B. 有站的意识时照护人辅助学会 C. 无站的意识，照护人训练学会	□
4. 您的宝宝用勺进餐时的表现是 A. 用勺时食物外溢严重 B. 用勺时食物稍微外溢	□
5. 您的宝宝用积木叠高时的表现是 A. 能叠高 3~5 块积木 B. 能叠高 6~8 块积木 C. 能叠高 9~10 块积木	□
6. 您的宝宝握笔涂鸦时的表现是 A. 无眼与手腕动作参与 B. 短暂的眼与手腕动作参与 C. 稍长的眼与手腕动作参与	□
7. 您的宝宝听到照护人发出“否定”指令时的表现是 A. 听到指令后，仍然去做 B. 听到指令后略有迟疑，然后去做 C. 听到指令后，停止做	□

续表

问题	选择
8.您的宝宝平时的饮水习惯是 A.拒绝饮用白开水 B.在照护人引导下饮用白开水 C.主动饮用白开水	□
9.您的宝宝平时的睡眠习惯是 A.睡眠时易惊醒,醒后难以入睡 B.睡眠时易惊醒,照护人干预后继续入睡 C.睡眠时不易惊醒	□
10.您多久参加一次早教亲子活动 A.从不参加 B.每月不固定时间参与 C.每月有固定时间参与	□
11.请说明您的宝宝在饮食、饮水等方面有什么习惯?需要教师给予哪些关注和引导?	请直接填写:

表 1-1-4　3~6 岁新生家长问卷问题的设计

问题	选择
1.您的宝宝饮水时经常表现的行为习惯是 A.成人喂水,宝宝拒绝 B.成人喂水 ,宝宝边玩边喝 C.成人提示,宝宝独立饮水	□
2. 您的宝宝进餐时经常表现的行为习惯是 A.成人喂饭,宝宝拒绝 B.成人喂饭,宝宝边玩边吃 C.成人提示,宝宝独立进餐	□
3. 您的宝宝睡眠时经常表现的行为习惯是 A.成人陪伴入睡 B.须有陪伴物陪伴入睡 C.独立入睡	□
4. 您的宝宝如厕后经常表现的行为习惯是 A.家长帮助冲厕、整理内外裤 B.家长提醒冲厕及整理内外裤 C.独立完成冲厕和整理内外裤	□
5. 您的宝宝盥洗时经常表现的行为习惯是 A.家长给宝宝盥洗 B.家长辅助宝宝完成盥洗 C.宝宝独立完成盥洗	□

续表

问题	选择
6. 您的宝宝能否自己穿衣服和鞋子 A. 家长给宝宝穿衣服和鞋子 B. 家长辅助宝宝穿衣服和鞋子 C. 宝宝独立穿衣服，家长辅助穿鞋子 D. 宝宝独立完成	□
7. 如果您的宝宝想得到一件玩具，您没能满足宝宝的愿望，宝宝的表现是 A. 大哭大闹，什么办法也哄不好 B. 用其他物品转移注意力后，情绪转好 C. 成人安抚后，宝宝情绪好转	□
8. 如果您的宝宝看到周围有小伙伴在一起游戏，宝宝的行为表现是 A. 成人鼓励宝宝参与游戏，宝宝远远观望 B. 在成人的鼓励下参与游戏 C. 主动参与游戏	□
9. 如果您的宝宝有一件玩具，其他小伙伴也想玩，宝宝的表现是 A. 宝宝独自玩，不与小朋友分享 B. 在成人的引导下，宝宝和小伙伴一起玩 C. 主动和小伙伴一起玩	□
10. 您在家中经常和宝宝一起阅读吗 A. 从不 B. 偶尔 C. 经常	□
11. 您在家中经常和宝宝一起游戏吗 A. 从不 B. 偶尔 C. 经常	□
12. 宝宝的玩具坏了，您会和宝宝一起进行修复吗？ A. 从不 B. 偶尔 C. 经常	□
13. 您的宝宝平时对哪些食物过敏？喜欢吃的食物和不喜欢吃的食物有哪些？	请直接填写：
14. 每天接送宝宝的家人是否固定？	请直接填写：
15. 您希望教师在日常生活中多关注宝宝哪些方面的发展？	请直接填写：

3)题型的选择

问卷设计过程中，还要注意题型的选择，恰当选用题型，能辅助问卷设计者更全面、精准地搜集想要了解的相关信息(表1-1-5)。

表1-1-5 题型的选择

序号	题目类型	选用条件	问题	选项
1	二选一式	只选择其中一项	宝宝从小是母乳喂养吗	1.是 2.否
2	多项选择式	从两个或多个以上的选项中选择一项或多项	您在家庭中注重对孩子哪些自理能力的培养，可多选	1.自己饮水 2.自己进餐 3.自己如厕 4.自己盥洗 5.自己穿衣服
3	序列式	对所给出的所有选项进行思考，并从区分重要性出发进行排序	您的宝宝哪几个时间段练习排便比较适宜，请您进行排序	1.饭后 2.小便时 3.运动后 4.来园后 5.回家后 6.午睡前 7.午睡后
4	等级式	回答的选项呈由低到高或由高到低的等级，回答只选择其中一级	您选择我们托育中心的原因是	1.收费合理 2.离家比较近 3.保育水平高 4.由朋友介绍 5.其他

(5)新生家长问卷检测与试答

问卷设计基本确定后，要对问卷进行检测核查，以保证问卷的规范与严谨。

①问卷中的问题是否有重复。

②问卷中的问题是否具有代表性。

③问卷中的题量是否适宜。

④问卷中的题目顺序是否适宜。

2.技能操作

(1)新生家长问卷设计的前期准备

任何一家托育机构(幼儿园)都收集了每一个新生和家长的基本信息，在设计问卷前要对这些基本信息和整体情况进行全面了解和统计，充分掌握新生家长(监护人)的年龄、学历背景以及新生的家庭情况等基本信息，可以使用表1-1-6，对新生家长的基本信息进行汇总分析，从而更有针对性地设计问卷。

表1-1-6 新生家长基本信息统计表

☆新生家长年龄统计					
父亲年龄	30岁以下	( )人	母亲年龄	30岁以下	( )人
	30~40岁	( )人		30~40岁	( )人
	40岁以上	( )人		40岁以上	( )人
☆新生家长学历统计					
父亲学历	高中及以下	( )人	母亲学历	高中及以下	( )人
	专科	( )人		专科	( )人
	本科	( )人		本科	( )人
	本科以上	( )人		本科以上	( )人
☆新生的家庭情况					
双亲家庭		( )人			
单亲家庭		与父亲生活( )人 与母亲生活( )人			

(2)0~3岁新生家长问卷设计

结合0~3岁新生的生长发育特点，参考表1-1-7，完成0~3岁新生家长问卷的前言设计。参考表1-1-8，完成0~3岁新生家长问卷内容设计。

表1-1-7 0~3岁新生家长问卷前言设计

项目	内容表述
问卷的目的	
此年龄段的生长发育情况简要说明	
问卷回收时间	
问卷回收地点	
填写问卷注意事项	
致谢语	

表1-1-8 0~3岁新生家长问卷内容设计

基本情况设计	项目	内容		
	新生基本信息	姓名	性别	出生年月
	新生家长基本信息	父母姓名	工作单位	

续表

	婴幼儿发展的内容	问题设计	题型的选择	选项
内容及问题设计				
意见或建议的征询	内容	表述		

(3)3~6 岁新生家长问卷设计

结合3~6岁新生的生长发育特点，参考表1-1-9，完成3~6岁新生家长问卷的前言设计。参考表1-1-10，完成3~6岁新生家长问卷内容设计。

表1-1-9　3~6岁新生家长问卷前言设计

项目	内容表述
问卷的目的	
此年龄段的生长发育情况简要说明	
问卷回收时间	
问卷回收地点	
填写问卷注意事项	
致谢语	

表1-1-10　3~6岁新生家长问卷内容设计

基本情况设计	项目	内容		
	新生基本信息	姓名	性别	出生年月
	新生家长基本信息	父母姓名	工作单位	

续表

	婴幼儿发展的内容	问题设计	题型的选择	选项
内容及问题设计				
意见或建议的征询	内容	表述		

(二)家园共育计划制订

1.知识学习

(1)家园共育计划的含义

计划是一切行动的纲领,有计划才能更好地达成工作预期。家园共育计划是开展家园共育工作的行动纲领和先期决策,是预先确定开展系列家园共育活动目标以及实现目标的一种手段。概括地说,家园共育计划是托育机构(幼儿园)的管理者为一学期开展家园共育工作进行的规划,包括家园共育的目标以及达成目标的方法和步骤。

(2)家园共育计划制订的意义

1)家园共育计划是托育机构(幼儿园)开展家园共育工作的依据

家园共育计划能指导托育机构(幼儿园)按照国家对婴幼儿照护、婴幼儿托育服务、养育教育等相关政策要求和规定科学、系统地开展家园共育工作。保障家园共育工作规范、有序地落实与实践。如果没有明确的计划,家园共育工作会杂乱无章,或者为了共育而共育,甚至会出现“临时抱佛脚”的现象,从而影响工作的顺利开展。

2)家园共育计划是高质量开展家园共育活动的保障

家园共育计划涵盖了托育机构(幼儿园)各部门的家园共育工作,如

微课 家园共育计划的制订

园所层面家长学校工作的开展，食堂部门的伙食委会工作的开展，班级层面的家长助教团、班级家委会等工作的开展等。在家园共育计划中应对不同层面、不同部门家园共育计划的目标、任务、实施步骤和时间节点做出要求，各部门根据计划合理安排具体的家园共育工作，使家园共育工作既体现全面性又突出整体性，保障家园共育工作收到良好的效果。

(3)家园共育计划制订的依据

1)依据国家相关的政策要求

《托育机构设置标准(试行)》《托育机构管理规范(试行)》《幼儿园工作规程》《幼儿园教育指导纲要(试行)》《3~6岁儿童学习与发展指南》等政策文件中均明确了家园共育工作的规范和要求，是托育机构(幼儿园)开展家园共育工作的上位依据。

2)依据托育机构(幼儿园)的园务管理工作计划

家园共育计划应结合本机构(幼儿园)的实际情况进行制订。每学期托育机构(幼儿园)都会制订总体发展规划、方向和目标，这就是我们所说的园务管理工作计划，是一学期中园所工作的时间表和路线图。家园共育工作计划应在园务工作计划的框架下进行制订，一方面是具体工作的扎实开展，另一方面又有助于园所整体工作的有效落实，因此制订家园共育计划首先要考虑园务管理工作计划的要求，体现二者的一致性和对应性。

3)依据各部门具体情况

各部门具体情况可以从以下方面来把握：一是家长问卷的汇总分析，通过问卷分析出不同婴幼儿家长的需求、养育教育方式方法和观念、婴幼儿发展的基本情况；二是常态化开展的家园共育工作的效果分析，以往做过哪些家园共育工作，开展过哪些具体活动，成效如何，家长反馈是什么，体现在婴幼儿发展上有哪些变化，对机构(幼儿园)整体工作有哪些推动作用等；三是其他主、客观因素，不同部门的工作人员有哪些变化，环境条件有哪些变化等，如食堂部门新调入一名一级厨师，不仅做菜色香味俱全，还会制作面点，在伙食委会工作中，就要充分发挥这位工作人员的一技之长，积极听取家长对婴幼儿伙食的建议，同时还应将专业技能和专业知识传递给家长，使家长更加信赖托育机构(幼儿园)的伙食质量和营养搭配，并延伸到家庭中。

(4)家园共育计划制订的内容

家园共育计划制订的内容基本涵盖指导思想、已有工作情况分析、工作目标、工作内容和工作保障五个部分。(图1-1-4)

××机构(幼儿园)家园共育计划
一、指导思想
二、已有工作情况分析
三、工作目标
四、工作内容
五、工作保障

图1-1-4　家园共育计划制订的内容

1)指导思想

人的所有行动都带有一定的指向性,这种指向性就是指导思想。人们常说"思想决定行动,思路决定出路",可见思想是用来指导我们行为的意识。日常生活中指导人们行为的思想是内隐的一种潜意识,但工作中的指导思想是纲领性、战略性和引领性的,其决定了工作的理念和定位。托育机构(幼儿园)制订家园共育计划时,指导思想的确定要遵循以下两方面内容:一是国家相关政策;二是托育机构(幼儿园)的园务管理计划。

制订家园共育计划,首先要聚焦所带班的年龄段,根据婴幼儿不同的年龄段,解读相关政策文件。如果是0~3岁,需要解读《国务院办公厅关于促进3岁以下婴幼儿照护服务发展的指导意见》《托育机构设置标准(试行)》《托育机构管理规范(试行)》等,在此基础上,找出对相关工作的具体要求,以此为准则,将相关政策纳入指导思想,同时还要结合新学期园务计划中家园共育的内容,一并归纳到指导思想中进行表述。(表1-1-11)

表1-1-11　0~3岁家园共育计划指导思想的表述

年龄段	内容	找到相关政策	查找政策文件中具体要求	指导思想表述
0~3岁	积极落实相关政策要求	《托育机构管理规范(试行)》	第十三条　托育机构应当建立与家长联系的制度,定期召开家长会议,接待来访和咨询,帮助家长了解保育照护内容和方法	积极搭建家园沟通桥梁,通过定期召开家长会、设立园长接待日、提供咨询电话等多种途径帮助家长了解每周、每学期的班级保育照护内容和方法,并为家长提供家庭指导服务

2)已有工作情况分析

对工作现状的分析是制订家园共育计划的基础,只有充分了解和认真分析上学期家园共育工作的成效与不足,全面分析存在的问题以及需要改进的部分,才能使家园共育计划的制订更具科学性、针对性和可行性。家园共育工作已有情况分析包括:上学期各项家园共育工作满意度调查(家委会工作满意度调查、伙食委会工作满意度调查、班级家长工作满意度调查、家长学校满意度调查、公众号满意度调查等)、上学期各项家园共育工作取得的成效及不足。(图 1-1-5)

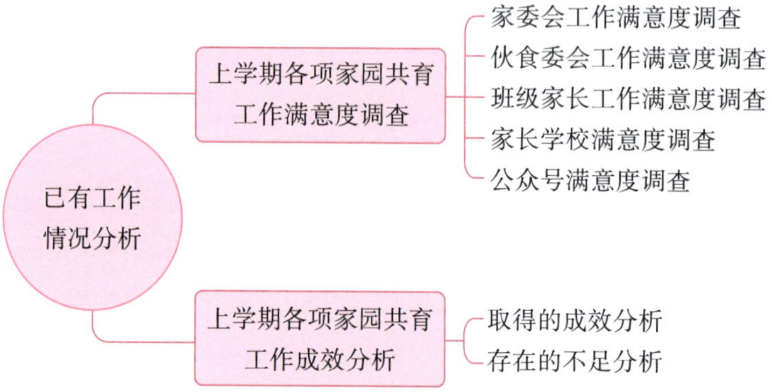

图 1-1-5 家园共育计划已有工作情况分析

3)工作目标

明确的目标为工作的开展指明方向并为工作的落实进行导航。目标的确立有助于更加具体地认识到为什么要开展家园共育工作,如何有针对性地思考专业化和个性化的家庭教育指导,如何改善、化解和避免教育过程中的各种矛盾,如何在以往工作的基础上不断提高家园共育成效,使家园互通、互融、互信、互助。确立工作目标要考虑四个方面内容:一是落实相关政策文件的要求;二是改进和提升以往工作中的不足;三是传承和发扬已经形成的优势项目;四是结合家园的新发展、新需求进行目标确立。

如果要制定 0~3 岁婴幼儿托育机构开展家园共育计划的目标,则要对应这四个方面来思考在家园共育中要做什么,为什么要这样做。(表 1-1-12)

表 1-1-12 0~3 岁家园共育计划工作目标确立举例

年龄段	类别	具体工作	目标表述
0~3 岁	落实《托育机构管理规范(试行)》	第十七条 托育机构应当顺应喂养,科学制定食谱,保证婴幼儿膳食平衡。有特殊喂养需求的,婴幼儿监护人应当提供书面说明	贯彻执行《托育机构管理规范(试行)》中托育机构关于顺应喂养的相关要求,积极争取家长的配合与支持,共同做好本机构一日食谱的制定,保证婴幼儿膳食平衡

续表

年龄段	类别	具体工作	目标表述
0~3岁	需要不断改进和提升的工作	家长学校满意度不高，缺少与育儿专家交流、咨询的机会	结合家长关注的托育热点、需求点和困惑点，精心策划与举办家长学校，提供专家与家长互动沟通的机会与平台，开通专家在线互动，满足家长对科学育儿的关切和关注
	传承和发扬优势项目	班级家长工作、一日生活照料与照护等工作家长认可度高	继续开展主题开放日活动，结合"宝宝换尿裤""宝宝饮水"等主题开放日活动，向家长介绍机构对宝宝在集体生活中自理能力的培养，展示机构教师的托育能力，赢得家长的信赖，扩大社会声誉
	满足新发展与新需求	个别婴幼儿家长提出特殊喂养与照护需求	为家长提供特殊需求服务通道，对有特殊喂养需求、照护需求的家长提供个性化服务，解决家长的后顾之忧

4)工作内容

《幼儿园工作规程》第五十二条　幼儿园应当主动与幼儿家庭沟通合作，为家长提供科学育儿宣传指导，帮助家长创设良好的家庭教育环境，共同担负教育幼儿的任务。家园共育活动应在明确的指导思想和工作目标的引领下组织开展，同时活动还要紧紧依靠家园共同体来完成。确定一学期中开展哪些家园共育活动，要考虑家园共同体的组成、分别承担的活动、活动的预期、活动的时间、活动频次以及活动的规模等要素。(表1-1-13)

表1-1-13　0~3岁家园共育计划工作内容制定的举例

要素	内容	具体表述
家园共同体	主题开放日活动	"我们的宝宝会如厕"主题开放日活动
活动主要参与者	组织架构中的全体成员还是某一位成员	班级教师与家长
活动内容	确定活动的主题、具体的活动内容以及活动的预期等	活动主题：如厕意识培养 活动内容：教师照护与指导婴幼儿提高如厕意识，运用观察、判断、记录、模式和个性化等方式培养婴幼儿的如厕意识 活动预期：通过主题开放日活动展示班级婴幼儿生活照护与服务的方式，赢得家长的信任，争取家长的配合，引导家长在家庭中开展与托育机构一致的教育

续表

要素	内容	具体表述
活动时间、地点	具体到在机构(幼儿园)内部/外部、多功能教室、班级、操场等	多功能教室 2024年9月20日9:00—10:00
活动频次	一学期开展几次活动	一学期开展4次主题开放日活动
活动规模	注明是全园性质还是以班级为单位进行	本班级家长参与活动,20人左右

5)工作保障

①成立家园共育工作计划领导小组

组长:××副园长。

成员:教学班长、食堂管理员、保健医、信息技术负责人、财务负责人等。

②责任到人,分工协作

根据工作计划,责任到各部门,由各部门负责人细化具体工作内容,细化具体执行人,细化任务分工,保障工作落实。

③做好预算,提前申请

执行工作计划中,对产生经费的工作做好经费预算,提前向相关部门申请经费。

④大力宣传,营造氛围

工作计划制订之后,要在机构(幼儿园)内进行广泛宣传,同时借助宣传媒介,如班级宣传栏、园所公众号等进行宣传,积极营造家园共育的良好氛围。

2.技能操作

(1)3~6岁幼儿家园共育计划指导思想的确定

在制订3~6岁幼儿家园共育计划的过程中,需要解读《幼儿园工作规程》《幼儿园教育指导纲要(试行)》《3~6岁儿童学习与发展指南》等政策文件,并结合幼儿园家园共育工作的实际确定指导思想。如3~6岁家园共育计划中有培养幼儿良好饮食习惯的相关工作,可以参考表1-1-14完成3~6岁幼儿家园共育计划指导思想的确定。

表1-1-14 3~6岁幼儿家园共育计划指导思想的确定

年龄段	内容	找到相关政策	查找政策文件中具体要求	指导思想表述
3~6岁	落实相关政策	《3~6岁儿童学习与发展指南》等		

(2)3~6岁幼儿家园共育计划已有工作情况分析

关于家园共育计划中对已有工作情况的分析,可以参考表1-1-15、表1-1-16的内容,结合实习情况,模拟完成对幼儿园上学期家园共育工作情况的整体分析。

表1-1-15　家园共育工作满意度统计表

项目	家长满意度评价		
	好(%)	一般(%)	差(%)
家委会			
伙食委会			
班级家长工作			
家长学校			
公众号			

表1-1-16　家园共育已有工作成效分析表

序号	成效分析	不足分析
家委会	1.积极参与班级工作,为家长们服务 2.监督班级组织开展活动的费用收支 3.积极向机构(幼儿园)和班级提建设性意见	与家长之间的沟通还不够充分,不能及时、全面地反映家长的意见与建议
伙食委会		
班级家长工作		
家长学校		
公众号		

(3)3~6岁幼儿家园共育工作目标的表述

结合表1-1-17中3~6岁幼儿家园共育工作在落实相关政策文件、改进和提升以往工作的不足、传承和发扬已经形成的优势项目以及未来家园共育新发展与新需求的具体内容,完成相关目标的表述。

表1-1-17　3~6岁幼儿家园共育工作目标的表述

年龄段	类别	主要内容	目标表述
3~6岁	落实《幼儿园教育指导纲要(试行)》	健康领域(三) 生活习惯与生活能力中的教育建议“帮助幼儿了解食物的营养价值,引导他们不偏食不挑食、少吃或不吃不利于健康的食品;多喝白开水,少喝饮料”	

温馨提示

○ 分析已有工作成效，一方面要注重传承典型的家园共育经验，另一方面还要与时俱进，根据新需要，在已有经验上不断改进、完善。

续表

年龄段	类别	主要内容	目标表述
3~6岁	需要不断改进和提升的工作	家委会与家长之间的沟通还不够充分，不能及时、全面地反映家长的意见与建议	
	传承和发扬优势项目	亲子运动会和亲子阅读周	
	满足新发展与新需求	科学实施幼小衔接	

(4)3~6岁幼儿家园共育工作内容的选定

结合表1-1-18中3~6岁幼儿家园共育工作中给定的相关要素和内容要求，完成家园共育计划中活动内容的选定及表述。

表1-1-18 3~6岁幼儿家园共育工作内容的选定

要素	内容要求	内容选定及表述
家园共同体	家长助教团	"劳动最光荣"家长助教活动
活动主要参与者	组织架构中的全体成员还是某一位成员	由××班××小朋友家长及平行班教师参加
活动内容	确定活动的主题、具体的活动内容以及活动的预期等	活动主题： 活动内容： 活动预期：
活动时间、地点	具体到在机构(幼儿园)内部/外部、多功能教室、班级、操场等	
活动频次	一学期开展几次活动	
活动规模	注明是全园性质还是以班级为单位进行	

检查评估

岗位人员按照表1-1-19中的项目进行自我检查，并将检查结果和自我点评记录在表中。

表1-1-19 家园共育计划检查记录表(岗位人员自评)

序号	检查项目	检查结果	自我点评
1	家长是否了解问卷中的全部问题	是□ 否□	
2	家长是否提出了建议或意见	是□ 否□	
3	问卷设计是否方便统计结果	是□ 否□	

续表

序号	检查项目	检查结果	自我点评
4	问卷的回收率是否达到95%	是□　否□	
5	家园共育计划是否切实可行	是□　否□	
6	家园共育计划是否与家长充分互动	是□　否□	
7	家园共育计划是否有推广性	是□　否□	

学员分组根据表1-1-20中的检查项目对岗位人员的问卷设计和计划制订情况进行检查，并将检查结果和结果点评记录在表中。

表1-1-20　家园共育计划检查记录表（学员点评）

序号	检查项目	检查结果	结果点评
1	问卷设计是否体现家园共育目标	是□　否□	
2	问卷设计是否清晰、简洁	是□　否□	
3	问题类型的选择是否适宜	是□　否□	
4	问卷的检测是否精细	是□　否□	
5	计划制订是否体现国家相关政策要求	是□　否□	
6	计划制订是否认真分析了家园共育现状	是□　否□	
7	计划的目标是否清晰、明确	是□　否□	
8	计划的内容是否体现了家园共育	是□　否□	

教师根据表1-1-21中的检查项目对学员任务完成情况进行检查，并将检查结果和结果点评记录在表中。

表1-1-21　家园共育计划检查记录表（教师点评）

序号	检查项目	检查结果	结果点评
1	是否按时完成任务	是□　否□	
2	团队协作是否顺畅	是□　否□	
3	问题类型的选择是否适宜	是□　否□	
4	物品及用具是否整理恢复	是□　否□	
5	实训场地是否整洁干净	是□　否□	
6	实训室任务记录是否填写完整	是□　否□	

任务小结

- 家园共育计划
  - 新生家长问卷设计
    - 家园共同体的内涵
    - 家园共同体的构成
    - 家长问卷的相关知识
    - 新生家长问卷设计的步骤
    - 新生家长问卷检测与试答
  - 家园共育计划制订
    - 家园共育计划的含义
    - 家园共育计划制订的意义
    - 家园共育计划制订的依据
    - 家园共育计划制订的内容

任务二　家园共育组织架构

教学资源

任务导入

场景：托育机构或幼儿园

人物：教师、园长、婴幼儿家长

情节：贝贝幼儿园为了更好地开展家园共育活动，要求每个班级组建家委会并召开家委会会议，同时还要组织开办一次家长学校。小王老师接到幼儿园的工作安排后，立即通知了几名平时最爱跟自己交流的家长，约定好在当天离园后的时间召开家委会会议。小王老师认真地听取了这几名家长对上一学期园所工作和班级工作的意见，了解了这几名家长在教育孩子方面的需求，最后综合了这几名家长很想让自己的孩子学习一门艺术特长的想法，将开办家长学校的主题定为“让每个宝宝都插上艺术的翅膀”，还拟定了一份工作报告向园长进行汇报。园长向小王老师提出了许多问题，如家委会的成员是如何选定的，家长学校活动的主题是如何确定的，等等。请你带着园长的问题，结合小王老师的做法，思考如何做好家长委员会（家委会）和家长学校的工作。

任务目标

- 能结合《教育部关于建立中小学幼儿园家长委员会的指导意见》《托育机构管理规范（试行）》《幼儿园工作规程》《幼儿园教育指导纲要（试行）》《3~6岁儿童学习与发展指南》要求，理解家委会内涵，完成家委会成员的推选、家委会职责的确定、家委会工作的组织开展等工作。
- 能结合《教育部关于建立中小学幼儿园家长委员会的指导意见》《托育机构管理规范（试行）》《幼儿园工作规程》《幼儿园教育指导纲要（试行）》《3~6岁儿童学习与发展指南》要

求，理解家长学校的内涵，完成家长学校的方案制订和组织策划工作。

- 能结合《教育部关于建立中小学幼儿园家长委员会的指导意见》《托育机构管理规范（试行）》《幼儿园工作规程》《幼儿园教育指导纲要（试行）》《3~6岁儿童学习与发展指南》要求，对家委会和家长学校等工作的开展进行评价。

任务实施

（一）家委会的组建

1.知识学习

（1）家委会的内涵与任务

家委会是“家长委员会”的简称，是由婴幼儿家长代表参加，在托育机构（幼儿园）的指导下，参与托育、保育和婴幼儿教育管理的一种常设组织。家委会作为托育机构（幼儿园）与家庭（家长）联络的桥梁，是托育机构（幼儿园）不断提高托育保教质量、促进婴幼儿健康成长的宝贵资源，也是机构和教师开展家园共育工作的得力助手和合作伙伴。（图 1-2-1）

家委会作为广大家长的代表，主要任务是积极参与托育机构（幼儿园）的管理，加强家长和教师之间的信息联系，打通交流沟通渠道，协调家园共育的一致性；发动和组织家长发挥各自的专长和优势，协助组织家园共育经验交流会，开展各种配合托育机构（幼儿园）科学照护和养育教育的活动，辅助教师扩大家园共育的辐射面和影响力；客观、积极地向幼儿园反馈家长的意见，对幼儿园重要决策和事关婴幼儿切身利益的事项提出意见和建议，最终促进家园共育目标的实现。

图 1-2-1　家委会

（2）家委会的构成

家委会一般设有园级、班级两个层次。不同层次的家委会分别参与相应的园所或班级管理工作。园级家委会是由各班家委会代表组成的，因此班级家委会人员的推选工作格外重要。

班级家委会成员一般由三至五人组成，也可以根据实际情况适当增减，具体人数可以根据班级孩子人数以及班级工作的需要而确定。

由于家委会是全体家长的代表，因此人员的组成上应尽量涵盖不同类别的家长，包括不同年龄（祖辈/父辈）、不同性别、不同文化水平、不同职业背景和不同家庭状况的家长。例如，需要考虑家委会成员中幼儿父母比例的均衡，特别是托育机构中，由于婴幼儿年龄比较小，往往是母亲积极参与宝宝科学喂养与照护的家园互动，而父亲参与养育互动的频次和积极性都不高，应当借助家委会的组建，鼓励与吸纳更多父亲参与，通过父亲参与家委会工作，影响与带动更多的男性关注婴幼儿的养育与教育。同时还要充分考虑家长在价值观、教育观、教育能力、理解能力和对话能力等方面的差异因素，如隔代养育与父母养育的差异、不同文化水平和不同职业背景家庭养育的差异等，充分发挥家长能力优势、工作经历优势、经验优势、性格优势等，使家委会的工作给更多层面、不同需要的家长提供多维度、多角度的帮助与服务，将家委会的作用最大化，使家委会工作更加高效。

（3）家委会组建的原则

《教育部关于建立中小学幼儿园家长委员会的指导意见》中提出“学校组织家长，按照一定的民主程序，本着公正、公平、公开的原则，在自愿的基础上，选举出代表全体家长意愿的在校学生家长组成家长委员会”。《幼儿园教育指导纲要（试行）》在组织与实施中提出“家庭是幼儿园重要的合作伙伴。应本着尊重、平等、合作的原则，争取家长的理解、支持和主动参与，并积极支持、帮助家长提高教育能力”。由此可见，家委会的组建不能随意推选，需要遵循相应的原则。

1）公开原则

家委会是家园共育共建的重要资源，每一名成员都承担沟通、协调、协助等职责。因此，家委会在组建前应面向托育机构（幼儿园）内所有家长公开家委会组建的信息，明确家委会的职责，确保每个家庭（家长）知晓家委会组建的相关事项、程序及权限；在家委会组建后，应及时公开组建结果。如果是机构园所层面的家委会，应面向全机构家长公开；如果是班级家委会，则面向班级家长公开。

2）自愿原则

自愿原则是指托育机构（幼儿园）内的每一名家长在参与家园共育共建的互动中都应遵守自愿协商的原则，家长有权根据自己的实际情况和真实意愿独立自主地选择、决定是否加入或参选家委会；托育机构（幼儿园）应尊重家长的意愿和权益，如果是园所或机构推选出的家长代表，事先也要征得家长的同意，不能将园所或教师的意愿强加给家长。

3）平等原则

平等原则是指家委会组建过程中应本着人人平等和机会均等的观念履行相关程序，避免忽视与歧视对待。将每一名家长视为合作伙伴，给予每一名家长平等的知情权、话语权、参与权和自主权。给每一名家长提供平等的机会，尊重每一名家长的选择，保证每一名家长的平等地位。

（4）家委会组建的流程

1）家委会组建通知

托育机构（幼儿园）应严格按照家委会组建的原则开展相关工作。以通知的形式让机构面对的每一名家长都知晓此项工作。家委会组建通知主要包括通知的拟定和通知的发布两个环节。

①通知的拟定

家委会组建通知属于工作通知，基本结构包括标题、正文和落款三个部分。标题的写法为托育机构+主要内容+文种，如××托育中心关于成立家长委员会的通知；正文包括开头部分、主体部分和结尾部分，开头部分写明家委会组建的缘由，主体部分写明主要内容，结尾部分写明怎么做；落款要注明发通知的单位名称和发通知的时间。（图1-2-2）

> 爱婴坊关于成立家长委员会的通知
>
> 亲爱的家长朋友：
>
> 为了办好让家长和社会满意的托育服务中心，发挥家长的优势，宣传交流科学喂养、照护和保育方面的鲜活经验和科学的养育方法，为爱婴坊的托育和保教工作提供支持，我中心将组建家长委员会。
>
> 有意加入家委会的家长需具备以下条件：
>
> 1.重视家庭教育，具备科学喂养经验和正确的教育价值观；
>
> 2.有责任心和正义感，能围绕促进婴幼儿健康成长的核心，对托育中心提出合理建议；
>
> 3.有热情有爱心，热心公益服务，乐于为托育中心的家长服务；
>
> 4.善于沟通协调，做家长和托育中心之间的桥梁；
>
> 5.有时间有精力参与家委会工作。
>
> 请有意加入爱婴坊家委会的家长朋友，于××年××月××日，以口头报名的方式告知班内教师。
>
> 感谢您对爱婴坊工作的大力支持！
>
> 爱婴坊托育中心
>
> ××年××月××日

图1-2-2　0~3岁托育机构家委会组建通知

②通知的发布

托育机构（幼儿园）应有效利用自身的宣传渠道进行宣传，如可以利用家长等待婴幼儿离园的时间进行广播通知，可以将通知张贴在机构或班级的家园宣传栏中（在家园宣传栏中发布通知，应注意选用鲜明的字体或在纸质版通知下增加色彩鲜明的底衬，以达到让通知醒目、抢眼的效果，吸引家长注意并便于家长阅读），还可以将通知放到机构微信公众号进行发布等(图 1-2-3)。

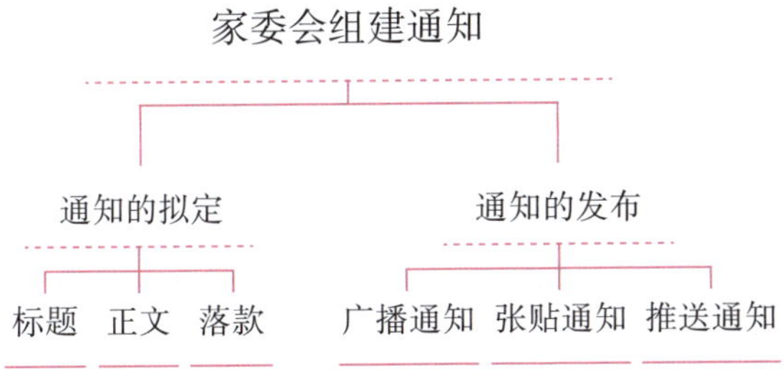

图 1-2-3 家委会组建通知的环节

2)家委会成员确定

家委会成员的最终确定方式有三种,包括家长自荐、家长推荐和教师推荐。最终由托育机构或教师聘任家长成为园级或班级家委会成员。教师确定家委会成员的过程应当本着客观、公正的态度对待每一名有意加入家委会的人选。确定家委会人选应做到"三看一缓"。

一看新学期家长问卷的填写情况。教师要仔细阅读并认真分析这些家长的新学期家长问卷,结合家委会工作的性质,进一步了解家长的文化水平、工作背景及个人专长等情况;全面掌握这些家长在问卷中表现出的育儿态度、育儿经验等,与家委会的工作及家园共育工作进行匹配,做到心中有数;特别关注家长在问卷中对托育机构(幼儿园)的意见与建议栏目的回答情况,筛选出能围绕促进幼儿发展的核心目的,积极提出建设性意见与建议的家长,并吸纳到家委会中来。

二看家长日常与孩子互动情况。教师要善于观察每天入园与离园时间家长与自己孩子的互动情况,直观掌握家长对待幼儿的养育方式方法。例如,可以观察家长在送幼儿入园时是否引导幼儿主动和教师、小朋友相互问候,是否提示幼儿自己整理好入园的物品,在离园期间是否关注幼儿和小朋友的交往,当幼儿之间发生矛盾与冲突的时候,家长的态度和教育行为等。

三看家长日常与教师互动情况。教师可以通过日常家长与教师的互动频次和互动行为来判断其是否适宜成为家委会成员。例如,可以从日常与家长的沟通中了解家长的语言表达能力、与人沟通的能力,了解家长与教师谈话沟通时的修养、思路清晰程度、育儿观念的先进性和科学性等,同时教师通过与家长沟通,能第一时间了解家长是否有时间和精力胜任家委会工作,初步衡量其是否符合家委会成员的选定标准。

一缓是指新生家委会成员的选举不适宜在开学的时候进行,由于新生刚刚入园,教师对家长不了解,家长之间也缺乏了解,因此建议新生家委会的组建宜放缓,给家长和教师充分了解彼此的时间,以保证推选出的家委会成员能切实履行职责。

3）家委会成员公示

家委会成员选举后要向全体家长进行公示。家委会成员公示包括选举结果公示、设立家委会成员公示栏、公布家委会职责、明确家委会成员分工四个环节。（图 1-2-4）

图 1-2-4　家委会成员公示流程

①选举结果公示。一般公示期为 5 个工作日，待征求全体家长意见无异议后，正式成立园级（班级）家委会。

②设立家委会成员公示栏。家委会成员公示栏应根据相应的级别设立。园级家委会成员公示栏设立在托育机构（幼儿园）的家园宣传栏中，班级家委会成员公示栏设立在班级的家园宣传栏中。公示的形式一般为家委会成员的生活照片配以简洁的文字说明，如我是××班××小朋友家长，我的专长是××××，我乐于为大家做××××等，便于全体家长熟悉和了解家委会成员，有需求时能及时联系到家委会成员并及时反馈相关意见或建议。

③公布家委会职责。为了保证家委会工作质量，家委会应确立其工作职责，并将具体的工作职责公布在家园宣传栏中。一方面便于家委会成员明确自己的定位，积极主动地协助园所和教师开展家园共育工作；另一方面也让全体家长随时监督家委会的工作，保证家委会工作的高效运行。（图 1-2-5）

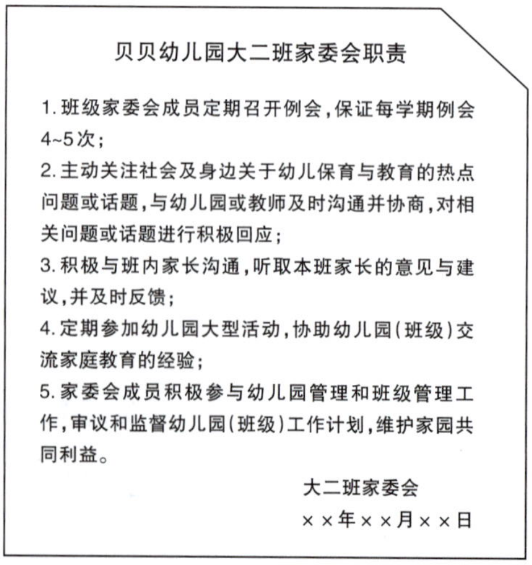

贝贝幼儿园大二班家委会职责

1. 班级家委会成员定期召开例会，保证每学期例会 4~5 次；
2. 主动关注社会及身边关于幼儿保育与教育的热点问题或话题，与幼儿园或教师及时沟通并协商，对相关问题或话题进行积极回应；
3. 积极与班内家长沟通，听取本班家长的意见与建议，并及时反馈；
4. 定期参加幼儿园大型活动，协助幼儿园（班级）交流家庭教育的经验；
5. 家委会成员积极参与幼儿园管理和班级管理工作，审议和监督幼儿园（班级）工作计划，维护家园共同利益。

大二班家委会
××年××月××日

图 1-2-5　幼儿园家委会职责

④明确家委会成员分工。《幼儿园工作规程》第九章幼儿园、家庭和社区的第五十四条规定“幼儿园应成立家长委员会”。家长委员会的主要任务：对幼儿园重要决策和事关幼儿切身利益的事项提出意见和建议；发挥家长的专业和资源优势，支持幼儿园保育教育工作；帮助家长了解幼儿园工作计划和要求，协助幼儿园开展家庭教育指导和交流。

家委会设有会长和委员。班级家委会会长的确定由家委会成员协商和教师聘任相结合的方式产生。班级教师要明确会长的责任，并结合各委员优势明确主要分工，在考虑家委会成员分工时，要尽量发挥家长的特长和优势，可以家长毛遂自荐、相互协商和教师适当调整相结合；园级家委会会长则根据各班教师推荐与园长聘任相结合的方式确定，园长要明确会长责任，并结合各委员优势明确主要分工。

班级家委会在班级教师指导下工作。既有各自分工侧重，又要合作配合，共同完成班级家委会的各项工作任务，共同推进班级的家园共育。

园级家委会在幼儿园园长指导下工作。既有各自分工侧重，又要合作配合，共同完成幼儿园家委会的各项工作任务，共同推进幼儿园的家园共育。（表1-2-1）

表1-2-1　家委会成员分工举例

家委会职务	具体分工
会长	组织家委会成员定期或不定期开展活动，协调幼儿园及家长间的关系，向家长宣传幼儿园的理念及教育要求，动员和组织家长参与幼儿园活动，向教师和园长及时反馈家长的建议
宣传委员	负责宣传园所及班级的教育理念和方式方法，宣传班级教师的教育风采、班级的特色活动等，积极组织家长学习科学养育与保教的相关文件，如《3~6岁儿童学习与发展指南》等
组织委员	协助幼儿园和班级开展各种形式的科学保教活动，做好家长参加园所活动或班级活动的组织协调工作，如家长开放日活动中，家长要关注什么，如何配合教师等
总务委员	负责家委会例会的场地安排、物品使用、记录，班级开展家园共育活动的资源提供和物品的保障等

(5)家委会工作的内容与形式

家委会工作既可以由园所或班级教师发起，也可以由家长发起。因此，家委会参与幼儿园管理的形式可以分为以幼儿园为主导的家委会活动和以家长为主导的家委会活动两种，虽然形式不同，但都在园所或教师的指导下开展。

以幼儿园为主导的家委会活动是指幼儿园主动向家委会成员介绍、呈现、展示和宣传园所工作并广泛征求家长意见的活动，包括园务工作规划类、班级工作规划类、园务工作管理类、班级工作管理类、园务工作监督类、教师展示类、意见征询类和幼儿展示类等，使家长充分了解、理解并支持幼儿园工作。

以家长为主导的家委会活动是指由家委会成员主动发起、组织广大家长参与的活动，包括意见征询类、话题互动类、志愿服务类等。教师要鼓励家委会成员发挥自主性，支持他们的创意设计，肯定其工作成绩，使家委会真正成为班级管理的主人，创设和谐共育的班级氛围。（表 1-2-2）

表 1-2-2　家委会形式与内容举例

形式	类别	内容
以托育机构（幼儿园）为主导的家委会活动	园务工作规划类	托育机构（幼儿园）中长期发展规划汇报
	班级工作规划类	班级学期工作计划汇报
	园务工作管理类	托育机构（幼儿园）学期工作汇报暨总结会
	班级工作管理类	班级学期工作汇报暨总结会
	园务工作监督类	涉及收费或调整收费标准等重大事项的听证会
	教师展示类	师德师风建设汇报会
	意见征询类	节日庆祝活动方案征询意见会
	幼儿展示类	幼儿园主题开放活动，幼儿学习成果展览与汇报会
以家长为主导的家委会活动	意见征询类	幼儿自理能力培养征询意见会
	话题互动类	幼小衔接“教”什么
	志愿服务类	教具制作活动、种植园管理活动、家长助教活动、志愿服务活动等

微课 家委会工作的组织

（6）家委会工作的组织与评价

1）家委会工作的组织

家委会工作的组织包括会前准备、协商时间、明确议题、组织互动、记录结果五项内容。

①会前准备

召开家委会前，教师应准备好记录的纸、笔、饮用水、足够的桌椅并按照适宜沟通和交流的形式进行摆放。

②协商时间

教师要充分考虑每名家长工作与生活的独特性，做到事先与每一名家长沟通协商会议时间，保证家委会成员准时参会。

③明确议题

教师要根据每学期家委会工作计划，结合工作实际确定家委会会议主题，并将议题提前告知家委会成员，给每名成员充分的思考时间，做好会前发言准备。

④组织互动

教师在家委会工作中要承担主导责任，既是发起者、组织者也是参与者，在组织会议过程中应坚持原则，适时引导，全程参与，主动沟通，既真诚接纳家长不同意见与建议，又向家长普及宣传科学的养育保育理念和国家相关政策要求，形成良好的家园共育氛围，不断提高家园共育效果。

⑤记录结果

教师请配班教师协助做好会议记录，形成会议纪要。（表1-2-3）

表1-2-3　家委会会议纪要

会议内容		会议时间	
会议参加人		会议地点	
记录人		特别邀请的家长	
会议纪要			

2）家委会工作的评价

家委会工作评价分为以教师为主的评价和以家长为主的评价两种形式。家委会活动结束后，教师应组织家长对会议进行评价，同时教师自身也应及时对活动进行评价，通过双方对会议组织与开展情况的评价，对家委会下一步工作进行调整、完善与改进，不断提升家委会工作质量。（表1-2-4）

表 1-2-4 家委会工作评价表

活动内容		活动时间	
活动地点		评价人	
评价内容			
议题明确	好□	一般□	不好□
活动准备充分	好□	一般□	不好□
活动形式新颖	好□	一般□	不好□
家委会成员互动充分	好□	一般□	不好□
教师组织到位	好□	一般□	不好□
有效达成活动目标	好□	一般□	不好□
调整与改进建议			

2. 技能操作

结合家委会组建的相关知识与内涵，完成0~3岁托育机构幼幼班家委会的组建。

(1)设计幼幼班(2~3岁婴幼儿)家委会组建的通知(表1-2-5)

表 1-2-5 ××托育机构幼幼班家委会组建通知

内容		具体表述
标题		
正文	开头	
	主体	
	结尾	
落款		

(2)拟定幼幼班家委会职责

根据家委会召开例会的频次、沟通反馈情况、关注热点问题、协助开展活动和促进家园共育等方面的内容，撰写家委会职责。(表1-2-6)

表 1-2-6 ××托育机构幼幼班家委会职责

内容	具体职责表述
例会的频次	
与全班家长沟通反馈情况	

续表

内容	具体职责表述
关注婴幼儿科学照护的热点问题	
协助托育中心开展托育活动	
促进家园共育协调一致	

(3)拟定家委会成员的分工

结合0~3岁托育机构的工作需要，合理安排家委会成员的职务，编制具体的分工表。(表1-2-7)

表1-2-7　××托育机构幼幼班家委会成员分工

家委会职务	具体分工

(4)设计家委会的活动内容

结合托育中心主导的家委会活动和家长主导的家委会活动两种形式，分别设计不同类别的家委会活动内容。(表1-2-8)

表1-2-8　××托育机构幼幼班家委会活动内容

形式	类别	内容
以托育中心主导的家委会活动		
以家长主导的家委会活动		

温馨提示

○要把对幼儿教育事业的热爱，对家长工作的热情和家园共育的创新方法等，融入学习和技能操作的练习中。

(二)家长学校的开办

1.知识学习

(1)家长学校的含义

家长学校是指托育机构(幼儿园)以婴幼儿家长为主要对象,以宣传家园共育、指导家庭教育、普及婴幼儿养育和保育科学知识与方法为主要内容,以业余教育形式在机构内组织、进行的一种家园共育活动。(图1-2-6)

图1-2-6 家长学校

(2)家长学校的任务

家长学校的任务是配合托育机构(幼儿园)实施科学的托育、养育、保育和教育,面向社会和机构内的家长广泛宣传科学的婴幼儿教育理念、相关政策法规,帮助家长树立正确的儿童观、教育观;密切家园合作,通过开展多种内容丰富、形式多样的活动,为家长提供家庭教育指导和服务,帮助家长解决在婴幼儿教育方面遇到的困惑,增进亲子关系,提升家长科学养育和教育的能力;增进家、园、社区的有效互动,构筑“三位一体”的婴幼儿托育、保教育人平台,为婴幼儿健康成长营造良好氛围和环境。

(3)家长学校的价值

家长学校有助于加强婴幼儿家庭教育指导,树立科学的养育、保教理念。家长是孩子的第一任老师,也是对婴幼儿的成长影响最大的人。家长的教育观念和教育行为是婴幼儿时期生长发育的决定性因素。尽管有些年轻的父母具有很高的文化程度,但却缺乏婴幼儿养育、保育的专业知识,特别是婴幼儿卫生保健、教育学、心理学等专业知识相对匮乏,直接影响了他们对婴幼儿的养育态度和教养方式。家长学校作为托育机构(幼儿园)宣传科学育儿理念的一种辅助,肩负着指导家长科学养育的责任,通过灵活运用不同的载体,揭示科学的养育和教育规律;通过家长学校开展的相关活动,能帮助家长辨析家庭教育过程中的教育观念、教育行为的对错,并辅以科学的教育理念进行引导。可见,通过家长学校建设,能广泛、有效地传播先进的科学养育与教育理念,对于加强家庭教育的科学指导,提高家长养育、教育能力具有重要的意义。

家长学校有助于宣传托育机构(幼儿园)的办园理念和办园特色,争取家长的理解和认同,赢得家长的积极配合。著名教育家苏霍姆林斯基认为:“两个教育者——学校和家庭不仅要一致行动,要向儿童提出同样的要求,而且要志同道合,抱定一致的信念,始终从同样的原则出发,无论是在教育的目的上、过程上还是手段上,都不要发生分歧。”家长学校为家园共育开辟了有效的渠道,定期开办的家长学校拉近了家园的距离,达成了有效的互动,同时积极争取家长的配合与支持,让园所的养育和教育理念走进家庭,让家庭了解托育机构(幼儿园)的教育和服务。通过家长学校的建设,园所的教育理念和办园特色得到了广泛宣传,园所的办园行为和教育方式方法的成果得到了展示,同时也提高了家长的认同感,形成了家园合力,赢得了社会信誉。

家长学校为家庭与托育机构(幼儿园)提供了交流对话平台,满足了家园共育共建的沟通需求。家长学校的开办让托育机构与家长、家长与家长之间有了平等对话的平台。在家长学校里,家长可以近距离地与专家对话,与教师对话,探讨家庭教育的方式方法,剖析教育行为,有针对性地获得指导;家长与家长之间可以积极互动,交流家庭教育经验,分享家庭教育体会,畅谈家庭教育设想等;家长可以借助家长学校这个平台与托育机构主动对话,反映自己对托育机构教育的看法、意见与建议,也可以为托育机构的发展建言献策。

(4)家长学校的形式

托育机构(幼儿园)可以根据家长群体的共性特点、家长的共同需求、园所的养育理念和特色开展形式多样的家长学校,包括讲座式、体验式和交流式等,如为家庭中“四老”提供婴幼儿教育指导的隔代学堂,为年轻父母开办的父母学校,为增进亲子关系开办的亲子天地,为家长答疑解惑开展的家长咨询日,聘请育儿专家开展专家大讲堂,邀请机构内家长介绍育儿经验的育儿分享会等。(表1-2-9)

表1-2-9　家长学校形式一览表

主要形式	主要内容	活动目的
讲座式	宣传国家婴幼儿养育教育的政策法规	1.帮助家长树立正确的儿童观、教育观 2.提高家长科学育儿素养
	普及托育机构(幼儿园)办园理念和办园特色	
	宣传科学的育儿理念	
	讲解婴幼儿身心发展规律	

续表

主要形式	主要内容	活动目的
体验式	家庭科学喂养方法	1. 指导家长学习科学养育方法 2. 增进亲子感情
	家庭亲子环境的营造	
	家庭亲子活动的方式方法	
交流式	家庭育儿经验分享	1. 丰富家长科学养育经验 2. 帮助家长形成良好的养育心态，不盲目跟风
	育儿热点问题讨论	
	家长困惑咨询	

(5)家长学校的开办流程

托育机构(幼儿园)开办家长学校，如何让全体家长都能带着一份期待积极主动参与是幼儿园和教师首先要思考的问题。由于家长都有着不同的职业、不同的工作内容和自己的社会活动，要让他们有参与的热情就必须保证家长学校的活动内容是家长所亟需的，能够让家长感受到参加家长学校的实际意义，这就要求教师必须做好充分的准备。

1)了解家长需求

家长学校开办的目的就是要为家长科学育儿提供支持与服务，是针对家长的需要而开展的家园共育活动，因此，我们需要通过问卷的方式、日常谈话的方式和教师的细致观察来分析婴幼儿的发展特点，了解家长的想法，掌握家长的需求。(表 1-2-10)

表 1-2-10　3~6 岁幼儿家长学校需求调查问卷

幼儿姓名		所在班级	
家长姓名		能参加家长学校的时间	
尊敬的家长，为了更好地开展家园共育，为您提供更加科学的养育和教育理念与教育方法，请您配合回答以下问题，我们将结合您的回答，开展符合您需求的家长学校活动			
1. 您希望家长学校开展什么主题的讲座	□政策法规 □科学理念 □幼儿园特色		
2. 您希望主讲人是	□专家 □教师 □家长		
3. 您希望开展哪些体验活动	□家庭幼儿三餐营养搭配 □亲子互动体验		
4. 您希望开展哪些交流活动	□育儿经验分享 □热点话题互动		
5. 您希望观摩教师组织的活动			
6. 您的家庭能经常参加家长学校的家庭成员是			

在家长问卷收齐后，教师要认真汇总和分析问卷情况，在充分考虑家长需求的基础上结合园所工作实际，确定一学期家长学校活动的主题，并将问卷结果反馈给全体家长，让家长感受到自己的意见有回应、被尊重，提高家长参与家园共育的积极性。

2）家长学校实施方案的制订

教师在全面分析家长学校需求调查问卷的基础上，制订家长学校的实施方案。方案的结构包括活动主题、活动目的、特邀专家、活动时间、活动地点、参加人、活动流程及活动注意事项等。（表1-2-11、表1-2-12）

表1-2-11　家长学校实施方案的制订

结构	内容
活动主题	将活动目的/活动意义/活动价值等集中概括表述
活动目的	围绕主题明确本次家长学校要宣传解读的育儿观念/解决家长哪些困惑和问题/介绍哪些育儿方法/分享什么育儿经验等
特邀专家（主讲人）	聘请哪位育儿专家/名幼师/有经验的家长
活动时间	日期、开始时间、到场时间
活动地点	机构室内地点（多功能教室、会议室）/室外地点（风雨操场/户外操场）
参加人	明确全体家长/某个年龄段家长
活动流程	具体到每一个环节（人员+时长+形式）
活动注意事项	明确活动安全措施/保障

表1-2-12　“3~6岁幼儿学习习惯与能力的培养”家长学校实施方案

结构	内容
活动主题	“不让孩子输在起跑线上”，您做对了吗？
活动目的	1.积极宣传《3~6岁儿童学习与发展指南》的保教理念，帮助家长树立科学育儿理念 2.通过案例分享，帮助家长掌握幼儿良好习惯培养的好方法 3.通过与专家互动，为家长答疑解惑
特邀专家（主讲人）	××学前教育专家
活动时间	2024年9月5日17:30—18:30　请家长提前20分钟入场
活动地点	××幼儿园多功能音乐教室
参加人	全体家长

续表

结构	内容
活动流程	下午17:10—17:30 签到 下午17:30—18:10 专家讲座 下午18:10—18:30 家长与专家互动
活动注意事项	幼儿园安保人员做好入场和出场的安全保障工作

3)家长学校活动的实施

组织开展每一次家长学校活动,园长和教师都要高度重视,包括活动的具体安排、会务人员的职责分工等。(表1-2-13)

表1-2-13 家长学校活动实施方法一览表

内容	实施方法	
活动的组织	活动前的安排	各班教师做好活动宣传,保证家长人人知晓,积极参加活动
	开展活动时的安排	1.门卫安保人员做好入场的安全保障工作 2.负责签到的人员做好到场家长的签到工作并指导家长领取家长学校反馈表 3.会务人员指导家长有序就坐、等待活动开始 4.活动开始,主持人介绍到场专家(主讲人)、开办此次家长学校的目的、活动的基本流程 5.主讲人主持讲座 6.讲座结束后,主持人组织家长与专家进行互动 7.会务人员回收家长意见反馈表
	活动后的安排	教师关注个别家长需求,做好活动后的沟通
会务人员分工	签到人员	1.提前打印签到表、家长意见反馈表,准备纸和笔 2.提前打印班级标签,便于家长在本班签到表上签到
	会务人员	1.提前做好会场的清洁工作,按需求摆放桌椅和座位 2.活动过程中随时关注主讲人需求并提供服务 3.会后做好会场的收整工作
	主持人	熟悉活动的主题、目的及主讲人相关信息,提前撰写主持词

4)家长学校活动的评价

在实施家长学校活动后,既要有家长对本次活动的评价与反馈,还要有教师对活动的评价与反思。家长填写的评价表收回后,教师应及时进行汇总与分析，整合家长的意见与反馈，向园长进行汇报。同时，教师也应在管理人员的组织下进行活动的评价与反思，找出活动组织的成功之处，分析不足的地方并予以改进，不断提升家长学校的开办质量。(表1-2-14)

表1-2-14　家长学校活动评价表

家长学校活动内容		活动时间	
活动地点		评价人	家长□ 教师□
评价内容			
活动内容符合家长需求	好□	一般□	不好□
活动形式适宜家长学习	好□	一般□	不好□
活动提高家长育儿能力	好□	一般□	不好□
活动组织有序	好□	一般□	不好□
主讲人与家长互动充分	好□	一般□	不好□
调整与改进			

2.技能操作

结合家长学校开办的相关知识与内涵，完成0~3岁托育机构开办家长学校的相关任务。

(1)设计××托育机构(0~3岁婴幼儿)家长学校需求调查问卷(表1-2-15)

表1-2-15　0~3岁婴幼儿家长学校需求调查问卷设计体例

幼儿姓名		所在班级		
家长姓名		能参加家长学校的时间		
问卷目的：				
问题		选项		

(2)拟定××托育机构(0~3岁婴幼儿)家长学校实施方案

根据0~3岁婴幼儿身心发展特点，拟定一份家长学校实施方案。(表1-2-16)

表1-2-16　家长学校实施方案拟定体例

结构	内容
活动主题	
活动目的	
特邀专家(主讲人)	
活动时间	
活动地点	
参加人	
活动流程	
活动注意事项	

(3)家长学校活动的评价

设计面向家长和教师的家长学校活动评价表,可以从活动主题的适宜性、活动准备是否充分、活动中对家长的指导是否有效、活动中的家园互动是否充分、活动效果等方面进行评价。(表1-2-17)

表1-2-17　家长学校活动评价表设计体例

家长学校活动内容		活动时间	
活动地点		评价人	家长□ 教师□
评价内容			
活动主题的适宜性	好□	一般□	不好□
活动准备充分	好□	一般□	不好□
活动中对家长的指导有效	好□	一般□	不好□
活动中的家园互动充分	好□	一般□	不好□
活动效果	好□	一般□	不好□
调整与改进			

检查评估

岗位人员按照表1-2-18中的项目进行自我检查,并将检查结果和自我点评记录在表中。

表1-2-18　家园共育组织架构检查记录表(岗位人员自评)

序号	检查项目	检查结果	自我点评
1	召开家委会前的准备工作是否充分	是□ 否□	
2	召开家委会的形式是否适宜	是□ 否□	

续表

序号	检查项目	检查结果	自我点评
3	是否提前公示家委会成员名单	是□　否□	
4	家委会的流程是否顺畅	是□　否□	
5	家委会召开过程中，家园互动是否充分	是□　否□	
6	是否依据制订的方案开展家委会工作	是□　否□	

学员分组根据表1-2-19中的检查项目对幼儿园开展家委会工作情况进行检查，并将检查结果和结果点评记录在表中。

表1-2-19　家园共育组织架构检查记录表(学员点评)

序号	检查项目	检查结果	结果点评
1	明确家委会在托育机构中的作用	是□　否□	
2	明确家委会选举的基本流程	是□　否□	
3	完成家委会选举结果的公示	是□　否□	
4	熟悉家委会工作内容与工作形式	是□　否□	
5	明确家长学校的含义	是□　否□	
6	明确家长学校的价值	是□　否□	
7	熟悉家长学校的形式	是□　否□	
8	熟悉家长学校的开办流程	是□　否□	
9	完成家长学校实施方案的制订	是□　否□	

教师根据表1-2-20中的检查项目对学员任务完成情况进行检查，并将检查结果和结果点评记录在表中。

表1-2-20　家园共育组织架构检查记录表(教师点评)

序号	检查项目	检查结果	结果点评
1	是否按时完成任务	是□　否□	
2	团队协作是否顺畅	是□　否□	
3	问题类型的选择是否适宜	是□　否□	
4	物品及用具是否整理	是□　否□	
5	实训场地是否整洁干净	是□　否□	
6	实训室任务记录是否填写完整	是□　否□	

任务小结

- 家园共育组织架构
  - 家委会的组建
    - 家委会的内涵与任务
    - 家委会的构成
    - 家委会组建的原则
      - 公开原则
      - 自愿原则
      - 平等原则
    - 家委会组建的流程
      - 家委会组建通知
      - 家委会成员确定
      - 家委会成员公示
    - 家委会工作的内容与形式
    - 家委会工作的组织与评价
  - 家长学校的开办
    - 家长学校的含义
    - 家长学校的任务
    - 家长学校的价值
    - 家长学校的形式
    - 家长学校的开办流程
      - 了解家长需求
      - 家长学校实施方案的制订
      - 家长学校活动的实施
      - 家长学校活动的评价

任务三 家园共育宣传与推广

教学资源

任务导入

场景：托育机构或幼儿园

人物：教师、婴幼儿家长

情节：新学期开始，小王老师接了一个新的班级。为了让家长和班里的小朋友尽快熟悉班级的环境和老师，小王老师开发了两个宣传渠道：一个是在教室外墙上布置了家园宣传栏，选择了幼儿喜欢的动画卡通人物进行装饰，并且从一些婴幼儿早期教育书刊中摘录了一些内容，打印出来，张贴在家园宣传栏中；另一个是微信公众号，小王老师精心挑选了一些经典绘本，上传到了公众号上。几天过去了，小王老师看到公众号的点击量并不高，教室外墙的家园宣传栏前也没有家长驻足观看。小王老师很困惑：为什么自己精心准备的宣传不能吸引家长呢？请你和小王老师一起来思考："家园宣传栏"和"幼儿园公众号"要构思与创设什么样的内容，用什么样的形式才能吸引家长关注呢？

任务目标

- 能根据家园宣传栏的制作要求和基本步骤，完成家园宣传栏的设计与制作。
- 能根据微信公众号的运作要求和基本步骤，完成公众号的设计与运作。
- 能够根据家园宣传栏和幼儿园公众号的内涵，选择适宜的照护、养育和保教理念，完成家园共育传播工作。

任务实施

（一）家园宣传栏——线下宣传

1.知识学习

（1）家园宣传栏的作用

《幼儿园教育指导纲要（试行）》提出“家庭是幼儿园重要的合作伙伴。应本着尊重、平等、合作的原则，争取家长的理解、支持和主动参与”。家园宣传栏是托育机构（幼儿园）每个班级必备的栏目，是家长进入班级看到的第一处环境，也是家长了解教师日常工作、了解孩子日常发展的主要窗口之一，是与家长取得联系的主要渠道之一，因此其内容要丰富，设计要美观，教师通过创设家园宣传栏为教师和家长之间的有效互动架起一座桥梁。（图 1-3-1）

图 1-3-1　家园联系栏

（2）家园宣传栏的形式

家园宣传栏中可以开辟丰富的互动专栏，如“一周活动早知道”可以帮助家长提前了解新的一周婴幼儿在幼儿园的游戏和活动内容；“育儿金点子”可以结合家庭教育中的热点问题，让家长以便签的方式进行互动；“请多关照”栏目中，家长可以将孩子的临时需求或特殊情况（如宝宝胃火重，三餐量酌减等）写在带有醒目标记的卡片上，便于教师在第一时间了解婴幼儿的情况，给予适当的关心与照护；教师还可以将科学的养育理念、前沿的保教活动信息整理到栏目中，让家园互动充满时代感。这些内容的开发与创设一定要经过教师认真思考，再结合本班婴幼儿和家长的需求来确定，切忌照抄照搬，教师只有精心、用心、匠心地去创设家园宣传栏，才能充分调动家长参与家园共育的热情与积极性，也能解决教师在工作中的一些困惑及问题。

(3)家园宣传栏的特点

1)栏目的多样性

家园宣传栏的栏目内容不拘一格,内容可以是关于科学育儿理念的、科学育儿方法的、亲子活动的、行为习惯练习与养成的,可以是托育机构(幼儿园)开展和组织的大型活动掠影,可以是家长育儿心得,可以张贴一些通知、班级活动费用明细,等等。

2)内容的互动性

互动性是家园宣传栏的重要特点之一,不具备互动性的宣传栏是缺乏吸引力和生命力的。家园宣传栏的内容绝不是教师单方面的科学育儿观的宣传,应当既有引发家长思考参与的内容,也有教师反思再认识的内容,是要对家园双方都产生积极影响和共鸣的。

3)版面的简洁性

家园宣传栏主要是通过浏览获得信息的,版面力求简洁,使观者舒适,突出主要阅读内容,字体应当规范、清晰、大小适宜,便于浏览。

4)设计的艺术性

家园宣传栏既是家园共育的一个主渠道,同时还是托育机构(幼儿园)环境中的一面墙饰,兼具装饰性,因此,设计时要恰当运用色彩、线条、造型等元素,创设出色彩舒适、线条流畅、造型美观的家园宣传栏。

(4)家园宣传栏创设的原则

1)导向性原则

导向是指所引导的方向或使事情向某个方向发展。家园宣传栏就像一扇窗口向家长传递丰富、科学和与时俱进的育儿理念,将托育机构(幼儿园)和家长紧密地联系在一起,在共同的教育预期和教育观念下形成合力,促进婴幼儿健康成长。

2)参与性原则

家园共育需要家庭与幼儿园同时施教,二者缺一不可。家园宣传栏中的内容不只由教师一方确定,也不只是教师单方发声,而是要倾听家长的声音,邀请家长表达观点,更可以专门开辟栏目,让家长在教师的指导下,决定传递什么样的教育观点和教育信息,让这条联结家庭和幼儿园的纽带更加丰富多彩,也更加吸引家长的眼球,提高家园共育实效。

3)动态性原则

家园宣传栏是一个动态调整、持续更新的专栏。如每周的幼儿保教活动计划、每周的互动话题等栏目是每周要更新一次的;再如育儿经验、育儿妙招这类的互动栏目,可以用“半月谈”的方式进行,半个月更新一次。由此可见,家园宣传栏中的每一个栏目都要根据具体内容进行定期或不定期更新，更新的频次以一周或半个月为宜。如果太久不更新栏目内容，就会失去家长的关注，降低家园共育的效果。

4)经济性原则

家园宣传栏的目的在于利用环境资源进行充分的家园互动，因此在创设环境时只要巧妙构思、精心设计、力行节俭，就能用低成本设计出高质量的宣传栏。在设计中，一方面可以巧用废旧物，如可以选择卷纸的纸筒，把它稍加修饰变为盛放便签或笔的笔筒；另一方面还可以一物多用，如一张纸可以设计成剪纸进行装饰，也可以设计成折纸进行装饰，还可以设计成黏贴画进行装饰，以此丰富宣传栏的设计元素，并体现经济节约、绿色环保的理念。

(5)家园宣传栏的设计

家园宣传栏既作为托育机构(幼儿园)开展家园共育的纽带，也被视为一种重要的教育资源。建成一个互动性强又具有艺术设计感的家园宣传栏，包括确定位置、选择材质、设计制作和设计栏目内容。

1)确定位置

家园宣传栏分为托育机构(幼儿园)开设的家园宣传栏和班级开设的家园宣传栏。托育机构(幼儿园)开设的家园宣传栏的位置一般设在幼儿园大厅内的墙壁上，也有的设置在大门口处，不仅和本机构的家长互动，还将家园共育延伸到社区和社会。班级开设的家园宣传栏的位置一般设在班级附近，便于本班家长看到，同时位置的选择还应与教室进出通道有一定距离，避免家长驻足观看时造成拥堵。基本位置确定后，还要考虑宣传栏的面积、设置的高度。宣传栏整体面积的大小一方面要参考托育机构(幼儿园)的建筑布局，如果墙面面积比较大，宣传栏的面积也可适当增大，如果墙面面积有限，宣传栏的面积就应在保证正常观看的情况下适当缩小，长宽比例一般设为4:3或16:9比较适宜。高度的确定以家长能平视为宜。班级宣传栏的位置还应考虑采光情况，避免光线过暗。(表1-3-1)

表1-3-1 家园宣传栏位置的确定

家园宣传栏	机构开设的家园宣传栏	班级开设的家园宣传栏
创设的位置	机构大厅的墙面或机构大门外 (避开通道 避免拥堵)	班级附近的墙面 (避开通道 避免拥堵)
面积	根据墙面适度调整 长宽比例(4:3或16:9)	根据墙面适度调整 长宽比例(4:3或16:9)
高度	家长平视为宜	家长平视为宜
光线	——	选择采光较好的位置，避免光线过暗

2)选择材料

由于家园宣传栏需要定期和不定期更新内容,所以不适宜在原有墙面上直接创设,而是需要根据宣传栏的面积大小,选择适宜的板材作为底衬。毛毡板、软木板,比较适宜用图钉固定,亚克力板的板材适合用黏贴的方式,软磁板具有一定的磁性,可以用磁铁来固定。有了适宜的底衬,还需要根据具体的设计选择装饰材料,如卡纸、瓦楞纸、衍纸、不织布和一些废旧材料(纸筒、瓶盖、绳子等),同时还需要准备颜料,如丙烯颜料、彩笔、水粉颜料等,进行家园宣传栏的艺术设计。(图1-3-2)

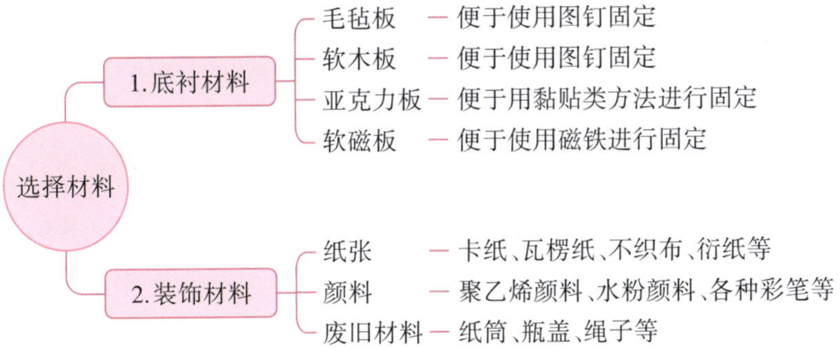

图1-3-2　家园宣传栏制作材料的选择

3)设计制作

家园宣传栏既是家长和教师互动的平台,同时还兼具美化环境的作用。一个精心构思和设计的家园宣传栏不仅内容能够吸引成人驻足观看,其艺术造型、创意设计、巧妙点缀的小装饰也让园所的环境更靓亮,带给人们美的感受和愉悦,因此家园宣传栏的整体设计与制作也是不可忽视的一个环节,包括家园宣传栏的整体设计、家园宣传栏的制作技法。

①家园宣传栏的整体设计

围绕主题进行设计:教师在创设家园宣传栏时,首先要考虑的是班级家园宣传栏的主题,例如有的老师将主题定为"家园直通车",整体的造型、图案均围绕卡通车、站牌的形象进行设计,不同的站牌设有不同的栏目,主题、造型、内容相互联系又生动有趣。

围绕幼儿的年龄特点进行设计:虽然家园宣传栏是给家长们提供的互动空间,但互动的话题和内容必须围绕本班幼儿的年龄特点和身心发展特点进行创设。如1~2岁宝宝班的家园宣传栏设计就可以围绕卡通奶瓶、水瓶、纸尿裤、宝宝床等图形进行构思创意,将这个阶段宝宝的年龄特点和需求体现得淋漓尽致,拉近了与家长的距离。

与整体环境相呼应的设计:家园宣传栏是托育机构(幼儿园)整体环境的一部分,构思设计的立意、构图与整体环境和氛围应保持一致。如贝贝托育中心的理念是"呵护、陪伴、关爱",中心的基调颜色以淡粉色与淡黄色为主，班级的宣传栏设计就紧紧围绕机构理念，使用简笔画的方式描绘出教师照护婴幼儿时的表情和体态、教态，并且运用了大量的淡粉色和淡黄色，整体设计充满爱心与温馨感，又与机构的整体环境相协调统一。

②家园宣传栏的制作技法

家园宣传栏设计属于空间艺术造型的范畴，造型设计的基本技法应遵循美术设计中对形式的要求。常用造型设计和色彩设计等基本技法。

- 造型设计的基本技法

组合法：将事物形象中最典型、最突出的特征用简单的线条勾画出轮廓，并在轮廓内添加一些立体的装饰性结构纹理的一种方法。如我们画出鱼的轮廓，用卡纸或其他废旧物制作出鱼鳞，黏贴或嵌入轮廓内，就得到了栩栩如生的小鱼造型。

夸张法：找出事物形象中最有代表性的特征，并将这一特征进行凸显与强化的一种方法。如宣传栏中设计了小兔子爱运动的造型，我们就可以将小兔子的长耳朵和短尾巴进行适度夸张，并选择不织布材料来装饰耳朵，将废旧毛绒玩具进行裁剪，装饰兔子尾巴，让小兔子造型生动起来。

拟人法：将一个图形的形态进行拟人化处理，包括物象的形态、动作、神态等。如宣传栏中有宝宝奶瓶的造型，我们就可以将瓶身部位设计成人物五官和肢体动作，辅助营造宣传栏主题氛围。

- 色彩设计的基本技法

家园宣传栏的色彩可以更好地烘托主题氛围和情感。通过色彩我们可以感受到温度、软硬度、重量和情绪，这些都为我们创设家园宣传栏提供了形成某种氛围和意境的指向，因此掌握色彩设计技巧以及运用能力是很有必要的。色彩的种类繁多，基本可以分成有色彩与无色彩：有色彩，红、橙、黄、绿、青、蓝、紫等；无色彩，黑、白。我们在创设宣传栏时，基本使用有色彩形式进行设计。

4)设计栏目内容

家园宣传栏的设计包括班级栏目名称的设计、栏目板块与内容的设计两部分。

①栏目名称的设计

栏目名称体现着家园宣传栏的创设理念。名称就是主题，新颖的名称体现了教师的新思维，也更容易引人注目。同时，一个好的名称更适于内容的布置，可以衍生新的布置方式。栏目名称应根据本班婴幼儿的年龄特点，用简洁的方式将家园宣传栏的共育内涵表述出来，同时还应体现专业与温馨的特点。 如1岁年龄段的家园宣传栏的名称为：幼幼班呵护窗 、爱婴坊等。(表1-3-2)

表 1-3-2　栏目名称的设计

班级名称	婴幼儿年龄段	栏目名称
幼幼班	1~2 岁	爱婴坊/幼幼班呵护窗
宝宝班	2~3 岁	育幼岛/宝宝班爱心船
小一班	3~4 岁	一家亲园地/小一班共育联盟

②栏目板块与内容的设计

栏目板块是子主题。栏目中不同板块的名称要结合具体的宣传内容来确定，如向家长普及婴幼儿年龄特点及生长发育相关知识的内容，我们可以将栏目命名为“爱婴宝典”；需要家长了解班级日常会组织哪些活动，教师保教婴幼儿使用哪些方式方法的内容，我们可以将栏目命名为“一周活动速递”，提前让家长了解一周的活动内容；公布周计划，还应在开展活动的当天，将教师在活动中对幼儿的指导方法策略进行简单小结，引导家长学习教育方法，配合完成保教工作，这样的栏目名称我们可以叫“请您配合”，需要注意的是，“请您配合”栏目是以争取家长理解、认同和支持为前提进行的家园共育，不是对家长发布任务和要求，是结合婴幼儿每天的点滴进步与发展需求开展的家园携手活动；还可以将家长关心的热点问题设计到栏目中，我们可以将栏目命名为“宝妈不焦虑”，如宝宝入学前需要具备哪些能力、养成哪些习惯，四季更替中宝宝饮食、穿衣的健康提示等内容；家园宣传栏还要充分利用家长的职业特点、文化水平，特长爱好等，让家长参与家园联系栏的创设中，有效进行资源整合，让教师和家长都成为家园共育的发起人，使家园宣传栏真正成为促进婴幼儿健康发展，促进家园共育的纽带。

2. 技能操作

(1)家园宣传栏位置评估

选定了家园宣传栏的位置后，可以参照表 1-3-3 完成对家园宣传栏的位置进行记录和评估。

表 1-3-3　家园宣传栏位置记录与评估

<table>
<tr><td colspan="8">☆机构家园宣传栏位置评估</td></tr>
<tr><td rowspan="3">位置与采光</td><td>位置描述</td><td></td><td rowspan="3">高度与面积</td><td>距地面高度</td><td>(　　)cm</td><td rowspan="3">总体评价</td><td rowspan="3">适宜□
尚需调整□</td></tr>
<tr><td>是否避开通道</td><td>是□　否□</td><td>宣传栏面积与墙面面积比例</td><td></td></tr>
<tr><td>是否考虑采光条件</td><td>是□　否□</td><td>长宽比例</td><td></td></tr>
</table>

续表

☆班级家园宣传栏位置评估							
位置与采光	位置描述		高度与面积	距地面高度	(　　)cm	总体评价	适宜□ 尚需调整□
	是否避开通道	是□ 否□		宣传栏面积与墙面面积比例			
	是否考虑采光条件	是□ 否□		长宽比例			

(2)家园宣传栏的设计与制作评估

在选择适宜的制作家园宣传栏材料的基础上,需要对宣传栏进行设计与制作,包括宣传栏的造型设计与色彩设计,参照表1-3-4可以完成家园宣传栏的设计与制作评估。

表1-3-4　家园宣传栏的设计与制作评估

☆整体设计检测								
围绕主题进行设计			围绕婴幼儿的年龄特点进行设计			与整体环境相呼应进行设计		
主题名称		适宜□ 不适宜□	0~3岁造型设计		适宜□ 不适宜□	园所空间色彩		适宜□ 不适宜□
造型设计		适宜□ 不适宜□	3~6岁造型设计		适宜□ 不适宜□	宣传栏色彩		适宜□ 不适宜□
☆技法制作检测								
造型设计检测			色彩设计检测					
选择的基本技法	□组合法 □夸张法 □拟人法	适宜□ 不适宜□	选择的基本技法	□主色调+辅色调 □冷色调+暖色调 □渐变色	适宜□ 不适宜□			
造型设计描述		适宜□ 不适宜□	色彩的选择	(　　)色+(　　)色+(　　)色	适宜□ 不适宜□			
☆造型或色彩设计补充记录								

(3)模拟栏目板块与内容的设计

栏目中不同板块的设计不是为了求新求异,而是为了增强栏目的吸引力,与具体内容建立良好关联与衔接。结合表1-3-5中给出的栏目板块名称,完成对栏目内容的设计。

表1-3-5　家园共育宣传栏内容设计

年龄段	栏目名称	宣传内容
0~3岁	爱婴宝典	
0~3岁	一周活动速递	
3~6岁		
0~3岁	请您配合	
3~6岁		
0~3岁	宝妈不焦虑	
3~6岁		

> **温馨提示**
>
> ○在家园共育宣传栏的设计与制作过程中,“请您配合”栏目的设计不是给家长布置任务,而是和家长携手共同促进婴幼儿的健康成长。更好地宣传《3岁以下婴幼儿健康养育照护指南(试行)》和《3—6岁儿童学习与发展指南》的育儿理念,提高照护人的养育素养和保教人员的保教素养。

(二)微信公众号——线上推广

1.知识学习

(1)托育机构(幼儿园)开设微信公众号的意义

教育部《教育信息化十年发展规划(2010—2020)》明确指出要将教育信息化纳入国家信息化发展的整体战略中;加大教育信息化发展进程,提高家庭可访问数字教育资源的数量及利用率。微信作为普遍的社交工具已经成为人们生活中不可或缺的一部分,通过微信平台,建立家园共育的数字化传播渠道已经成为必然趋势,一方面,托育机构(幼儿园)通过微信公众号将托育机构(幼儿园)的科学育儿理念、特色育儿经验、婴幼儿真实生动的一日生活表现等进行宣传推广,实现精准传播,是扩大社会影响力的一种有利途径;另一方面,家长可以通过微信公众号获得相关的育儿理论知识,满足家长、社会对婴幼儿养育和保教等数字化教育资源的需求,同时家长也可以在公众号平台中的评论区分享自己的看法、日常育儿经验等,通过相互交流,不断提高托育机构(幼儿园)和家长的婴幼儿照护与保教质量。

(2)托育机构(幼儿园)微信公众号的特点

1)推送的便捷性

数字时代的到来,悄然改变着人们的生活,一部智能手机成为人们生活的必需品,其中,微信可以实现随时随地与网站对接,与电脑同步,与人沟通的便利功能。微信公众号的推送占据了移动性强、操作便捷的优势,可以不限时间、地点,将一些理念、活动和想法随时进行传播。

2)形式的多样性

微信公众号可以使用图片、文字、音频和视频等多种形式进行内容推送,这些形式穿插交替地出现在公众号中,成为最佳的信息记录手段,文字可以用来认真阅读和思考理解,图片可以记录下精彩的瞬间,音频便于收听,视频便于观看且具有强烈的代入感,这些推送形式的应用让公众号更加可读、可听、可观、可赏,使公众号更具有吸引力。

3)内容的丰富性

微信公众号的内容按照类别可以分为通知类、公示类、展示类、话题类和互动类等。通知类的内容可以是托育机构(幼儿园)组织各类活动的预告、节假日放假安排、各种临时性的需要、提前告知家长的事宜等;公示类包括机构在行业内获得的荣誉、教师参加各类活动获得的荣誉和婴幼儿参加各类活动所获得的各种荣誉等;展示类包括机构举办的各种节日庆祝活动、亲子活动等内容;话题类包括机构教师开展的各类提升保教能力的研学活动、育儿新理念及教育方式的宣传等内容;互动类包括家庭育儿实录、家长协同教师育儿实录、家长参与班级保教活动实录以及相关的互动话题等。

4)传播的高效性

微信公众号通过文字、语言、图片、视频等内容的构成与整理,准确定位传播的受众面,给接收信息的人带去丰富多样的感受与体验,家长关注度高,实现即传即收即看的高效传播。微信公众号经过机构人员对内容的精心筛选,将本机构的托育理念、办园宗旨和特色活动进行充分整合,蕴含着一定的深度性和独特性,为社会层面上有需求的群体传递信息和服务,扩大传播面,实现广泛传播。

(3)托育机构(幼儿园)微信公众号的作用

1)面向社会和家长宣传国家托育和幼儿保教政策

随着托育和幼儿教育的备受关注,家长也越来越关注国家关于婴幼儿托育和学前教育相关政策及要求,需求也越来越迫切。托育机构(幼儿园)有责任、有义务向家长进行广泛宣传,同时利用微信公众号顺应家长需求,将国家颁布的相关政策第一时间进行推送。如全国学前教育宣传月自2012年启动至今已经是第十一个了,各幼儿教育机构在微信平台上进行了大力宣传,让每一个学前教育宣传月的主题走进适龄幼儿的家庭,引导社会和家长关心关爱每一个学前儿童的健康成长,为学前儿童健康成长营造科学、和谐的良好氛围。

2)面向社会和家长宣传托育机构和幼儿园的办学理念

托育机构(幼儿园)是婴幼儿从家庭走入社会的第一个集体生活场

所，对于婴幼儿来说是陌生的，对于家长来说同样是陌生的，因此作为家长非常想全方位了解自己孩子未来生活和成长的环境，了解自己孩子未来所接受的托育、保育质量。通过微信公众号，我们就可以将托育机构（幼儿园）的办学历史、办学宗旨、优势传承、获得的荣誉、教师风采和教学优势与特色等进行比较详尽的介绍，还可以通过拍摄视频、图片和语音导览等方式将机构的婴幼儿活动室、睡眠室、盥洗室、劳作坊、创意空间、绘本小屋等具有不同功能的教室一一展示给家长，让家长随时随地能感受机构的环境与氛围，了解机构的办学理念和办学质量，打开实施和谐家园共育的大门。

3)让家长及时到位地了解婴幼儿生活与发展状况

作为家长最关注的是婴幼儿在机构的生活和学习情况，关心孩子的点滴成长与进步，教师以班级为单位，及时将班内婴幼儿日常生活中的行为表现、情绪情感的表达等用照片或视频的方式捕捉并记录下来，上传到微信公众号中，一方面便于家长随时了解自己孩子的表现，另一方面便于教师通过婴幼儿的行为表现，找出共性和个性问题，积极开展与家长之间的互动沟通，借助婴幼儿发展实例，提供指导家园共育的小方法和小策略，提高家园互动的实效。

4)让家长积极主动地参与和谋划托育机构（幼儿园）的未来发展

随着家长和社会对婴幼儿托育和保教的关注度与日俱增，家长越发认识到孩子的教育不是靠单方力量来完成的，而是需要家庭、机构和社会的共同努力，家长参与托育机构（幼儿园）教育的意识和行为都在不断增强，家长会对机构的管理、教育方式、教师专业水平和职业素养提出看法建议，如果没有一个公众平台，这种建议和看法就自然而然转向私下的评论，难以在家园共育中发挥实效。通过微信公众号，可以为家长专门开辟一个专栏或设置评论区，让家长通过微信平台积极参与到托育机构（幼儿园）的发展建设中来，主动邀请家长和吸引家长参与托育机构（幼儿园）的决策，形成教育共育的合力。

5)给予家长专业化和个性化的家庭教育指导

托育机构（幼儿园）在坚持主流价值观、坚持自己的办学宗旨、办学特色的同时，还应考虑每一个家庭个体的独特性，针对不同家庭的特殊需求和价值观，适时适度地满足他们的教育期望，为家庭开展教育提供方法和途径。如一些托育机构（幼儿园）通过微信公众号开展线上微课堂，教师将事先录制好的促进幼儿语言表达、动作发展和艺术表达的微课上传到公众号中，家长可以从中选择自己能完成的个性化活动在家庭中进行，在家庭中实现科学育儿。

(4)微信公众号的设计与推广

一个有质量的微信公众号不仅能满足家长科学育儿的需求，促进良好亲子关系的建立，还能通过及时的互动和沟通，形成更加包容、信任、接纳和尊重的家园共同体，促进婴幼儿的健康成长、提升家庭科学育儿的能力、实现托育机构（幼儿园）的良性发展。随着自媒体的不断发展，微信公众号的设计与制作也成为教师的一项“必备技能”。托育机构（幼儿园）的微信公众号的设计与制作主要包括创建微信公众号、设计微信公众号内容、选择微信公众号编辑工具、微信公众号后期制作和微信公众号审核推送五方面内容。（图1-3-3）

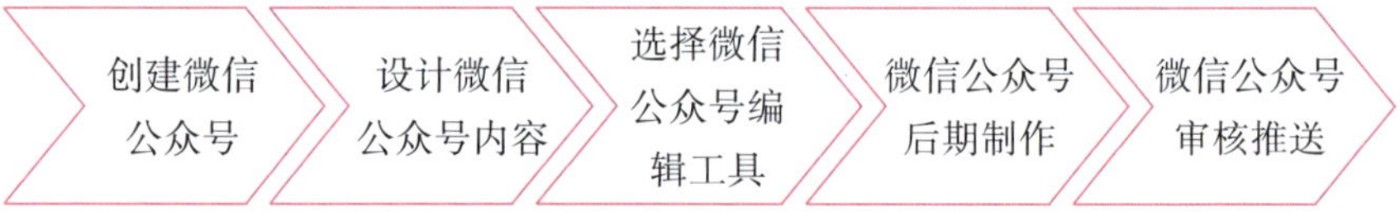

图1-3-3　微信公众号设计与制作步骤

1)创建微信公众号

创建微信公众号是幼儿园运用微信公众平台进行家园共育的第一步。微信公众号的类型包括订阅号和服务号。两者的区别在于，订阅号每天都可以群发一次消息，而服务号基本是一周发一次消息。托育机构（幼儿园）一般会选择订阅号，便于向家长及时推送一些信息，开展有效互动。

①明确定位

微信公众号的建立首先要有明确的定位：为什么开设公众号，通过微信公众号要向家长和社会传递什么样的托育、保教理念。

②恰当命名

任何一个托育机构（幼儿园）的微信公众号都有自己的名称，一是便于家长准确搜索随时关注，二是体现简洁明确的辨识度。公众号基本以“地区+机构（幼儿园）”进行命名。

③注册ID

注册ID需要事先想好，因为这是后期对外宣传时的唯一身份标志，不能重复。

④选择头像

公众号头像选择，可以选择托育机构（幼儿园）LOGO，也可以选择幼儿园标志性建筑、特色活动等照片。

⑤确定关注词

微信公众号关注词是与家长的第一次沟通，也是留给家长的第一印象，可以将托育机构（幼儿园）的办学理念进行加工整理，以一句话或重点词的方式进行呈现，不仅能给家长留下深刻印象，还能与家长产生共鸣。

如“呵护、尊重、陪伴、成长”等。(图1-3-4)

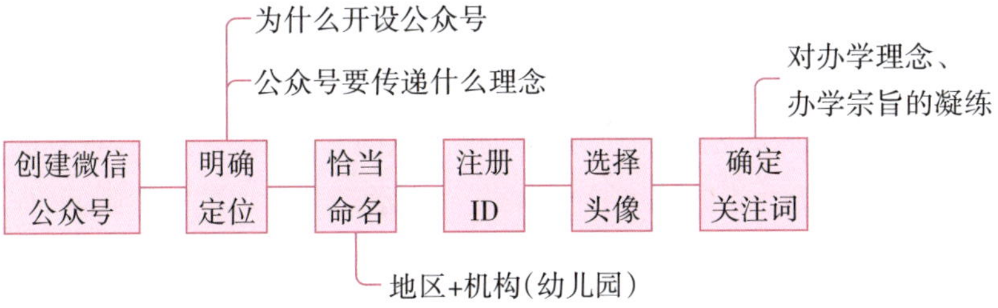

图1-3-4　创建微信公众号的步骤

2)设计微信公众号内容

完成了微信公众号的创建,接下来我们要思考如何设计微信公众号的内容,要让微信公众号给家长留下深刻的印象,不仅要有舒适的排版、真切感人的文字、抢眼的图片或照片,还更需要考虑不同家长的需求、婴幼儿发展的需求和托育机构(幼儿园)提升社会影响力的需求,在内容的设计上,要注意随时随地搜集素材、精心巧妙地整理素材。我们需要做好以下工作:

①确定微信公众号推送主题

每一条信息的推送都要考虑能否引起家长的关注、能否引导家长有兴趣地阅读下去,而不是直接忽视掉,所以每一次的推送都要根据推送的类别(通知类、公示类、展示类、话题类、互动类)、推送的内容(托育机构(幼儿园)开展的大型活动、班级活动、教师风采等)和推送的目的(广而告之、普及宣传、展示成果、形成共识)进行思考并确定主题。如我们要推送关于举办家长学校的通知类内容,首先要思考这期的家长学校的内容是什么,围绕家长学校内容确定一个主题。如果家长学校的主题是“幼儿劳动习惯的养成”,那我们的主题就可以是“今天,谁在打扫卫生”“大家一起来动手——扮靓我的教室”等,结合鲜活的日常生活中的劳动教育吸引家长关注,推出即将开办的家长学校的相关信息,向家长发出邀请,鼓励家长积极参与。(图1-3-5)

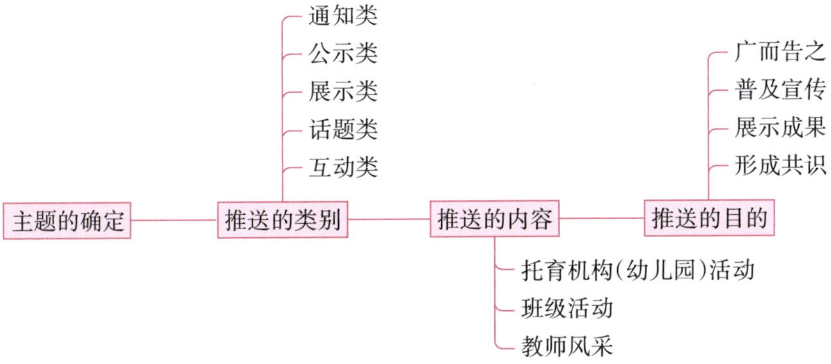

图1-3-5　微信公众号主题的确定

②围绕主题搜集活动素材

一篇吸引家长眼球的推文不论是文字、照片还是视频都应该是有灵魂的。文字的表述应通过朴实地记录具体活动，反映教师对教育现象的描述或思考，反映机构或园所办学的价值取向和追求。照片和视频的选择应当是教师随时捕捉、抓拍的婴幼儿真实活动与学习的精彩瞬间，应当从婴幼儿的视角去拍摄，抛开成人的视角和各种摆拍。如任务导入中小王老师在公众号中只推送了一部绘本的电子版内容来引导家长在家庭中开展亲子共读，忽视了幼儿在阅读活动中的真实需求和真实表现，忽视了对家长开展亲子共读活动的指导，因此没有家长会关注这样的推送内容。

围绕确定的活动主题进行素材搜集需要做好三方面的工作，包括活动前期准备、活动过程的设计及活动后和家长的互动与思考。如我们帮助小王老师完成一篇引导家长进行亲子阅读的推送内容，首先我们需要确定一个主题“一起阅读，一起发现绘本里的秘密”，围绕主题我们要做的前期准备包括：寻找绘本（哪些绘本适宜推荐、推荐的理由与主题的关联度）、挖掘最有特点的页面、找好适宜的角度拍照或录制视频。活动过程的设计包括：婴幼儿阅读时的状态（表情、语言和行为动作）、教师如何指导婴幼儿阅读（教师指导婴幼儿取放书和翻书、教师与婴幼儿共读时的位置、对不同年龄的婴幼儿使用不同的指导语、如何与婴幼儿互动）、随时调整适宜的角度进行抓拍或录制视频；和家长的互动与思考包括教师采用不同指导方式的目的是什么、家庭中家长的好做法有哪些、幼儿的表现是什么、如何解读幼儿的阅读行为等。（图 1-3-6）

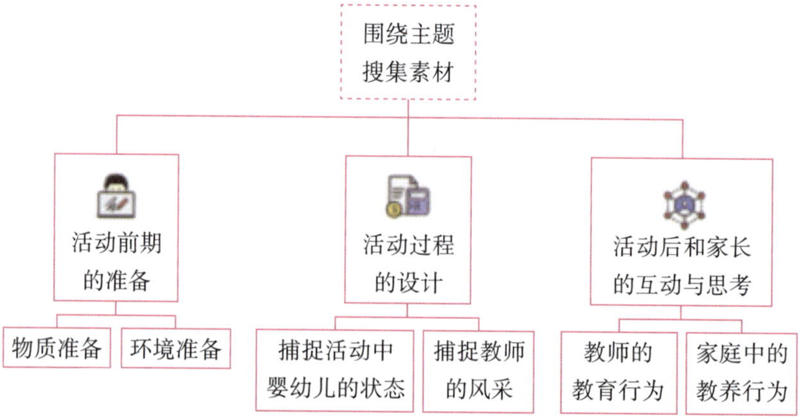

图 1-3-6　围绕主题搜集活动素材

3）选择微信公众号编辑工具

使用一款得心应手的编辑工具，能使微信公众号的排版更加赏心悦目，排版内容主要包括处理文章标题、段落、文字和图片等细节，巧妙精心地排版后，能提升阅读者的阅读体验，帮助阅读者快速捕捉文章传递的主要思想和重要信息，同时带给阅读者舒适的阅读感受。微信公众号常用的工具包括排版编辑器、图片设计软件、图库素材、视频编辑工具等，这些工具我们可以在网络上进行搜寻。

4）微信公众号后期制作

确定了基本内容、选择了适宜的工具、搜集了充足的素材，就可以进行制作了。在制作的过程中，需要构思制作的逻辑，可以从以下方面进行构思：根据时间的先后进行编辑制作、根据活动的过程进行编辑制作、通过提炼活动的关键词进行制作，同时，编辑制作时一定要融入园所的理念和价值观等。

5）微信公众号审核推送

微信公众号的内容编辑制作好之后，应交付专门的审核人员进行审核，确保内容的质量。审核人员可以指定有制作微信公众号专长的人员进行审核，也可以组建一个审核团队，由几名教师共同完成审核任务。审核的内容包括选题的准确性、内容的吸睛度、排版布局的舒适度、内容中的链接是否有效、文字表述有无语法错误或错别字等。

2.技能操作

（1）微信公众号的创建

结合表1-3-6，为一个办园理念是“呵护一切宝宝，呵护宝宝的一切”的0~3岁托育机构，完成微信公众号的创建。

表1-3-6 微信公众号创建表

项目	内容
微信公众号定位	
微信公众号命名	
微信公众号ID	
微信公众号头像	
微信公众号关注词	

（2）微信公众号主题的确定

结合表1-3-7中给出的示例，分别思考通知类、公示类、展示类、话题类和互动类家园共育的内容及推送目的，完成微信公众号主题的确定。

表 1-3-7 微信公众号主题确定

类别	内容	推送目的	主题
通知类	托育机构(幼儿园)家委会召开例会的通知	1. 通知伙食委会成员并告知全体家长知晓 2. 请伙食委会成员商讨"丰富婴幼儿食谱"等事宜 3. 请全体家长积极配合,将建议反馈给班级伙食委会成员	丰盛的家园餐桌
模拟练习			
公示类	幼儿园在××评选中荣获的奖项	1. 向家长公布幼儿园取得的荣誉 2. 让家长了解有关工作取得的成效	奔跑吧××幼儿园
模拟练习			
展示类	亲子活动展示	1. 捕捉亲子游戏的精彩瞬间,展示家长积极配合参与亲子活动的成果 2. 引导家长提高对亲子活动的认识,营造良好的亲子活动氛围	宝贝一家亲 宝爸宝妈"嗨"宝贝
模拟练习			
话题类	学前教育宣传月	1. 引导家长关注全国学前教育宣传月的主题 2. 教师和家长共同围绕主题进行科学育儿的互动	宣传月中话成长
模拟练习			
互动类	家长参与课程方案制订	1. 介绍部分家长参与课程研讨的过程与成果 2. 鼓励更多家长积极参与班级课程的设计与开发	"智囊团"带给孩子的开心一课
模拟练习			

(3)围绕微信公众号主题搜集素材

结合表 1-3-8 帮助贝贝托育中心的教师完成面向 3~6 岁幼儿开展春

游活动的微信公众号素材的收集任务。

表 1-3-8　微信公众号主题素材搜集记录与评估

☆活动前期准备					
物质准备			户外环境		
搜集影像资料的设备及相关保障物品		备齐□ 缺少□	春游的路线		适宜□ 不适宜□
记录幼儿对话的便捷文具		备齐□ 缺少□	户外有特点的场景或植物		适宜□ 不适宜□
☆活动中的素材搜集					
幼儿参与活动的素材	1. 幼儿的身体姿态与动作	是□ 否□	教师组织活动的素材		是□ 否□
	2. 幼儿的表情	是□ 否□			是□ 否□
	3. 幼儿的活动记录	是□ 否□			是□ 否□
	4. 幼儿的语言记录	是□ 否□			
☆和家长的互动与思考					
1. 活动前家长对组织春游活动的看法、建议等素材			是□ 否□		
2. 活动后家长对春游活动满意度与建议等素材			是□ 否□		

检查评估

岗位人员按照表 1-3-9 中的项目进行自我检查，并将检查结果和自我点评记录在表中。

表 1-3-9　家园共育宣传与推广检查记录表(岗位人员自评)

序号	检查项目	检查结果	自我点评
1	家园宣传栏的板块内容是否吸引家长参与	是□ 否□	
2	家园宣传栏的整体设计是否与园所整体环境相宜	是□ 否□	
3	家园宣传栏是否充分体现婴幼儿年龄特点	是□ 否□	
4	家园宣传栏是否定期更新	是□ 否□	
5	家长是否对微信公众号有较高的关注度	是□ 否□	
6	微信公众号的内容是否密切联系工作实际	是□ 否□	
7	微信公众号的内容是否定期更新	是□ 否□	
8	微信公众号是否能广泛宣传科学育儿理念	是□ 否□	

学员分组根据表1-3-10中的检查项目对幼儿园开展家园共育宣传与推广工作情况进行检查，并将检查结果和结果点评记录在表中。

表1-3-10 家园共育宣传与推广检查记录表（学员点评）

序号	检查项目	检查结果	结果点评
1	家园宣传栏位置的选择是否适宜	是□ 否□	
2	家园宣传栏选用的材料是否丰富	是□ 否□	
3	是否按照家园宣传栏的原则进行设计	是□ 否□	
4	家园宣传栏的内容是否体现家园共育	是□ 否□	
5	家园宣传栏的色彩搭配是否和谐	是□ 否□	
6	家园宣传栏的制作是否精细美观	是□ 否□	
7	微信公众号的名称设置是否正确	是□ 否□	
8	微信公众号的关注词选择是否准确	是□ 否□	
9	微信公众号的主题是否恰当	是□ 否□	
10	微信公众号的内容是否体现家园共育	是□ 否□	
11	微信公众号的排版是否和谐美观	是□ 否□	
12	微信公众号的审核是否仔细认真	是□ 否□	

教师根据表1-3-11中的检查项目对学员任务完成情况进行检查，并将检查结果和结果点评记录在表中。

表1-3-11 家园共育宣传与推广检查记录表（教师点评）

序号	检查项目	检查结果	结果点评
1	是否按时完成任务	是□ 否□	
2	团队协作是否顺畅	是□ 否□	
3	问题类型的选择是否适宜	是□ 否□	
4	物品及用具是否整理	是□ 否□	
5	实训场地是否整洁干净	是□ 否□	
6	实训室任务记录是否填写完整	是□ 否□	

任务小结

- 家园共育宣传与推广
  - 家园宣传栏——线下宣传
    - 家园宣传栏的作用
    - 家园宣传栏的形式
    - 家园宣传栏的特点
    - 家园宣传栏创设的原则
    - 家园宣传栏的设计
      - 确定位置
      - 选择材料
      - 设计制作
    - 设计栏目内容
      - 栏目名称的设计
      - 栏目板块与内容设计
  - 微信公众号——线上推广
    - 托育机构(幼儿园)开设微信公众号的意义
    - 托育机构(幼儿园)微信公众号的特点
    - 托育机构(幼儿园)微信公众号的作用
    - 微信公众号的设计与推广
      - 创建微信公众号
      - 设计微信公众号内容
      - 选择微信公众号编辑工具
      - 微信公众号后期制作
      - 微信公众号审核推送

情境二
家庭教育指导

情境介绍

家庭教育指导情境包括0~1岁婴儿家庭教育指导、1~3岁幼儿家庭教育指导和3~6岁儿童家庭教育指导三项任务。不同年龄段的婴幼儿身心发展特点不同,不同年龄段婴幼儿家长的关注点也有所不同,经过对家长所关注的焦点问题进行梳理,确定了不同年龄段的家庭教育指导要点。0~1岁阶段以婴儿喂养照护问题为主;1~3岁阶段以自理能力培养及教育问题为主;3~6岁阶段以不同领域教育及幼小衔接问题为主。情境选取各年龄段典型的家庭教育问题进行分型,并提供参考内容。

0~1岁婴儿家庭教育指导任务涵盖回应性照护的实施要点、0~1岁婴儿喂养操作规范、0~1岁婴儿保健与护理操作规范、0~1岁婴儿家庭环境安全检查等知识;1~3岁幼儿家庭教育指导任务涵盖1~3岁幼儿生理发展特点及卫生习惯培养要点、动作发展特点及促进要点、语言及社会性发展特点及培养要点等知识;3~6岁儿童家庭教育指导任务涵盖保护儿童的好奇心、培养儿童的自理能力、提高儿童交往能力等知识。

情境目标

- 能根据不同年龄段婴幼儿家庭教育指导需求,完成典型照护及教育问题的家庭教育指导。
- 能根据不同年龄段婴幼儿的身心发展特点,完成典型家庭教育问题的具体操作指导。
- 能根据不同年龄段婴幼儿的身心发展特点,创设适宜婴幼儿身心发展的家庭教养环境。

- 能根据照护者提出的0~6岁婴幼儿教养问题制订有针对性的解决方案。
- 工作中耐心细致，本着尊重、平等、合作的原则，完成家长指导工作。

任务一　0~1 岁婴儿家庭教育指导

教学资源

任务导入

场景：家中

人物：柚柚爸妈、柚柚奶奶、2 月龄宝宝柚柚、指导者

情节：柚柚是一个刚满 2 个月的女宝宝，据柚柚妈妈反馈，白天柚柚总是像一个小天使一样睡得很香，可是一到晚上甚至半夜却总是啼哭不止，搞得一家人都没办法安心睡觉，同时家人也很担心柚柚是不是有什么问题。每次在柚柚哭闹的时候，妈妈都会觉得可能是饿了，怀疑自己的母乳无法满足宝宝的需求，不知道该不该加一些奶粉喂养，柚柚奶奶甚至还想给柚柚加一些自制的米糊。柚柚是家中的第一个宝宝，初为人父母的柚柚爸妈面对整日哭闹的宝宝束手无策，老一辈育儿经验明显也有些过时了，请你帮助柚柚爸妈为柚柚的照护制订合理的指导方案。

任务目标

- 能使用回应性照护方法，完成 0~1 岁婴儿家长指导工作，指导家长观察婴儿发出的信号，了解婴儿的需求并进行回应性照护。
- 能进行科学的母乳喂养知识科普，完成家长的辅食添加指导工作。
- 能根据 0~1 岁婴儿动作发展特点，完成 0~1 岁婴儿家庭安全检查指导工作。

任务实施

(一)回应性照护指导

1.知识学习

(1)回应性照护内容

婴儿自身的需求能否得到满足是由照护者来决定的,其中婴儿的基本需求包括安全、喂养、安抚、情绪调剂以及认知刺激等。照护者通过观察婴儿的动作、面部表情、发出的声音和手势等对婴儿发出的信号作出回应。如在婴儿还不会开口说话之前,照护者和婴儿之间是通过面部表情、眼神交流、肢体接触、发声、手势等方式来互动交流的,通过这样积极的互动不仅可以鼓励婴幼儿和成人进行情感交流,建立良好的亲子关系,刺激脑部发育,还可以为婴儿语言的发展打下良好的基础。

经研究发现,获得高质量回应性照护的婴儿能够在语言、认知、动作、社会情感等方面有更加突出的表现;反之,在2月龄时无法得到充足回应性照护的婴儿在以上几个方面发育迟缓的风险都会有所增加,与此同时很可能对婴儿社会性的发展持续产生消极影响。因此,普及回应性照护技能,为婴儿照护者提供科学指导是非常有必要的,使照护者能努力对婴儿作出回应,引导婴儿进行探索,并给予适宜婴儿发展水平的交流及玩耍建议,提高亲子互动质量。

中国妇幼保健协会婴幼儿养育照护专业委员会于2020年在《中国儿童保健》杂志上发表了《婴幼儿养育照护专家共识》一文,其中提到回应性照护的核心是在日常生活中观察并敏感了解婴儿动作、声音、表情和口头请求等需求,并及时给予积极恰当的回应。专家共识中给出的回应性照护建议包括建立亲子关系、敏感观察、恰当回应、互动沟通四个方面。

(2)回应性照护步骤

良好的互动与沟通不仅可以帮助照护者更好地进行回应性照护,形成良好的亲子关系,也可以促进婴儿的社会性发展,有助其在未来建立良好的人际关系。照护者需要了解婴儿特有的沟通方式,其中包括动作、声音、哭声、手势、表情、姿势及简单的语言等。照护者除了仔细倾听和观察、解读婴儿的目的外,还需要用适合婴儿理解的方式向其传递信息,包括动作、语言、表情、眼神、声音等。当照护者的这些沟通行为能被婴儿理解时便可以根据情况持续予以回应,维持良好的互动。

1)观察婴儿所发出的信号

对婴儿进行细致的观察是正确解读婴儿行为线索、解释其需求的必备条件。婴儿往往通过表情、声音、动作、手势等方式发出信号，向外界表达自己的生理和心理需求。首先，照护者需要通过对婴儿日常生活的敏感观察，发现并记录婴儿的生理规律、能力水平等内容，逐步了解婴儿的性格特点和气质类型；而后，需要敏感注意到婴儿由于不同的需求所发出的不同信号，并尝试理解信号背后的含义，准确判断婴儿发出信号时的情绪状况和需求；与此同时，照护者要尝试结合婴儿年龄特点及个体特点给予适当的互动回应，如发现疾病征兆需要进行妥善处理并及时就医。

哭声是婴儿发出的最早的沟通信号，照护者需要随时准备响应，让婴儿明白他们的哭声被听到了，在哭声变得绝望和让人烦躁之前，照护者就要对婴儿进行回应，以促进婴儿后续使用更丰富的方式，包括肢体动作、面部表情等和照护者进行交流。有些父母认为“回应宝宝的哭声会让他们哭得更多”，这种理念是错误的，哭声经常被忽略的婴儿会渐渐发现自己传递的信号没有价值，得不到反馈，从而逐渐失去安全感，他们可能会尝试减少哭声，但却失去了发展沟通技巧、培养双向互动和增进亲子感情的重要机会。

在发现0~1岁的婴儿哭闹时，应遵循图2-1-1中的观察顺序，发现婴儿哭声背后的意义，了解婴儿的真实需求。

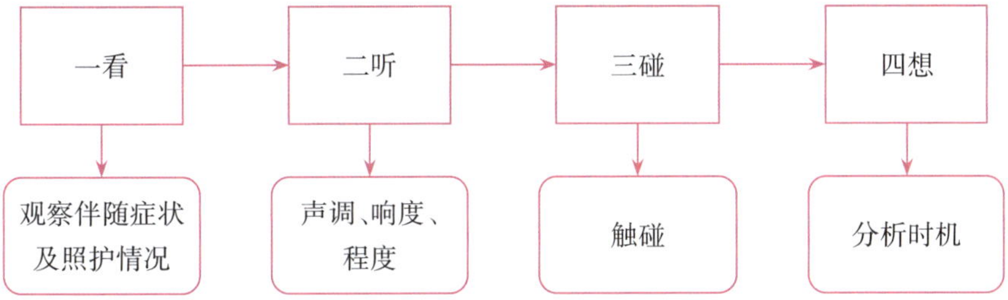

图2-1-1 观察婴儿哭声的四个步骤

①一看

首先应先观察婴儿在哭闹的同时，是否伴随表2-1-1中的症状，观察婴儿是否为病理性哭闹，如果出现表中的症状应考虑立刻就医。

表2-1-1 0~1岁婴儿哭闹伴随症状对照表

伴随症状	情况分析
咳嗽、流涕、鼻塞、呼吸急促	呼吸道感染
呼吸急促、喘息、心率增快	心肺疾病
面色苍白、淋巴结肿大	血液系统疾病
发热、呕吐、腹胀、剧烈哭闹	肠套叠、肠梗阻、阑尾炎等肠道疾病
频繁呕吐、喷射性呕吐、发热、前囟膨隆	颅内疾病

温馨提示

○除表2-1-1所列伴随症状外，婴儿腹绞痛也会导致婴儿啼哭，但无明显伴随症状，90%的婴儿腹绞痛会在8~9周龄前自行消退。

婴儿啼哭很常见，多数时候并非疾病引起，如婴儿在哭闹的同时无伴随症状出现，则照护者需要首先考虑婴幼儿照护不当引起的哭闹，见表2-1-2，照护者需要观察婴儿本身的状态以及婴儿周边的环境，从而分析婴儿哭闹的原因并及时解决。

表2-1-2　0~1岁婴儿哭闹照护原因观察表

照护问题	观察内容
饥饿或口渴	最常见哭闹原因，优先排查，经常伴有吮吸动作
没有及时更换尿布	观察尿布是否干爽、是否伴随蹬腿及身体扭动
喂养不足或过度、喂养中吞入空气	烦躁、吐奶等表现
衣物过紧导致不适	检查婴儿衣物，观察是否伴有身体扭动的动作
蚊虫叮咬或肢体受压	观察婴儿全身情况
睡眠不足	通常伴有打哈欠、揉眼睛、摇头等动作
衣物过少或过多	观察手脚温度、面色及是否有汗
睡眠体位不当	观察是否枕头过高
其他外在原因引起的不适	伴随不适处的小动作

②二听

在通常情况下，婴儿不同的哭声伴随了不同的含义，代表了不同的需求，可能是饥饿、烦躁、难过、疼痛或者困了等，见表2-1-3。有时几种不同类型的哭声也会相互重叠，伴随着婴儿的成长，哭声可能会变得更有力、更响亮、持续时间更长，也可能会有更多变化来表达不同的需求和想法。

表2-1-3　0~1岁婴儿啼哭声音规律对照表

啼哭类型	声音描述
健康性啼哭	哭声抑扬顿挫、不刺耳、声音响亮、节奏感强
饥饿性啼哭	哭声带有乞求、由小变大、有节奏感、不急不缓
尿湿性啼哭	哭声强度较轻
寒冷性啼哭	哭声低沉、有节奏
燥热性啼哭	大声啼哭、不安

续表

啼哭类型	声音描述
困倦性啼哭	哭声呈阵发性、不耐烦号叫
疼痛性啼哭	哭声尖利
害怕性啼哭	突然发作、刺耳、伴有间断性号叫
便前啼哭	哭声低

③三碰

在婴儿哭闹的过程中，照护者可以使用一些互动手段去试探婴儿的反应，观察哭闹情况是否有变化，从而分析婴儿哭闹的原因，如适当的安抚、将宝宝抱起等，具体内容见表2-1-4。

表2-1-4 0~1岁婴儿不同时机哭闹原因分析表

互动内容	原因分析
触碰	如果碰到婴儿身体某个部位就会哭闹加剧，要注意可能是局部不适引发的哭闹
抱起	如果婴儿抱着不哭、放下就哭，多为不良习惯造成或缺乏安全感
安抚	安抚后停止哭闹则代表婴儿需要心理安慰

④四想

像案例中柚柚白天睡得好好的，到了晚上就哭闹不止，这种情况往往和时间的变化息息相关。例如，白天光线充足，婴儿可以看到妈妈和家人以及周围熟悉的环境，能安稳入睡；而夜晚在关上灯后，周围黑漆漆一片，婴儿感到不安就会哭闹不止。因此，在分析婴儿哭闹需求时也应考虑到哭闹发生的时间，详细内容见表2-1-5。

表2-1-5 0~1岁婴儿不同时机哭闹原因分析表

时机	原因分析
进食前	饥饿导致哭闹
进食时	口腔不适（口腔炎、鼻塞、出牙期疼痛）、喂养工具不当、食物过敏、不喜欢食物
活动时	玩具被抢夺、心情不好、剧烈运动感到不适
夜间	饥饿、缺乏安全感、衣被过多或过少、衣被过紧、尿便刺激

温馨提示

○每个婴儿的喜好都有所不同，在婴儿哭闹时，先要及时将婴儿抱起进行安抚。研究表明，对6个月以内的婴儿，父母的及时回应有利于建立婴儿对外部世界的信任感，对将来的心理健康和人际关系也有积极影响。

注意事项

○晃动婴儿时切记不可幅度过大、力度过猛，容易引发婴儿摇晃综合征。

注意事项

○如果婴儿不想使用或者奶嘴经常从嘴里掉出来，甚至出现干呕的现象，就不要强迫其使用。

2)给予婴儿恰当回应

在对婴儿哭闹情况进行回应时，照护者需要优先满足婴儿最迫切的照护需要，先要确认婴儿是不是属于饿了、冷了或者需要更换尿布的情况；而后检查是不是衣物或其他物品让婴儿感到身体不适，照护者需要对婴儿全身进行检查；如果在排除了照护需求和环境因素外，婴儿还是持续哭个不停且没有其他伴随的病理症状，照护者可以尝试通过如下方法对婴儿进行安抚。

☆摇晃安抚：温柔地抱起婴儿轻轻摇动，可以抱着婴儿轻轻地左右或者上下摇动，每个婴儿喜欢的动作都有所不同。

☆轻抚头部或轻拍后背：温柔的触摸很有可能让婴儿安静下来，可以坐在沙发上，让婴儿趴在胸前或肩膀上，拍打婴儿的后背，需要注意动作一定要轻柔。

☆将婴儿包裹在襁褓中：让婴儿保持平躺的姿势，用婴儿抱毯或纱布巾将婴儿包裹起来能带给婴儿安全感，需要注意不可将襁褓裹得太紧，以免产生呼吸困难和不适。

☆声音安抚：白噪声、轻音乐和大自然的水流声、风声等声音能让很多婴儿安静下来并尽快入睡，当然照护者也可以自己发出声音帮助婴儿稳定情绪，比如轻声哼唱摇篮曲。

☆安抚奶嘴：婴儿哭闹不已也可能是想要一些东西吸吮，挑选安抚奶嘴时要找合乎婴儿月龄、柔软且没有零部件装饰的奶嘴，避免堵塞宝宝呼吸道。

☆洗温水澡：大多数婴儿都喜欢洗温水澡，每天固定时间给婴儿洗温水澡可以让婴儿放松并能预防痱子、红疹等问题，但也有部分婴儿不喜欢洗澡，对于这样的婴儿要选择其情绪好的时候再洗澡。

☆换个环境：可以尝试抱着婴儿到另外一个房间或者在屋子里来回走动，也可以带着婴儿来到窗边，看看窗户外面的世界。

2.技能操作

(1)指导照护者观察婴儿发出的信号

在对照护者进行指导前，首先应对被指导家庭进行简单的了解，照护者常常会对宝宝的某种行为产生困惑，不了解宝宝的意图，在这种情况下，指导者可使用如下调查记录表或依照以下内容对照护者进行访谈，见表2-1-6，了解宝宝某种行为发生的频率及照护者采用的应对策略，便于后续制订指导方案。

表 2-1-6　照护指导情况调查表

宝宝姓名		宝宝月龄		主要看护人	
指导内容 (0~1 岁婴儿)	□生长发育情况　□睡眠问题　□哭闹问题　□喂养问题 □动作发展情况 □语言发展情况　□认知发展情况　□心理发展情况 □其他____________				
宝宝行为描述					
行为发生频率					
照护者应对策略					

针对宝宝哭闹行为的解读，可以使用如下观察表格，帮助家长分析婴儿哭闹行为背后的含义，见表 2-1-7，也可以根据不同家庭的情况有针对性地设计符合家庭需要的观察记录表。在完成表格后，根据所学知识指导家长分析宝宝哭闹的原因。

表 2-1-7　0~1 岁宝宝哭闹行为观察记录表

哭闹伴随症状	□有______　□无	
哭闹发生时间		
照护情况检查	□饥饿或口渴	常伴有吮吸动作
	□更换尿布	观察尿布是否干爽、是否伴随蹬腿及身体扭动动作
	□喂养不当	烦躁、吐奶等表现
	□检查衣物	检查婴儿衣物，观察是否伴有身体扭动的动作，感受手脚温度，观察面色及是否有汗
	□检查身体	观察婴儿全身情况，是否有蚊虫叮咬或其他不适
	□睡眠不足	通常伴有打哈欠、揉眼睛、摇头等动作
哭声记录	持续时间	□持续______分钟　□阵发频率______
	响度	□强　□弱
	声调	□低沉　□尖锐
婴儿行为情况分析		
指导记录		

(2)指导照护者做出回应

在知道照护者针对婴儿哭闹行为作出回应时，可以引导家长尝试使用不同安抚方法，并对婴儿的反应进行记录，见表2-1-8，以便发现婴儿最喜欢且最有效的方法。

表2-1-8 哭闹安抚反应观察记录表

安抚方式	安抚时长	安抚效果
抱在怀里轻轻摇动	______分钟	□无效果 □一般 □良好
轻抚头部或轻拍后背	______分钟	□无效果 □一般 □良好
将婴儿包裹在襁褓中	______分钟	□无效果 □一般 □良好
用语言安抚或唱歌安抚	______分钟	□无效果 □一般 □良好
播放轻柔音乐	______分钟	□无效果 □一般 □良好
抱着婴儿来回走动	______分钟	□无效果 □一般 □良好
拍嗝帮助排气	______分钟	□无效果 □一般 □良好
洗温水澡	______分钟	□无效果 □一般 □良好
……	______分钟	□无效果 □一般 □良好

如果以上安抚方法都没有效果，那么此时可以找一个安全的地方独处一会儿，有些婴儿会习惯性地在睡前哭闹，哭一会儿反而会更快入睡，这种情况的哭闹通常不会持续很久。如果婴儿的哭声长时间没有停止且变得更加剧烈，则很有可能是因为腹绞痛；对母乳喂养的婴儿来说，很可能是对母亲吃的某种食物不适应会产生这种症状，照护者可以适当地拍嗝尝试缓解。

温馨提示

○如果在尝试了以上所有办法后婴儿仍无法安静下来，则照护者需要为婴儿测量体温，看看体温是否超过38 ℃，如果超过，应及时就医。

（二）婴儿喂养指导

1.知识学习

世界卫生组织与中国营养协会一致认为，母乳是婴儿最理想的食物，母乳喂养是孩子和母亲共同的最好的选择。由中国营养协会发布的《0~6月龄婴儿母乳喂养指南》中明确指出，应坚持纯母乳喂养至少满婴儿6月龄，并且坚持让婴儿直接吸吮母乳，只要母婴不分开，就不用奶瓶喂哺人工挤出的母乳，如有特殊情况需要在婴儿满6月龄之前添加母乳之外的食物，应咨询医务人员后谨慎作出决定。研究表明，母乳中的成分是最符合婴儿的需要的，含有婴儿配方奶中无法提供的酶、抗体、促生长因子等多种对宝宝生长发育十分重要的成分，并可以预防多种疾病。母乳喂养不仅成本低廉，更对母亲和宝宝都有很多益处，并且对心理和情感的益处不逊色于生理方面的，可以增强亲子之间的情感联系，增进亲子关系，见表2-1-9。

注意事项

○只有在极少数情况下，医生才不建议母亲进行母乳喂养，如母亲患有消耗性疾病需要长期服用药物或正处于传染病急性期，分泌的乳汁可能受到药物和疾病的影响，从而威胁宝宝的健康。

表2-1-9 母乳喂养的益处

对宝宝的益处	母乳喂养婴儿更不容易出现以下疾病	对母亲的益处
☆有效提高婴儿免疫力，预防病毒感染 ☆营养全面充足，容易消化吸收 ☆母乳中含生长激素，促进生长发育 ☆降低过敏概率 ☆促进胃肠道和神经系统发育 ☆发生肥胖的可能性较小 ☆增进亲子关系，促进心理健康	☆中耳炎 ☆导致呕吐和腹泻的肠胃炎 ☆湿疹、哮喘和食物过敏 ☆呼吸系统疾病，包括肺炎 ☆糖尿病（1型和2型） ☆青少年及成年期肥胖症 ☆儿童白血病和淋巴瘤 ☆婴儿猝死综合征	☆比配方奶喂养成本低 ☆促进子宫收缩，减少产后出血 ☆降低乳腺癌、卵巢癌的发病概率 ☆快速恢复体重 ☆温度适宜，方便省事 ☆增进亲子关系，促进心理健康

(1)母乳喂养建议

尽管已经了解了0~6个月宝宝使用纯母乳喂养的益处，但仍有很多母亲在母乳喂养的过程中有许多疑惑，包括宝宝经常发生溢奶、呛奶或吞咽空气的情况；担心自己的宝宝是不是没吃饱，总觉得母乳量不够，不确定是否要添加配方奶；也有一些母亲不了解到底该多久喂一次奶，每次应该持续多长时间。为了帮助更多的母亲成功进行母乳喂养，应先对不同家庭的喂养情况进行了解，并给出有针对性的建议和指导方案。

首先，正确的喂奶姿势是成功进行母乳喂养的关键，哺乳的最佳姿势是婴儿和母亲都能感到舒适和放松的姿势，可采用摇篮式、侧卧式、环抱式、半躺式等，如图2-1-2所示。

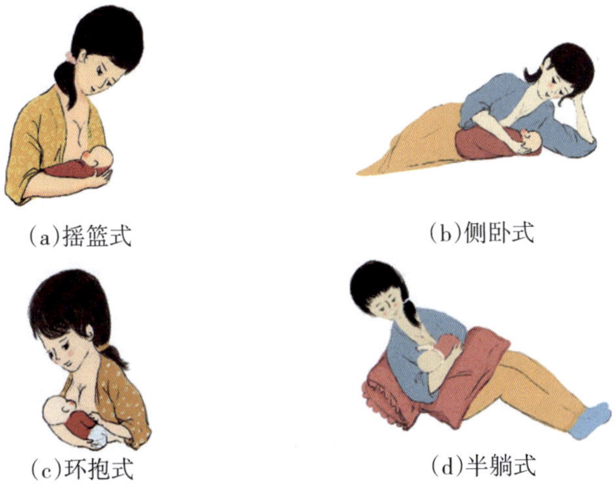

(a)摇篮式 (b)侧卧式 (c)环抱式 (d)半躺式

图2-1-2 哺乳姿势示意

温馨提示

○母乳喂养的最佳时机是在婴儿发出饥饿信号初期，比如轻度烦躁、吐舌头、吃手等，婴儿如果因为饥饿出现哭闹的情况，往往会影响顺利吸吮，母亲需要先对婴儿进行安抚，再尝试含接乳房。

在掌握了正确的哺乳姿势后，需要了解母乳喂养的频率和时长。母乳喂养的新生儿吃奶习惯差异非常明显，通常24小时要哺乳8~12次，随着宝宝月龄的增加，宝宝胃容量逐渐变大，有些婴儿两餐间隔的时间会变长，有些则继续保持少食多餐的习惯。母乳喂养没有标准的时间间隔和规定时限，最适合婴儿的哺乳时间应该由婴儿自己来决定，母亲需要按照婴儿发出的进食信号，按需喂养母乳。最开始的时候，母亲最好将每天的哺乳时间记录下来，确保一天至少哺乳8次以上，以保证婴儿一旦感到饥饿或母亲有涨奶的现象就及时按需哺乳，不限时、不限量供应。婴儿饥饿的时候会发出一些信号，比如说从睡梦中醒来张开嘴寻找乳房；将小手往嘴里送，做出吸吮的动作，发出"嘤嘤"或"呜呜"的声音；烦躁和哭闹，等等。

每个婴儿都有自己独特的吃奶习惯，耶鲁大学的研究人员将婴儿的吃奶模式分为五种常见的类型，见表2-1-10，识别出婴儿属于哪种吃奶模式，可以更容易发现婴儿的饥饱信号，制订有个性化的哺乳方案。

表2-1-10　婴儿吃奶模式

吃奶模式	表现	应对策略
捕食鱼型	不喜欢浪费时间，一旦准备哺乳便会立刻衔接住乳房，快速努力地吸吮，持续10~20分钟，后续节奏逐渐放缓	容易喂养，顺其自然
兴奋但低效型	看到母亲的乳房非常容易兴奋，会快速含接乳晕，再松开，并非常着急地尖叫，没办法好好吃奶	母亲每次哺乳前先要安抚婴儿的情绪，帮助宝宝冷静下来。建议这类婴儿一睡醒就尝试喂奶，不要让宝宝饿过头
拖拉型	吃奶拖沓，甚至吸吮困难，直到母亲产乳量增加才会有所好转	坚持亲喂，尽量不使用奶瓶；尝试更换哺乳姿势；在两次哺乳之间使用吸奶器吸乳，增加泌乳量
美食家型	在正式开始吃奶之前喜欢先玩一玩乳头，咂嘴尝尝乳汁的味道，一旦被催促可能会不开心，并伴有尖叫表示抗议	等待宝宝安静下来开始吃奶，注意确保含接姿势正确
吃吃停停型	喜欢先吃几分钟，休息几分钟，再继续吃，有些婴儿会含乳入睡，醒来后继续吃奶	不要催促宝宝，预留更多哺乳时间，灵活应对吃吃停停

很多母乳喂养的母亲总是担心自己的孩子吃不饱，毕竟母乳亲喂没办法确定婴儿一天到底吃了多少母乳，母乳喂养的宝宝到底有没有吃饱，

通常参照下列指标。

1)体重

新生儿宝宝最开始体重可能会减轻，在出生的头几天，减轻的重量应不超过出生重量的10%；在母乳供应充足的情况下，前3个月婴儿每天增重14~28 g，3~6个月会降至每天14 g左右，6个月以后每天的体重增长幅度会更小。

2)排便

出生后前两天每天排便1~2次，大便呈黑色；3~4天每天至少排便2次，大便呈黄绿色；出生后5~7天，至少排便3~4次，大便呈黄色黏稠松散状；出生一个月后孩子每吃一次奶几乎都会排便。

3)尿不湿

每天会更换6块以上尿布，尿液几乎无色或呈浅黄色。

4)婴儿神情

可见婴儿眼睛明亮，反应机敏。

(2)奶瓶喂养建议

由于种种原因，也有很多母亲选择母乳瓶喂、混合喂养、人工喂养的喂养方式。使用奶瓶喂养不需要担心母亲的饮食，避免了药物的影响，也可以让其他家庭成员参与到喂养过程中。在采取混合喂养和人工喂养模式时，需要根据婴儿月龄选择合适阶段的配方奶，普通牛奶含有高浓度蛋白质和矿物质，婴儿肾脏尚未发育成熟，无法消化，容易引起发热、腹泻和其他疾病。此外，牛奶中缺乏婴儿所需的必要营养成分，不利于婴儿的生长发育，因此不要给1岁以下的婴儿喂牛奶及其他动物奶或代乳制品。

与母乳喂养不同，使用配方奶喂养的婴儿容易出现过度喂食的情况，建议循序渐进进行喂养。最开始还是应该遵循按需喂养的原则，注意混合喂养的宝宝要母乳优先。大多数吃配方奶的婴儿在2~4个月大或体重超过5.4 kg后都不再需要夜间喂奶了。0~6个月期间的婴儿在喂养中的问题主要集中在喂养过度、喂养不足以及过敏或消化不良这几个方面，在这期间母亲可通过婴儿的表现去观察是否存在此类喂养问题，见表2-1-11。

表2-1-11 婴儿常见喂养问题的表现

常见喂养问题	表现
喂养过度	☆使用奶瓶喂养的宝宝每顿奶量超过180 mL ☆婴儿在吃完奶后将大部分奶吐了出来 ☆混合或人工喂养的婴儿大便频繁，大便稀软

续表

常见喂养问题	表现
喂养不足	☆婴儿在看起来没有吃满足的情况下入睡 ☆尿湿的尿布每日不足4块 ☆新生儿排便次数少，大便干硬 ☆新生儿肤色变黄 ☆婴儿看起来没有精神
食物过敏或消化不良	☆进食后吐出大部分甚至全部 ☆排便每日达8次以上，有便血或腹泻现象 ☆皮肤出现皮疹或泛红

在使用配方奶喂养的过程中，每次冲泡配方奶粉都需要按照一定的流程进行，配方奶喂养流程如图2-1-3所示。婴儿的消化系统尚未发育完全，胃肠道抵抗力较弱，在冲泡配方奶之前一定要洗净双手，并将手擦干，冲调配方奶时选用40 ℃左右的温开水或纯净水，先加水再加入使用刮勺刮平后的平勺配方奶粉，以水量作为奶量基准。在摇奶时以手腕为圆心轻轻转动奶瓶直至溶解或使用摇奶器，不要大力摇晃使奶瓶中产生气泡。在给宝宝喂奶前应先测试奶的温度，将奶液滴在手腕内侧，感觉不冷不热与体温相似即可。

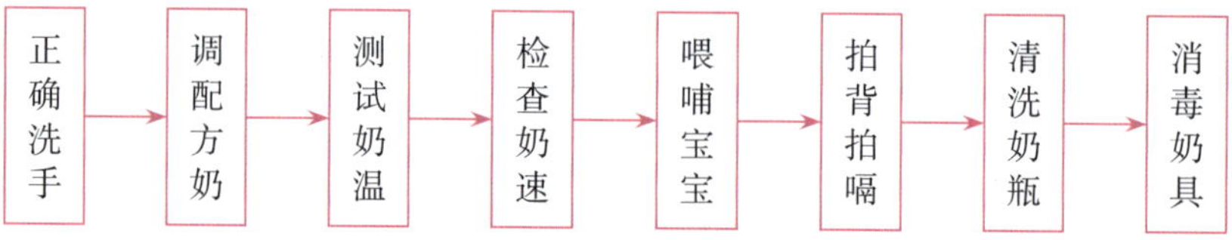

图2-1-3 配方奶喂养流程

(3)辅食添加建议

世界卫生组织和联合国儿童基金会认为婴儿在出生后前6个月最好接受纯母乳喂养，6个月以后开始添加符合婴儿月龄特点、营养卫生的辅食，同时建议继续母乳喂养或配方奶喂养直至2岁以上。6月龄的婴儿体内铁储备量较低，应优先添加含铁丰富的食物，很多宝宝更容易接受谷物，因此婴儿的第一口辅食可以是铁强化米粉。一般情况下，在给婴儿尝试吃一种新食物时应让婴儿有一个适应过程，让其吃几天再尝试更换另外一种食物，当婴儿拒绝接受某种食物时并不一定代表他不喜欢这种食物，可以尝试让婴儿反复接触这种食物。

在给宝宝添加辅食时可以遵循由稀到稠、由细到粗的原则，1岁以前的婴儿食物中不应该添加盐、糖、蜂蜜、果汁，在给宝宝喂辅食的时候应使用勺子或手指取食物，不建议将辅食放入奶瓶或婴儿喂食器中，在最开始尝试一种新食物时最好取极少量，并在喂的过程中与宝宝对话，介绍食物的名称等，帮助发育中的婴儿接触大量的语言，刺激其大脑的发育。

7~9个月的宝宝开始学习将东西放入口中，如果家长愿意为宝宝提供自主进食的机会，将会帮助宝宝更早建立良好用餐习惯，需要注意的是，宝宝自主进食过程必须在成人的监护下进行，以防出现噎住或将食物吸入气管等危险情况，如图2-1-4中的食物就容易导致婴儿窒息，建议不要过早给宝宝提供。

口香糖	爆米花	整个葡萄	整个樱桃	生芹菜	整粒豆子
硬质糖果	棉花糖	坚果	花生酱	生胡萝卜	香肠棒

图2-1-4　容易导致婴儿窒息的食物

现在很多家长选择跳过纯泥糊状食物，倾向于给宝宝提供柔软的、适合宝宝自己进食的食物，这一趋势被称为“婴儿主导式辅食添加”。在这种情况下需要确保家长提供给孩子的食物是软的、容易吞咽的，并且尽量把食物弄小，确保其不会阻塞宝宝的呼吸道，也可以尽可能多地为宝宝提供手指食物，首选手指食物见表2-1-12。

表2-1-12　首选手指食物

水果（去皮或去籽）	☆香蕉切块 ☆软的桃子或梨切块 ☆芒果、木瓜、甜瓜切块 ☆水果罐头切块
蔬菜（煮熟去皮）	☆红薯或土豆去皮切块 ☆西兰花或花椰菜煮熟切块 ☆南瓜或西葫芦煮熟切块
谷物	☆烤面包片或手指饼干 ☆煮熟的意面 ☆麦片圈
蛋白质食品	☆小奶酪块 ☆煮熟的鸡肉块

2.技能操作

（1）喂养情况观察评估

在对母乳喂养情况进行观察和指导时，应从母亲状态、婴儿状态、乳房状态、婴儿体位、婴儿含接、吸吮状态六个方面进行，见表2-1-13，请模拟母乳喂养指导情境，完成观察表的填写，判断母乳喂养情况。

表2-1-13 母乳喂养观察表

☆母亲状态			
良好指征	□母亲看上去健康 □母亲放松和舒适 □亲子关系良好	困难指征	□母亲看上去不适、沮丧 □母亲表现紧张 □没有亲子眼神交流
☆婴儿状态			
良好指征	□宝宝看上去健康 □宝宝安静和放松 □宝宝饥饿时寻找乳房并觅食	困难指征	□宝宝表现困倦、身体不适 □宝宝烦躁啼哭 □宝宝不寻找乳房,也不觅食
☆乳房状态			
良好指征	□乳房外观健康 □无疼痛和不适 □用手指能很好地避开乳晕托起乳房	困难指征	□乳房红肿或疼痛 □乳房或乳头疼痛 □乳房只在乳晕处被手指托起
☆婴儿体位			
良好指征	□头和身体呈直线 □头和身体朝向乳房、鼻子朝向乳头 □身体贴近母亲身体 □整个身体得到支撑	困难指征	□喂养时头颈扭曲 □头和身体朝向乳房,下嘴唇或下巴朝向乳头 □身体没有和母亲贴近 □仅头部和颈部得到支撑
☆婴儿含接			
良好指征	□嘴张得很大 □下唇向外翻 □下颌贴到乳房 □上唇接触到更多的乳晕	困难指征	□嘴没有张大 □下唇向内缩 □下颌未贴到母亲乳房 □下唇接触到更多的乳晕
☆吸吮状态			
良好指征	□慢而深地吸吮,有停顿 □吸吮时双颊鼓起 □吃饱后松嘴放开乳房 □母亲注意到射乳的反射指征	困难指征	□快而浅地吸吮 □吸吮时面颊内陷 □母亲让宝宝脱离乳房 □母亲没有注意到射乳的反射指征
☆其他补充记录			

针对使用奶瓶喂养的家庭,需向家长询问每日的奶量,参照表2-1-14给出喂养建议,允许每次奶量有波动,避免采取不当方法刻板要求宝宝摄

入固定的奶量。并特别注意询问是否选用了适宜的奶嘴、冲泡配方奶的方法是否正确。

表2-1-14　奶瓶喂养奶量参考

年龄段(月龄)	次数/天	奶量/顿(mL)
0~4个月	8~12	60~180
4~6个月	4~8	180~240
6~8个月	3~5	180~240
8~12个月	3~4	180~240

如果宝宝还没有添加辅食,需要问家长几个问题,从而判断添加辅食的时机是否成熟,宝宝需要同时满足以下几个条件才可以证明宝宝已经做好添加辅食的准备了:

①体重达到出生时的两倍。

②可以自己抬头。

③表现出对食物的兴趣。

④挺舌反射消失,可以将勺子的食物移动到口腔后部。

如果所指导的家庭的宝宝已经开始添加辅食,那么再给出后续喂养建议时应先了解宝宝已经尝试过什么样的食物,使用表2-1-15,记录宝宝已经尝试过且无不良反应的食物,并在一段时间内及时更新。

表2-1-15　婴儿食物表

更新日期:________			
婴儿米粉			
□米粉	□大麦粉	□燕麦粉	□其他:________
肉泥			
□鸡肉泥	□鱼肉泥	□猪肉泥	□牛肉泥
其他:________			
蔬菜泥			
□青豆	□红薯	□南瓜	□胡萝卜
□菠菜	□土豆	□其他:________	
水果泥			
□桃子	□苹果	□橙子	□木瓜
□猕猴桃	□香蕉	□其他:________	
手指食物:________________________________			
不耐受食物:________________________________			

温馨提示

○6月龄宝宝添加辅食应以排除过敏为主要任务,每次只添加一种新食物,在第一次尝试新食物时要少量尝试,尝试三天无不良反应后食物才可算作安全食物。

(2)制订喂养指导方案

通过观察和对家长的询问，在了解过宝宝的喂养情况后可以有针对性地为宝宝制订喂养指导方案，请根据调研情况完成表2-1-16，为所调研的0~1岁宝宝家庭制订个性化喂养方案。

表2-1-16 个性化喂养方案

宝宝姓名:____ 月龄:____ 喂养方式:____			
良好指征		困难指征	
☆喂养问题:			
☆6~12月龄餐次安排计划			
7:00			
10:00			
12:00			
15:00			
18:00			
☆喂养建议:			
☆推荐食物:			

(三)婴儿家庭环境安全检查

1.知识学习

很多家长认为外面的世界对婴儿来说是十分危险的，环境污染、病毒等都时刻威胁着宝宝的健康，还是让宝宝待在家中更放心，然而全球儿童安全组织给出的一组数据显示超过六成的儿童伤害是在家中发生的，为什么被成年人视为安全港湾的家对宝宝来说却隐藏着诸多危险呢？

(1)引发家庭安全事故的原因

婴儿降生后需要适应以成年人生活为主导而设计的世界，成长的过程也是不断认识和适应这个世界的过程，在这一过程中，婴儿要面临比成人更多的伤害和危险，这与婴儿本身的行为特性、躯体特征、认知发展都密切相关，当然也与家长的安全意识有很强的关联性，如图2-1-5所示。

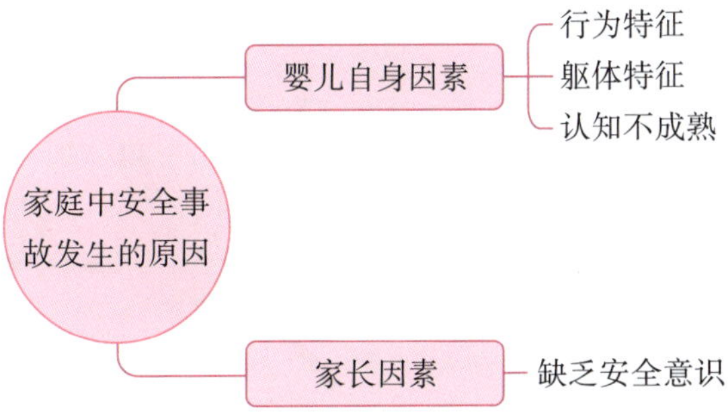

图2-1-5　家庭安全事故发生的原因

婴儿特有的行为特征容易引发一些安全隐患，比如说喜欢模仿，尤其喜欢模仿成人的行为，假如婴儿想模仿成年人拿起水杯喝水的动作，一旦装有热水的杯子或者过重易碎的杯子被放到婴儿能够到的地方就很容易发生烫伤身体等情况。除了模仿，婴儿还具有很强的好奇心，喜欢对周围的环境进行探索，小月龄的宝宝经常会在探索的过程中出现跌落、磕碰等危险，尤其是口欲期的宝宝喜欢用嘴巴探索世界，容易误食药物和细小物品。婴儿由于体形小、平衡能力差等躯体特征也容易引发危险。他们可以钻进成人无法进入的空间，比如滚筒洗衣机，还可以从护栏的缝隙爬出而跌落。婴儿头部较大，身体重心比成年人高，一旦被绊倒非常容易头朝下摔倒，如果周围有尖锐或坚硬的物品则会加重对宝宝的伤害程度。除此之外，婴儿在认知上也非常不成熟，面对伤害并不能像成年人一样快速反应，比如当婴儿床中的床围或枕头盖住婴儿口鼻时，小月龄的婴儿无法推开遮盖物很容易造成窒息。婴儿同时也不具备预见危险的能力，很多情况往往是成年人觉得有危险，婴儿却一点也不害怕，还会做出比如翻出婴儿床和跨越多层台阶跳跃等危险行为。

既然家庭环境中存在这么多危险因素，为什么很多家长却忽视了呢？首先是婴儿使用物品的方式和成年人不同，家中的椅子原本的功能是用来坐的，但到了孩子那里可以藏在里面，当成汽车开，甚至把椅子反过来握住椅子腿晃动。家长往往很难意识到家中常见的物品对婴儿存在的潜在危险，美国消费者安全委员会（CPSC）曾做过调查，在美国，每两个星期就有一个儿童因为家具或是电视翻倒而致死，每24分钟就有因此而受伤的儿童。用常见的家用抽屉柜来举例，抽屉拉开的时候，整个柜子的重心就会前移，拉出来的抽屉越多，抽屉里的东西越多，柜子的重心就越往前，虽然看起来柜子没动，但是已经有很大一部分重量都转移到抽屉处去了，柜子本身已经变成了空架子，这时候如果有哪怕是一个很小的力量加在抽屉上，比如孩子拉开抽屉后当架子爬，这时就相当于用了一个杠杆，会直接把柜子给撬倒，如图2-1-6所示。

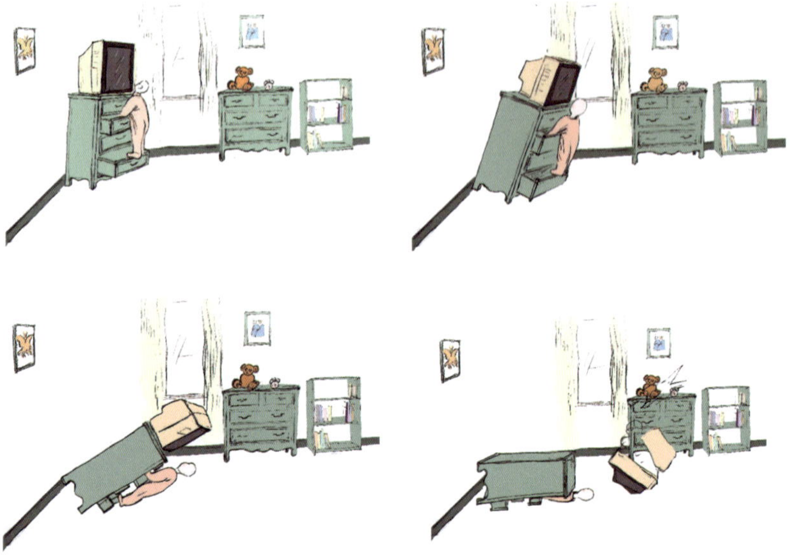

图2-1-6 抽屉柜造成儿童伤害示意图

微课 排查家庭中潜在安全隐患的原则

(2)排查家庭中潜在安全隐患的原则

婴儿伤害预防需要从综合的角度来看待，首先是需要全面地认识伤害，了解伤害发生的过程，以及发生后可以怎样做来降低伤害的程度。只有这样才可以把预防做到细致；才可以在做每一件事时，全面地考虑到行为本身可能带来的伤害。同时，伤害预防是动态的。今天把家布置得安全了；明天因为一位朋友送来一个玻璃花瓶，放置在茶几上，就有可能给宝宝带来新的危险。因此，认识伤害本身、认识伤害是怎样发生的是关键。只有当把伤害预防变成生活中思考与行动的习惯才能更有效地去预防伤害。为了排查家庭中存在的安全隐患，全球儿童安全组织提出了家居用品安全检查“5S”原则，即看(SEE)、绳带(STRING)、尺寸(SIZE)、表面(SURFACE)、标准(STANDARD)。

1)看——尝试用婴儿视角观察家中物品

家长可以尝试蹲下身子或弯下腰在每个房间里走一走，甚至可以学着宝宝的样子到处爬一爬，认真地观察婴儿对家中物品的使用情况，从而发现一些潜在的危险，比如能激发婴儿攀爬欲望的柜子，可以钻进去的滚筒洗衣机等。家长可以通过调整物品的摆放方式或格外留意不让婴儿靠近这些危险的地方以避免安全事故的发生。

2)绳带——远离长绳带等容易发生缠绕的物品

绳带状物品引发婴儿伤害的形式也有很多，如由绳带缠绕引发窒息、衣服上的绳带过长导致婴儿被绊倒或被异物勾住、夹住等，因此在婴儿成长的环境中最好不要出现超过22 cm长的绳带，如窗帘绑带等，也尽量不要为婴儿选购带有绳带的帽衫、裙子，以免发生危险。

3）尺寸——越小的孩子要给予越大的物品

婴儿通常喜欢用嘴巴来认知物品，细小的物品很容易被婴儿吞下造成气管异物从而引发窒息。因此，家长在为宝宝选购玩具时要注意玩具的尺寸以及适宜的年龄段，不要过早给宝宝提供细小的玩具，家中的小东西也要放在宝宝够不到的地方，同时要注意一些容易脱落的零部件，如毛绒玩具的眼睛、衣服上的扣子，等等。

4）表面——查看家居物品表面是否安全

家中陈设的家居物品表面最好无锐角、缝隙，以免婴儿发生严重磕碰和夹伤，如果家中已经购买了棱角明显的家具，可以使用材质安全的防撞条对家具棱角进行包边处理。除此之外还要注意家具表面涂层是否有翘起或脱落的现象，一旦发现应及时处理，油漆等涂层被婴儿误食容易引起中毒和不良反应。

5）标准——仔细检查与婴儿相关的安全标准

家长在选购家居物品和婴儿玩具时，要从正规渠道购买符合行业标准的产品，不符合安全标准的产品在使用过程中容易发生不可预料的伤害，因此家长需要不断学习相关安全标准，在购买相关物品时格外留意相关信息。

2.技能操作

（1）婴儿家庭安全环境观察与评估

在制订家庭安全指导方案之前，应先对家庭安全环境进行观察，并对婴儿和家长以及整体环境进行评估，具体内容见表2-1-17。

表2-1-17　家庭安全环境评估表

评估对象	评估方法	评估内容
婴儿	观察、询问、测评	月龄、认知及动作发展程度、气质类型
照护者	访谈、问卷、观察	是否具备基本的安全防范意识
居住环境	访谈、观察	☆居住地（城市/农村）及社区环境 ☆检查是否有明显的安全问题 ☆检查安全防护措施是否到位 ☆是否有有毒、有害植物 ☆危险物品收纳是否合理（药物、清洁用品、充电插头等） ☆家用电器安全 ☆家具安全 ☆婴儿物品安全

(2)制订家庭安全指导方案

在完成家庭安全环境评估后，要根据所发现的问题提出具体的解决方案和建议，明确家中的哪些做法或陈设是安全的，是需要继续保持的，哪些是需要改善的，明确改善的方法，制订个性化的家庭安全指导方案，填写表2-1-18。

表2-1-18 家庭安全指导方案

宝宝姓名：______ 月龄：______ 照护者姓名：______			
居住地		安全等级	□十分安全 □基本安全 □存在部分隐患 □安全隐患多
☆对照护者的建议：			
☆安全问题及解决办法			
环境类型	是否存在全隐患	问题描述	解决方案
窗	□是 □否		
门	□是 □否		
危险物品	□是 □否		
有害植物	□是 □否		
家用电器	□是 □否		
家具	□是 □否		
婴儿床	□是 □否		
婴儿玩具	□是 □否		
其他	□是 □否		

检查评估

指导者按照表2-1-19的检查项目进行自我检查，并将相关内容填写在表中。

表2-1-19　0~1岁婴儿家庭教育指导检查记录表(指导者自评)

年龄	学习内容	操作内容	掌握情况
0~1岁	观察与回应指导	家庭教育观察	□欠缺 □一般 □已掌握
		与家长沟通	□欠缺 □一般 □已掌握
		指导方案制订	□欠缺 □一般 □已掌握
		具体操作指导	□欠缺 □一般 □已掌握
		回访与评估	□欠缺 □一般 □已掌握
	喂养指导	家庭教育观察	□欠缺 □一般 □已掌握
		与家长沟通	□欠缺 □一般 □已掌握
		指导方案制订	□欠缺 □一般 □已掌握
		具体操作指导	□欠缺 □一般 □已掌握
		回访与评估	□欠缺 □一般 □已掌握
	安全检查	家庭教育观察	□欠缺 □一般 □已掌握
		与家长沟通	□欠缺 □一般 □已掌握
		指导方案制订	□欠缺 □一般 □已掌握
		具体操作指导	□欠缺 □一般 □已掌握
		回访与评估	□欠缺 □一般 □已掌握

学员分组根据表2-1-20中的检查项目对指导情况进行检查,并将检查结果和点评记录在表中。

表2-1-20　0~1岁婴儿家庭教育指导检查记录表(学员点评)

序号	检查项目	检查结果	互评
1	观察内容是否细致属实	是□ 否□	
2	提供的指导意见是否专业	是□ 否□	
3	对0~1岁婴儿的指导内容是否全面	是□ 否□	
4	指导方案撰写是否准确	是□ 否□	
5	指导方案是否具体有效	是□ 否□	
6	是否跟进指导结果	是□ 否□	

教师根据表2-1-21中的检查项目对指导者的指导情况进行检查，并将检查结果和点评记录在表中。

表2-1-21　0~1岁婴儿家庭教育指导检查记录表（教师点评）

序号	检查项目	检查结果	教师点评
1	是否按时完成任务	是□　否□	
2	团队协作是否顺畅	是□　否□	
3	指导方案是否具有科学性	是□　否□	
4	指导方案填写是否准确、完整	是□　否□	
5	实训室场地是否整理干净	是□　否□	

任务小结

- 0~1岁婴儿家庭教育指导
  - 回应性照护指导
    - 回应性照护内容
    - 回应性照护步骤
  - 婴儿喂养指导
    - 母乳喂养建议
    - 奶瓶喂养建议
    - 辅食添加建议
  - 婴儿家庭环境安全检查
    - 引发家庭安全事故的原因
    - 排查家庭中潜在安全隐患的原则

任务二　1~3岁幼儿家庭教育指导

教学资源

任务导入

场景：家中

人物：齐齐小朋友和父母及爷爷奶奶

情节：齐齐是个2岁半的男孩，活泼好动，大小便一直使用纸尿裤，尤其是解大便一定要站着解到纸尿裤里；家里的玩具很多，爸爸妈妈还不断为其添加新玩具，齐齐在玩的过程中频繁换玩具，把玩具撒满床铺，书本丢得满桌都是，从来都不整理玩具，爸爸妈妈给他讲道理，要齐齐把玩具整理好，他不但听不进去，还吵闹。妈妈说老师也希望家长配合幼儿园做好工作，解决他在幼儿园里大小便不会示意，玩具乱放，老师提醒他就哭闹，不爱跟老师和小朋友交流等问题。爸爸妈妈非常着急，不知道如何是好，爷爷奶奶总说，整理玩具是大人要做的事情，孩子还小呢，这些都不着急。请你帮助解决齐齐爸爸妈妈的烦恼。

任务目标

- 能根据此年龄段幼儿大小便的生理特点，运用正确的指导方法，完成指导家长培养幼儿养成主动的、正确的如厕习惯。
- 能运用养成幼儿规则意识的方法，完成指导家长在生活游戏中引导幼儿将玩具放回原处，初步形成规则意识。
- 能根据家长需求，结合幼儿特点，完成有效指导家长锻炼幼儿主动与周围成人和伙伴交往，帮助幼儿顺利适应集体生活，提高社会适应能力。

任务实施

(一)如厕训练指导

1.知识学习

(1)幼儿排便的生理特点

1岁以后幼儿排便的生理特点。一般1岁以内婴儿还不能把排泄大小便的生理现象与自己的内部感觉结合起来,所以不能有效地控制大小便,以用尿布为主。1岁到1岁半幼儿逐渐有了小便的意识,大多数幼儿还不适应上厕所的训练。1.5~2岁的幼儿生理和心理发育逐渐成熟,能够听懂成人的口语提示,如"尿尿""嘘嘘"声等并对此做出反应,此时可以训练幼儿控制大小便,很多幼儿要到2岁才乐于接受大小便训练。2~3岁幼儿对膀胱和肛门肌肉有控制能力,对排便有了自己的意识,并完全能听懂成人的口语提示,基本具备控制大小便能力的生理基础。这个时期是锻炼幼儿自己如厕的非常好的时间。因为幼儿的肛门括约肌不够发达,所以坐马桶大便时间每次不要超过10分钟,以免出现脱肛现象。

美国儿科学会建议,大多数宝宝在18~24个月的时候,会出现自主排尿意识。对大部分孩子来说,2岁之后就可以尝试脱掉纸尿裤了。当然除孩子的年龄外,还要看孩子的具体表现,见表2-2-1。当孩子出现以下信号时,如厕训练就可以提上日程了。需要注意的是,如厕训练最好等到孩子具备自我控制力之后再开始,家长不要过于着急,让孩子按照自己的成长速度慢慢进步。

注意事项

○研究表明,2岁左右开始训练如厕的宝宝比提前开始训练的宝宝学习得更快,宝宝能够完全做到自主如厕的平均年龄为2岁半左右。

表2-2-1 幼儿自主如厕意识的表现

序号	具体表现
1	可以听懂家长指令
2	纸尿裤可保持两个小时以上的干爽
3	大便时间变得规律
4	渴望屁屁保持干燥,纸尿裤湿了会表达不舒服
5	愿意模仿大人上厕所
6	能够自己坐在小马桶上
7	能够自己提裤子、脱裤子
8	能分辨大小便的感觉,并能理解这种感觉代表的意义

(2)培养幼儿良好如厕习惯的意义

相较于需要借助纸尿裤、尿布的小宝宝来说，自主如厕是孩子迈向功能性独立的重要里程碑之一。然而，在实际生活中，有很多家长在孩子3岁以前一直给宝宝使用纸尿裤，却在上幼儿园或托育中心前，由于园所自主如厕的要求而突然将纸尿裤撤掉，认为宝宝在短时间内就会学会独立上厕所。穿纸尿裤和独立如厕之间是需要过渡的，这个过程是循序渐进的，家长需要做的是适时地引导，并让孩子感受到家长对独立的支持。

及时培养幼儿自主如厕，不仅有利于帮助幼儿建立健康的行为习惯和生活方式，有利于独立个性的发展，还可使幼儿养成有规律的生活和活动习惯，培养其自律能力和自我生活能力，帮助幼儿建立自信心。大部分幼儿在2~3岁会进入幼儿园或托育机构，家长和老师们也会更多地关注对孩子生活自理能力的培养。练习自主如厕有利于幼儿社会行为的发展，帮助幼儿建立符合社会认可的行为方式，也是为适应社会和集体生活奠定基础。

(3)幼儿如厕指导步骤

1)选购合适的如厕工具

带幼儿一起去选一款他喜欢的坐便器。坐便器要安全舒适和容易清洁，款式不要太复杂，确保幼儿的双脚能踩地并坐稳；坐便器放在固定的地方，让幼儿熟知。当幼儿有使用意识时把坐便器放在卫生间里，和成人坐便器一起，让幼儿将坐便器和如厕联系起来。

2)家长进行正确示范

根据幼儿喜欢模仿的特点，给幼儿做出示范动作。爸爸妈妈自己上厕所时，可以让幼儿多观察，利用小马桶，潜移默化地引导幼儿进行模仿。

3)激发幼儿对自主如厕的兴趣

利用绘本、图片、玩偶等方式让幼儿了解自主如厕的过程，如绘本《尿尿大冒险》《所有人都要嗯嗯》《我的小马桶(男/女孩版)》等，多用直接简单的方式和画面鼓励幼儿快乐自信地过渡。也可以利用玩偶给幼儿演示如厕的全过程，比如把幼儿喜欢的玩偶放在儿童马桶上，做出脱裤子、擦屁股、提裤子、冲水等一系列动作，培养幼儿的兴趣并让幼儿认识到坐便器是用来大小便的。

4)引导幼儿独立如厕

根据气候的变化及幼儿的特点，把握幼儿大小便间隔的时间，适时提醒幼儿。可以先对幼儿进行心理建设，如告诉幼儿："宝宝已经是大孩子了，不需要像小宝宝一样用尿不湿了，要像爸爸妈妈一样使用马桶了。"而后再引导幼儿在感到有便意时用适当方式表达，逐渐过渡到自己能够到坐便器处如厕。

5)引导幼儿整理衣裤

随着幼儿年龄的增长,他们会逐渐开始对穿脱衣物感兴趣。这个时候,家长可以选择一些孩子容易穿脱的衣服,以便他们学习穿脱裤子。裤脚一定要是宽松的,腰部是松紧的。引导孩子脱裤子时,双手位于腰两侧,拇指在裤腰内侧,其余四指在裤腰外侧用力向下,如厕完毕后再把裤子拉到腰上部,将裤子穿好。

6)提醒幼儿如厕

掌握幼儿上厕所的时间和明显特征。幼儿会逐渐形成固定的生物钟。这样,在固定的上厕所时间,就可以提醒他去厕所,例如:刚起床的时候、出门前、从外面刚回来的时候、午餐前或午睡前,等等。

7)开始夜间训练

幼儿在白天能自主如厕后,夜间训练需要家长和园所教师互相配合。白天在午睡前后,教师要提醒幼儿上厕所,家长就可以开始尝试晚上让幼儿在睡前和早上起床后主动如厕,这样有利于培养幼儿养成规律如厕的习惯。需要注意的是,即便在白天幼儿已经能做到整天保持干净清爽,家长也不要急于在晚上摆脱尿不湿,在幼儿3岁前,身体发育还不够成熟,很难坚持一整晚不上厕所,家长尽量不要让幼儿在睡前喝太多水,以减少其尿尿次数。

> **注意事项**
>
> ○冬天天气寒冷,幼儿往往会穿多层衣物,在穿脱裤子时要一层一层穿脱,并将贴身上衣拽到裤子内侧。

2.技能操作

(1)操作准备

1)环境准备

准备合适的便盆将它设置在厕所的固定区域,而不是将它四处移动,这样幼儿能更好地找到它。

2)幼儿服装准备

给幼儿穿宽松,便于穿脱的裤子。

(2)操作步骤

步骤一:教幼儿学会表示大小便的示意,或者直接到坐便器处。可使用游戏的形式,利用玩具娃娃告诉幼儿如何使用坐便器。两腿稍劈开,脱下裤子,蹲下。

步骤二:有一定基础或者是家里有适合幼儿的冲水坐便(也可以使用儿童马桶圈),可以教会幼儿到卫生间如厕,定时提醒幼儿如厕。

步骤三:讲解、示范如何如厕(男孩女孩有区别),学习正确冲水。

步骤四:教幼儿脱裤子,双手位于腰两侧,拇指在裤腰内侧,一层层脱裤子。

步骤五：指导幼儿擦屁股，将卫生纸对折，从前往后擦屁股，再对折，从前往后再次擦。

步骤六：如厕完毕穿裤子，从内到外一件件把裤子拉到腰上部，注意冬天把贴身上衣拽到裤子里面。

步骤七：提醒幼儿如厕后洗手。大小便之后，提醒幼儿冲水，然后用香皂清洗双手。

操作过程中，可参照表2-2-2进行记录。

表2-2-2　指导幼儿如厕效果记录表

步骤描述	效果简述	改进措施

(二)物品还原指导

1.知识学习

(1)幼儿整理物品年龄特点

1岁半到2岁能够初步学会取放玩具，爱护玩具；2岁到2岁半在成人的指导下能爱护玩具，听从成人的提醒，玩后放回原处；2岁半到3岁能够接受成人的批评，有初步的是非观念，接受常规的要求，并能初步建立规则意识。

(2)物品还原与习惯培养

陈鹤琴先生说：人类动作十分之八九是习惯，而这种习惯又大部分是在幼年养成的。习惯养得好，终身受其福，习惯养得不好，则终身受其累。这说出了培养习惯的重要性。

幼儿整理物品的习惯要从小培养。前面案例中齐齐把玩具丢得满屋到处都是，还把玩具撒满床铺，书本丢得满桌都是，从来都不主动整理玩具……这看上去只是幼儿生活中的小问题，可事实上却会给幼儿生活、学习甚至将来的工作带来不少的麻烦。

将物品放回原处是属于整理能力的一个方面，是幼儿日常行为规范中培养良好习惯的一个重要内容，“整理”这个看似很简单的行为，其实包含的是幼儿的好行为习惯。往大处说，是和品德相关的责任心意识；从小处讲，是幼儿从小爱整洁、讲秩序、养成物归原处的做事习惯，也能使幼儿在整理中提高动手能力，促进动作发展。幼儿如果会收拾自己的物品和玩具，这是一种早慧的启示。培养幼儿的整理能力还可以使环境保持整

注意事项

- 对2岁以后的男孩要注意培养其站立小便的习惯。
- 不可用强迫的方式训练排便。
- 任何习惯的养成，都需要一定时间，需要家长的耐心与等待。每个孩子的接受度不一样，在如厕训练方面，家长不要和其他孩子去比较，如果孩子在如厕训练期间有尿裤子等情况，这是正常的，家长不要指责，说教孩子，正常接受，正确对待即可。

洁，好的整理习惯还可以让幼儿顺利地进入小学的生活学习，此后甚至会影响幼儿的一生。

物品整理是一个学习的过程，幼儿在玩的过程中会出现很多的小状况，家长要善于观察，抓住契机，运用适当的方法，正确地引导帮助幼儿思考和讨论，而不是灌输给幼儿一个办法，让他们按照单纯的说教去照做。在整理的基础上，引导他们学习将玩具按照某种特征来分类，之后再根据物品种类进行二次分类，在整理玩具时也培养了幼儿良好的习惯和社会行为能力，印证了陈鹤琴先生说的“生活即教育”，把整理物品的过程作为幼儿成长中一个体验和学习的过程，幼儿会有多种的想法和创意需要我们进一步去发现。

(3)指导家长培养幼儿爱整理的习惯

能够注意观察孩子的活动，抓住生活环节中的契机，对幼儿进行整理能力的培养。如在其玩玩具之前，首先提出要求，“玩完玩具后必须放回原处，否则，玩具就不跟你做朋友了”。发现幼儿的点滴进步，特别是那些个性较强、习惯较差的幼儿更需及时地给予表扬、鼓励，帮助他们建立自信心，逐渐做到自觉整理。

指导家长适量适当地帮助幼儿选择玩具。幼儿的游戏离不开玩具，但玩具并非越多越好，在同一段时间里，如果玩具过多，特别是2~3岁的幼儿，会影响幼儿的注意力。因此，应根据幼儿的需要，主动为幼儿选择玩具，每次给幼儿一部分玩具，这样不但有利于培养幼儿的注意力，后续幼儿收回玩具也会相对轻松。

指导家长以身作则为幼儿树立榜样。培养幼儿的习惯，不能只靠说教，更重要的是要以身作则。如跟幼儿一起收拾玩具，一边收拾一边聊天，让收拾也成为一个很有趣的游戏，这样既整理了玩具也亲近了幼儿，一举两得。时间长了，幼儿会逐渐养成收拾玩具的好习惯。接下来，顺理成章地就可以让幼儿自己整理了。

2.技能操作

2~3岁的幼儿喜欢模仿他人的行为。家长应该从日常小事着手，发挥示范作用，有意识地引导宝宝发展良好的行为模式。案例中，只要齐齐的家长从现在开始，冷淡他随处乱丢玩具的表现，要求他玩过的玩具书籍等放回原处，同时鼓励齐齐跟爷爷奶奶一起收拾玩具，并及时表扬他的进步，相信用不了多久，齐齐就会逐渐形成把物品放回原处的良好习惯。

(1)幼儿物品还原的指导策略

从案例中可以看出，幼儿在家庭中的自理能力比较差，这与家长的溺爱有很大关系。爷爷奶奶包办代替比较多,不相信幼儿能自理,不让幼儿做力所能及的事情。

策略一:在与幼儿共同阅读的时候,有意识地培养幼儿学习良好的行为的意识。

策略二:当幼儿出现乱丢玩具或者不听成人提醒发生哭闹现象时,成人对幼儿的不良表现要表示出明确的态度,如坚持纠正幼儿的行为或者对于哭闹行为冷处理。

策略三:在亲子游戏之前,创设情境,用送玩具回家等形式,以身作则为幼儿树立模仿的榜样。

策略四:将玩具或物品用图片或者照片作为明显标志贴在相应位置,帮助幼儿独立地将玩具物品对照归位。

策略五:当幼儿能够将玩具用品放回原处时,要及时给予鼓励和表扬,强化其良好的行为的持续。

(2)创设情境方法

针对幼儿出现的问题,家长要善于创设适当的情境,运用幼儿生活中的具体场景,对幼儿进行有目的的教育,使幼儿更直接地接受教育。

情境一:玩具宝宝要回家。告诉家长培养孩子必须以游戏的口吻、形象生动的语言,把孩子学习的兴趣调动起来,比如在收拾整理玩具时,可以这样对孩子说:"积木宝宝、图书宝宝很累了,它们想回家休息了,请你把它送回家。""瞧,汽车'站'在外面,雨下得很大,它会生病的。"幼儿感兴趣了,幼儿自己收拾的习惯很快养成了。

情境二:妈妈摔疼了。在幼儿乱丢用品时,家长趁幼儿不注意时,故意摔跤,"哎呀"一声坐在地上,幼儿闻声会很快地跑过来问:"妈妈怎么了?"家长可以故意说"不知道踩到什么东西摔跤了……哎呀……疼死了……呀……这不是你的玩具吗?"懂事的幼儿会满脸愧疚,家长可以趁机教育幼儿物品要放回原处,帮助幼儿改掉不整理玩具的坏习惯。

情境三:玩具不见了。如果幼儿在游戏结束之后没有主动将玩具收起,此时家长可以趁幼儿不注意时偷偷地将他最喜欢的玩具藏起来。等到下一次幼儿寻找该玩具时,引导幼儿意识到他最喜欢的玩具由于游戏后没有进行玩具归位而丢失,帮助幼儿认识到乱扔物品的不良后果。借此契机,家长可以引导幼儿一同整理玩具,找到丢失的玩具并归位。

(3)案例分析任务

悠悠是一个2岁半的小女孩,平时在家里非常喜欢做给娃娃装扮的游戏,悠悠妈妈也为悠悠准备了很多娃娃的衣服和首饰。可是悠悠每次给娃娃挑选衣服时都会把所有的衣服翻出来,衣服还没收拾好又将自己和娃娃的发卡、项链等物品拿出来摆弄，每次把娃娃打扮好后，悠悠就只管带走打扮好的娃娃，其他被她翻出的物品仍然凌乱地散落在床上和地上，为此，悠悠妈妈很是苦恼。

操作提示：首先，给幼儿提供娃娃衣服应该根据幼儿的年龄特点及能力水平选择容易穿脱的，且一次投入不要太多，幼儿学会给娃娃穿脱衣物时，逐渐增加衣服数量和难度，装饰品的提供也是如此。针对低龄幼儿，应提供少量操作难度小、结构简单的饰品。随着幼儿的兴趣和操作熟练度的提升，再适度提供不同样式的饰品；其次，在开始游戏时，妈妈先要进行正确的示范，帮助幼儿学会给娃娃穿衣服，引导幼儿将不用的衣服放回原处后，再选择另一件，把整理的过程作为和幼儿共同游戏的过程。需要注意的是，在游戏过程中，具体的行动引领比单纯的语言说教更有效。

操作过程中，可参照表2-2-3进行记录。

表2-2-3　指导物品还原策略效果记录表

使用策略	每次时长	产生效果	分析
与幼儿共同阅读的时候，有意识地培养幼儿良好的行为的意识	____分钟	□无效果 □一般 □良好	
当幼儿出现乱丢玩具或者是不听成人提醒哭闹时，坚持纠正幼儿的行为或者对于哭闹行为冷处理	____分钟	□无效果 □一般 □良好	
创设情境用送玩具回家等形式，以身作则为幼儿树立模仿的榜样，养成良好习惯	____分钟	□无效果 □一般 □良好	
将玩具或物品用图片或者照片作为明显标志贴在相应位置，帮助幼儿独立地将玩具物品对照归位	____分钟	□无效果 □一般 □良好	
当幼儿能够将玩具用品放回原处时，要及时给予鼓励和表扬强化其良好的行为的持续	____分钟	□无效果 □一般 □良好	

(三)分离焦虑指导

1.知识学习

(1)分离焦虑的定义

幼儿与某个人产生亲密的情感结系后,又要与之分离时,产生的伤心、痛苦,以表示拒绝分离,是幼儿焦虑症的一种类型,多发于学龄前期。约翰·鲍尔比(John Bowlby)通过观察把幼儿的分离焦虑分为三个阶段:反抗阶段——嚎啕大哭,又踢又闹;失望阶段——仍然哭泣,断断续续,动作的吵闹减少,不理睬他人,表情迟钝;超脱阶段——接受外人的照料,开始正常的活动,如吃东西,玩玩具,但是看见母亲时又会出现悲伤的表情,从七八个月起,婴儿就会明显表现出这种分离焦虑,有些甚至更早。

(2)幼儿产生分离焦虑的原因

1)环境的变化

幼儿离开了熟悉的环境处在一个陌生的环境中,吃饭的桌椅、睡觉的小床等所有的活动都与家里不一样,幼儿的活动自由度受到了限制,所有的变化给孩子带来迷茫和痛苦,加上对家人的思念,会使幼儿产生悲伤、厌食、哭闹等焦虑情绪。

2)家长的因素

一部分幼儿的家长对孩子过度宠爱,事事都喜欢包办代替,使得幼儿对家长的依赖极强,幼儿独立性差,自理能力欠缺,难以适应集体生活;还有一部分家长对孩子呵护过度,喜欢限制幼儿的自由,导致幼儿与同伴交往很少,从而丧失了很多社会活动的机会,导致社会性发展缓慢;还有些家长在送幼儿进入托幼机构这件事上表现得比幼儿还要焦虑,往往送幼儿入园后舍不得离开,不停地在分别前亲幼儿,甚至与幼儿一起痛哭流涕。更有甚者将去幼儿园或托幼机构说成是对幼儿的惩罚,比如对幼儿说"你不听话,就送你去幼儿园"。所有这些,都加重了幼儿的焦虑情绪。

3)幼儿自身原因

幼儿个体差异很大,性格也各不相同。比如,有的幼儿性格内向,不喜欢接触陌生人,不愿意和他人一起活动;有的幼儿脾气急躁,遇到不如意的事情就会发脾气;有的幼儿性格要强,总要做小朋友里最好的那个。以上这些性格因素也都容易引起焦虑的情绪。

焦虑会引起幼儿生理上的应激反应,长时间焦虑,容易使幼儿抵抗力下降。例如,刚入园的幼儿很容易感冒、发烧、肚子疼,等等。幼儿整日缠住父母,不断要父母注意自己,有时担心父母发生意外,或担心意外灾难会使自己与父母失散,害怕自己离开父母后就再也见不到父母了,不愿离开家人或入托，因此不停哭闹，不主动与其他小朋友交往，甚至表现出头痛、腹痛、恶心等生理症状。分离焦虑是幼儿离开家人时出现的一种消极的情绪体验。最亲近的人从视线中消失了，幼儿会忽然感觉到不安，回想“妈妈在哪里？我要找妈妈！”幼儿会用尖叫、哭闹来表达自己的焦虑，呼唤妈妈。分离焦虑的出现，与幼儿缺乏安全感息息相关。因此，要及时采取有效策略干预幼儿的分离焦虑，尽早改变这种不良的情绪。

(3)指导家长缓解幼儿分离焦虑的策略(图2-2-1)

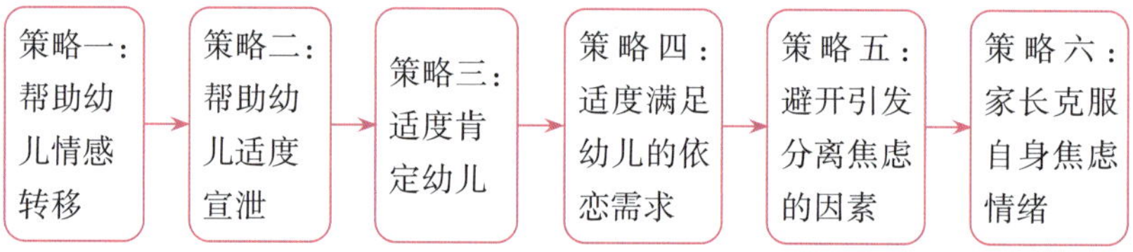

图2-2-1　指导家长缓解幼儿分离焦虑的策略

1)帮助幼儿情感转移

家长帮助幼儿将对亲人的依恋转移到对他人或教师的依恋，其中包括情感转移、言语转移和游戏转移。家长可以将幼儿的乳名、日常习惯等告知幼儿园老师或其他照料者，老师可以直接唤幼儿的乳名并尽量遵循幼儿在家中的习惯，比如有的幼儿喜欢抱着娃娃入睡。另一方面，当幼儿提及有关分离焦虑的话题时，家长要通过其他语言来转移幼儿的注意力，引导其有正面的情绪。

2)帮助幼儿适度宣泄

当幼儿有了烦恼和委屈时，家长先是要安抚，再耐心听幼儿诉说，幼儿哭诉的过程就是宣泄心里不快的过程，家长要理解，在确保安全的前提下，可以让幼儿用哭声或者其他适当形式发泄一下，但不可过度宣泄。宣泄过后再和幼儿进行交流，在理解幼儿的前提下和幼儿讲明道理，让幼儿知道到应该怎样做。

3)适度肯定幼儿

当幼儿有良好表现时应及时给予幼儿鼓励和肯定，比如当有分离焦虑的幼儿有意愿跟成人交谈时；当幼儿早上到幼儿园能够跟父母说“再见”时；当幼儿在园所不哭不闹自己进餐时，成人要及时地用语言和幼儿喜欢的小玩具、小贴画等给予鼓励。

4)适度满足幼儿的依恋需求

对幼儿的合理需求应给予适当的满足。比如有的幼儿想要带着自己的小兔子玩偶到幼儿园去，能让幼儿熟悉并产生依恋感的安抚玩具能在一定程度上缓解幼儿的分离焦虑。家长也可以准备全家福照片，或者是用白纸拓印自己的手掌轮廓，放到幼儿的包中，并告诉幼儿“爸爸妈妈一直在陪伴着你”，这在一定程度上既能满足幼儿依恋的需求，又能有效缓解分离焦虑。

5)避开引发幼儿分离焦虑的因素

在幼儿和家长分开后，应对于容易引发幼儿情绪波动的人、事、物进行适当回避。如易触及分离焦虑的、能够诱发孩子想念家人的话题和故事应该避开。容易引发幼儿焦虑恐惧的物品也要暂时收起来，以消除幼儿的焦虑。

6)家长克服自身焦虑情绪

分离焦虑是幼儿面对新环境所产生的正常情绪状态，当孩子独立地生活一段时间后，他们发现危险并不存在，焦虑自然而然就会消失。家长要创设幼儿与周围成人、伙伴交流活动的机会，让幼儿感受到交往的愉快。如果是去幼儿园的话，可以提前带幼儿到幼儿园看看，熟悉环境，减少陌生感。其次，家长不要自己先焦虑，不要当着幼儿的面说一些容易引起幼儿紧张的话，要以积极的语言，鼓励幼儿，放松幼儿心情。

2.技能操作

指导者在具体指导幼儿家长缓解幼儿分离焦虑时可以通过以下几种具体的操作方法，让家长根据自身情况分别进行尝试。

微课 缓解幼儿分离焦虑的操作方法

(1)帮助幼儿认识到物体是永恒存在的

在幼儿还是婴儿的时候就可以开展这个游戏，婴儿之所以喜欢藏猫猫的游戏并不是因为喜欢躲藏游戏本身，而是因为发现消失又再度出现而产生的开心的感觉。随着婴儿慢慢长大，家长可以通过难度递进的游戏让孩子逐渐认识到物体是永恒存在的。对于1岁以前的婴儿，家长可以找一个快递箱，在箱子的上方挖一个小洞，将小球放进去后，再从下方把快递箱打开，把小球取出。对于大一些的幼儿，也可以将幼儿喜欢的玩具藏起来让幼儿寻找，或者一起玩捉迷藏的游戏。

(2)逐渐拉长幼儿和母亲分开的时间

对于1~3岁的幼儿，与他们依恋感最强的往往是幼儿的母亲。事实上，母亲和幼儿都需要逐渐适应短暂地分离，因此在去幼儿园或托育中心之前，全家人就需要共同配合来创造母亲和幼儿分开的机会和时间，从而减轻母亲和幼儿双方的分离焦虑。

(3)给幼儿一个分离的理由

对于幼儿来说，不知道家长去了哪里，更不知道什么时候才可以再见到自己的家人，这才是让他们最担心的事情。因此，在和幼儿分离之前，家长需要给幼儿一个合理的理由，理由越简单，效果反而越好，比如妈妈

温馨提示

○千万不要对幼儿撒谎或尝试哄骗幼儿，更不要不辞而别，突然消失。

温馨提示

○在陪伴幼儿的时候，不要过度保护，事事都为幼儿提供帮助，要让幼儿自己尝试解决问题，在幼儿主动寻求帮助的时候再帮忙，培养幼儿独立的能力也是缓解分离焦虑的办法之一。

去买东西，很快就会回来。如果分离时间较长，如出差，那么不要提前几天就告知幼儿，以免他们一直处于不安中。在回来之后，可以和幼儿讲讲没有见面的这段时间家长都做了什么，也可以让幼儿说说这段时间自己都玩了什么、吃了什么等。

(4)找到一个替代物

幼儿离开自己最爱的亲人，面对陌生的环境和陌生的人，感到不安是非常正常的表现。在与家人分离时，可以给幼儿寻找一个可以带给幼儿安全感的替代物，可以是家中幼儿喜爱的物品；可以是家人的照片；可以是妈妈亲手制作的物品，这些替代物可以寄托幼儿对家人的感情，减轻分离的痛苦。

(5)提高陪伴质量

和过度焦虑的家长相比，有些家长容易走向另外一个极端，就是放任不管。虽然分离焦虑是正常的现象，但也不要因此对幼儿的情绪放任不管。如果时间允许，要尽可能地多陪伴幼儿，给予其关心和爱护，让幼儿有足够的勇气去面对分离。

请指导者结合以上具体的操作方法尝试对有分离焦虑问题的家庭施以援手，制订分离焦虑帮扶计划见表2-2-4，并跟进调查。

表2-2-4 分离焦虑帮扶计划表

宝宝姓名：______ 年龄：______ 主要照护者：______			
宝宝分离焦虑的表现	□持续哭闹 □间歇性哭闹 □看到爸爸妈妈才会哭闹 □攻击、反抗性行为 □不讲话，情绪低落		
家长是否有分离焦虑	□是 □否	分离焦虑发生的场景	□去幼儿园 □妈妈上班 □其他
解决办法	是否尝试	具体操作内容	家长反馈
物体恒存认知	□是 □否		
逐渐拉长与母亲分离时间	□是 □否		
给幼儿一个分离的理由	□是 □否		
寻找替代物	□是 □否		
提高陪伴质量	□是 □否		
其他	□是 □否		

检查评估

指导者按照表2-2-5的检查项目进行自我检查，并将相关内容填写在表中。

表2-2-5　1~3岁幼儿家庭教育指导检查记录表（指导者自评）

年龄	学习内容	操作内容	掌握情况
1~3岁	如厕训练指导	家庭教育观察	□欠缺　□一般　□已掌握
		与家长沟通	□欠缺　□一般　□已掌握
		指导方案制订	□欠缺　□一般　□已掌握
		具体操作指导	□欠缺　□一般　□已掌握
		回访与评估	□欠缺　□一般　□已掌握
	物品还原指导	家庭教育观察	□欠缺　□一般　□已掌握
		与家长沟通	□欠缺　□一般　□已掌握
		指导方案制订	□欠缺　□一般　□已掌握
		具体操作指导	□欠缺　□一般　□已掌握
		回访与评估	□欠缺　□一般　□已掌握
	分离焦虑指导	家庭教育观察	□欠缺　□一般　□已掌握
		与家长沟通	□欠缺　□一般　□已掌握
		指导方案制订	□欠缺　□一般　□已掌握
		具体操作指导	□欠缺　□一般　□已掌握
		回访与评估	□欠缺　□一般　□已掌握

学员分组根据表2-2-6中的检查项目对指导情况进行检查，并将检查结果和点评记录在表中。

表2-2-6　1~3岁幼儿家庭教育指导检查记录表（学员点评）

序号	检查项目	检查结果	互评
1	观察内容是否细致属实	是□　否□	
2	提供的指导意见是否专业	是□　否□	
3	对1~3岁幼儿指导内容是否全面	是□　否□	
4	指导方案撰写知否准确	是□　否□	
5	指导方案是否具体有效	是□　否□	
6	是否跟进指导结果	是□　否□	

学员分组根据表2-2-7中的检查项目对指导情况进行检查，并将检查结果和点评记录在表中。

表2-2-7 1~3岁幼儿家庭教育指导检查记录表（教师点评）

序号	检查项目	检查结果	教师点评
1	是否按时完成任务	是□ 否□	
2	团队协作是否顺畅	是□ 否□	
3	指导方案是否具有科学性	是□ 否□	
4	指导方案填写是否准确、完整	是□ 否□	
5	实训室场地是否整理干净	是□ 否□	

任务小结

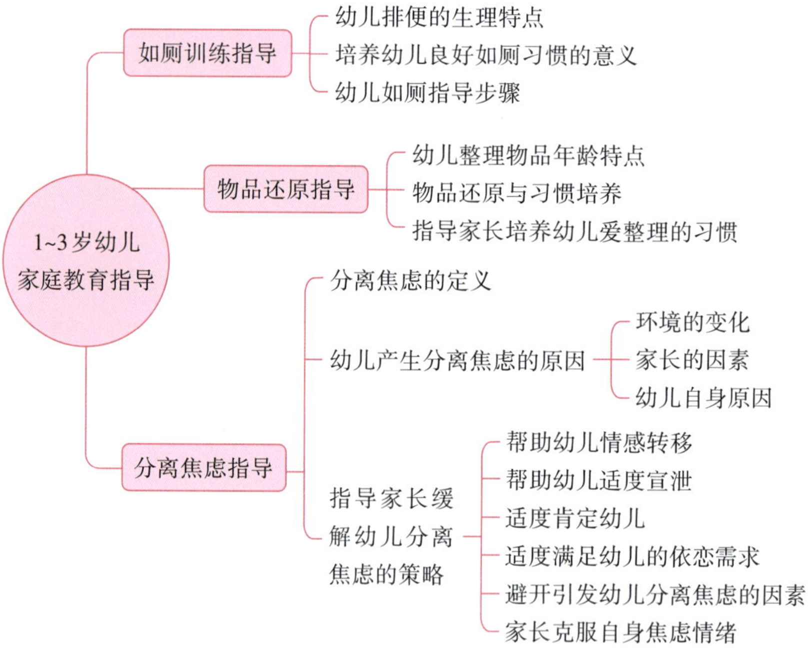

任务三　3~6 岁儿童家庭教育指导

教学资源

任务导入

场景：家中

人物：小泽、小泽的妈妈

情节：小泽是一个刚满 5 岁的男孩，今年刚刚升入大班，他是家长眼中的乖孩子，总是喜欢自己静静地看绘本，当然这也离不开小泽妈妈的付出，身为全职妈妈，她每天都把小泽的生活安排得井井有条，房间也收拾得整整齐齐，甚至每天都会帮下小泽把隔天要穿的衣服搭配好。每天从幼儿园放学后，小泽仿佛对什么都好奇，经常有一大堆问题，甚至有时还会问一些连爸爸妈妈都不知道如何回答的问题，比如“什么是黑洞?”面对这样的问题，妈妈通常只能用“等你长大了你就知道”来搪塞过去。与此同时，小泽的爸爸妈妈也对即将升入小学的小泽非常担心，根据老师的反馈，小泽在幼儿园中表现不错，但是性格比较内向，总是喜欢自己静静地玩，小泽的父母很担心升入小学后的小泽会交不到朋友。了解了小泽的情况，你有什么建议想给到小泽妈妈呢?

任务目标

- 能根据学前儿童好奇心发展的特点，完成对家庭环境的创设和问题回答。
- 能根据学前儿童身心发展的特点，完成提升学前儿童在家中自理能力的评估与家庭教育方案制订。
- 能根据学前儿童社会交往能力发展的特点，完成对学前儿童社交能力的评估与家庭家教育方案制订。

任务实施

(一)保护学前儿童的好奇心

1.知识学习

(1)学前儿童好奇心发展特点

好奇心是儿童在遇到新奇的事物或处在新的环境下所产生的操作、提问、注意的心理倾向,是儿童想去观察和探索新奇事物的一种原始的、内在的冲动,同时也是儿童成长过程中非常宝贵的学习品质。许多相关研究表明,3~6岁是培养儿童创造力的关键期,而好奇心则是发展创造力的起点,在这期间保护儿童可贵的好奇心是十分重要的。学前儿童好奇心发展呈现以下特点:

1)喜欢提问

对3~6岁的儿童而言,爱提问是常态。他们不满足于了解表面现象,非常喜欢寻根究底,提问是儿童探索世界的有效途径,喜欢提问、善于提问、敢于提问的儿童在认知发展、情感及人际交往方面都呈现较为不错的发展水平。学前儿童喜欢提问和学习新的内容,通过"问题"来认知世界,并在"问题"中成长,在学习到新知识和技能后,儿童可以获得满足感,并喜欢将这些内容讲给其他人。

2)喜欢动手探索

3~6岁的儿童不仅喜欢提问,还喜欢亲自动手解答心中的疑惑,行动力很强,比如将玩具拆解、玩水、玩沙、将同一个物品开发出不同的玩法,等等,一旦发现新鲜的物品会自由地通过视觉、触觉,甚至是听觉等去感受物品的材质、形状、色彩以及发出的声音。

(2)家庭中维护学前儿童好奇心的策略

微课 家庭中维护儿童好奇心的策略

3~6岁的儿童虽然在幼儿园中会进行一些促进好奇心发展的探究游戏和创造性游戏,但是在家庭中,家长对儿童好奇心的保护作用仍不可忽视。好奇是儿童的天性,但很多儿童的好奇心往往是被家长扼杀的。在家庭教育中,家长多一些对儿童好奇心的重视与保护,儿童的成长空间就会变得更加广阔,未来也充满更多可能。具体可以从以下几个策略来尝试维护儿童的好奇心:

1)认真回答儿童的问题

在现实生活中,很多父母并不重视儿童的提问,有些父母即便想认真回答儿童的问题,可无奈于教育能力有限并不能给出能让儿童理解的答案,而有的甚至表现出不耐烦、拒绝回答儿童的问题。恰当地回答儿童的问题并加以引导不仅能培养儿童的思辨能力，更可以激发儿童的独立思考能力和创造力。耶鲁大学心理学和教育学教授Robert Sternberg将父母对儿童问题的回答分为由低到高的七个层级，如图2-3-1所示。

7. 跟进调查结果

6. 找出想法的依据

5. 头脑风暴

4. 共同寻找答案

3. 事实性描述回答

2. 用问题本身来回答问题

1. 拒绝回答

图2-3-1 父母回答孩子问题的七个层级

这七个层级决定儿童是否能形成高级认知。首先，第一层级是拒绝回答儿童问题的父母，这样的父母大多对儿童的提问表现得很不耐烦，甚至利用父母的权威强行要求儿童顺从和认同自己。第二层级使用问题本身来回答儿童的问题，儿童可能会问“我为什么要去幼儿园”？父母回答“因为你必须去幼儿园”。这样的回答对解答儿童的疑惑并没有任何帮助，父母如果经常使用前两个层级的方式去回答儿童的问题，很容易扼杀儿童的思辨能力，对儿童的成长是非常不利的。第三层级是给出事实性的答案或者如果父母不知道问题的答案时则大方承认，敢于承认自己的知识有限对父母来说是很大的挑战，但这样做要比敷衍儿童强很多。第四层级是鼓励儿童寻找答案，父母可以尝试带着儿童一起去上网搜索、查阅资料，或者尝试寻求专业人士的帮助，这样做可以让儿童知道在遇到问题时该如何解决。第五层级是鼓励儿童进行头脑风暴，尝试从更多角度思考问题，比如“为什么四川让人都喜欢吃辣呢”？除了单纯口味的喜好是否还有其他因素？可能跟气候条件、文化传承、地理环境等因素有关，让儿童在思考中得出自己的答案，而不是被动地接受父母的答案。第六层级是在鼓励儿童多角度思考的基础上找出想法的依据并给出评估标准，在儿童发表自己的观点后家长要引导儿童对想法进行评估，比如说“四川人爱吃辣与当地气候条件有关”这一观点，那就要鼓励儿童了解“四川是什么气候类型”以及“这样的气候为什么适合吃辣”，从多个维度去评估这个想法的准确性。父母回答儿童问题的最高层级则是在第六层级的基础上持续跟进调查结果，当然想要达到这个层级需要年龄大一些的儿童才能配合，引导儿童一步步落实自己的想法，体会探索的收获与乐趣。

2）尝试使用启发性提问

很多家长在日常生活中喜欢用命令的语气与儿童进行交流，让儿童按照家长的指令或意愿行动，往往适得其反，儿童可能变得更不听话。家长应尝试改变与儿童交流的方式，多用启发性提问代替命令和说教，不仅可以改善亲子关系，还可以培养儿童的思维能力和解决问题的能力。培养和维护儿童的好奇心，需要家长成为善于观察生活的有心人，能发现生活中的问题并引发儿童进行思考，如在下雪的时候可以问与雪相关的问题："为什么雪看上去是白色的？""为什么雪花落在手心里就不见了？"在去动物园游玩的时候可以提与动物相关的问题："为什么长颈鹿的脖子那么长？""为什么有些动物只在夜晚出来活动？"，等等，家长通过问题引导儿童去观察探究，帮助儿童逐步建立良好的思维模式。

3）为儿童创造适合探索的环境

3~6岁的儿童总是会做出一些看似调皮捣蛋的行为，比如拆卸玩具、玩米缸里的大米、收集一些奇奇怪怪的东西，等等，而这些行为却正是儿童探索和学习的过程。作为父母，应尊重并欣赏儿童的个性和特点，不要过度保护，要让儿童勇敢探索，更不要制止儿童的探索行为，并为儿童创造更多适合探索的环境和空间。丰富的和具有变化性的环境是培养儿童好奇心的必要条件，反之单调和枯燥的环境则会抑制儿童好奇心的发展，家长可以在家中为儿童提供能激发探索欲和创造欲的材料，可以是可拆装的玩具，也可以是来源于生活中的材料，如塑料瓶盖、纸巾筒等，激发儿童的创造力和想象力，还可以经常更换房间中的挂画与装饰，激发儿童的好奇心和探索欲。当然，多带儿童到户外探索也是非常不错的选择，大自然中有着最为丰富的认知材料，可以让儿童充分探索。

温馨提示

○虽然3~6岁的儿童已经脱离了口欲期，不喜欢什么都往嘴巴里放，但是给孩子自由探索空间的同时，仍要避免一些容易发生危险的日常物品落到他们手中，如打火机、火柴等。

4）给儿童留出自由玩耍的时间

在很多幼儿园，园方会专门安排一段时间让儿童自由活动，在这段时间中，儿童可以自由选择区域游戏，也可以静静地阅读绘本，如果累了也可以趴在桌子上休息一会儿。可回到家中，很多家长会喜欢将儿童的日程排满，上很多兴趣班或者长时间地让儿童观看动画片，这种过度干预和完全放任的形式都不利于儿童身心的发展。儿童需要自由玩耍的时间，在这段时间中儿童可以独立思考，发现自己的兴趣，尝试对感兴趣的事物进行探究，自由玩耍不仅可以让儿童变得更具创造力，在几个儿童一起自由玩耍的环境中还可以发展儿童的交往能力以及环境适应能力。

(3)家庭创造性活动的类型

家庭创造性活动的类型是多种多样的，包括游戏活动、科学探究活动、美术活动、户外活动、想象活动、编讲活动以及日常生活中的探究活动。

1)游戏活动

游戏是最受儿童喜爱的活动形式，其中包括体验不同社会角色的角色扮演游戏(医生和病人的角色扮演游戏)、采用不同材料进行拼搭的结构游戏(磁力片、乐高)、根据故事和绘本进行演绎的表演游戏(儿童话剧演绎)、需要开动脑筋思考的智力游戏(猜谜语、自创规则的游戏)、跟随音乐律动或演唱的音乐游戏(奥尔夫游戏)，等等。

2)科学探究活动

在儿童的眼中，世界既是充满未知的，又是神奇有趣的。从小培养儿童的探索精神和创造力是十分重要的。家长可以引导儿童进行科学探究活动，比如观察将剥开的橘子和没剥开的橘子放入水中有什么不同。随着儿童年龄的增长，家长也要支持儿童进行更复杂的实验探究，为儿童提供相应的素材，如使用白醋、小苏打和色素制作彩虹泡泡龙等活动。

3)美术活动

在家中家长也应多鼓励儿童进行美术创造，在儿童独立绘画或是做手工时要注意观察，不要指手画脚，急于问儿童创作的是什么，在活动结束后可以鼓励儿童自己讲述一下自己的作品。另外，家长还应多带儿童去参观美术馆、画廊等场所，拓展孩子的艺术思维。

4)户外活动

家长要多鼓励儿童进行户外体育活动，对大自然进行探索，感受大自然的魅力，如在草地上翻滚、在雪地里奔跑、在游乐园滑滑梯、在地上挖隧道。大自然往往最能激发儿童内心的探索和创造欲望。家长也可以引导儿童创造各种有趣的户外游戏，比如踩影子、捡落叶等。

5)想象活动

家长可以在不同场合、不同情景下引导儿童展开想象，比如在家中看到苹果，可以让儿童展开联想，提出问题“苹果像什么？”“它除了吃以外还可以做什么？”还可以利用偶发事件引发儿童的想象，如听到敲门声猜一猜是谁回来了，回来的人可能穿什么样的衣服，等等。

6)编讲活动

编讲活动可以让儿童的创造性快速发展，可以看图说话，不仅能看不同的图片说出不同的话，还可尝试面对同一幅图片说出不同的话。还可以进行创编和续编故事的活动，年龄较大的儿童可以给出部分故事内容，

温馨提示

○3~6岁的儿童进行户外游戏时要尤其注意安全，比如进行滑板车和自行车的活动，一定要避免在马路中间玩耍，最好戴上安全头盔。

让儿童自由联想故事的开头和结尾。编讲活动也可以不仅仅局限于故事，还可以引导儿童畅想未来，即便儿童说的内容不符合客观规律也不应责备，而要加以呵护。

7)日常生活中的探究活动

在日常生活中进行探究是在家庭中最常见也最容易实施的创造性活动。比如在吃冰激凌的时候，家长可以鼓励儿童尝试利用不同的工具来吃，可以用吸管、筷子、小勺、小手或者直接用嘴巴，等等；又如在包饺子的时候让儿童一起参与，观察面粉是如何变成饺子皮的，也可以让儿童自己动手制作，在饺子煮熟后找一找自己的作品。

2.技能操作

(1)儿童问题回答指导

在回答儿童问题方面，首先需要对儿童的提问情况以及家长回答儿童问题的方式进行沟通评估，然后根据不同情况进行指导，见表2-3-1。

表2-3-1 问题回答沟通评估表

评估对象	评估方法	评估内容
儿童	观察、访谈、与家长访谈	年龄、性格特点、是否喜欢提问、兴趣点
家长	访谈、问卷、观察	年龄、职业、性格特点、回答儿童问题的方式方法(七个不同层级)

在评估过后，一方面指导者应引导家长根据儿童不同的性格特点，激发儿童提问的欲望。如针对性格内向不爱主动提问的儿童要先由家长进行提问，再慢慢过渡到由家长引导让儿童主动提问。也可以先从儿童感兴趣的层面入手去引导儿童发问。另一方面，指导者要根据家长回答儿童问题的方法进行评估，判断家长回答儿童问题的水平处在哪个层级，再引导家长针对同一个问题尝试用更高层级的方法去回答。

在实际操作中，指导者应引导家长将儿童提出的问题记录下来，并将家长回答的内容以及处理问题的方法进行记录，见表2-3-2。通过表格，能将问题解答的全过程呈现在指导者面前，指导者可根据表格内容进行个性化指导，并撰写指导者评价。通过指导家长引导儿童发问并探索问题的答案这一过程，保护并启发儿童的好奇心。请尝试拜访一个3~6岁儿童的家庭，并根据提示完成表格的填写。

表2-3-2　儿童提问记录表

时间：________　地点：________　儿童年龄：________　记录人：________		
		描述性记录
儿童提问内容	□自发主动提问 □场景联想提问 □家长引导后提问 □其他________	(1)例："为什么水开了有白色的气体，打开冰箱也有白色的气体？" (2)…… 该部分由家长填写（或指导者观察、访谈后自行填写）
家长问题解答	□完整解答 □部分解答 □不知道答案 □无法回答 □其他________	该部分由家长填写（或指导者观察、访谈后自行填写） 具体记录家长回答问题的语言描述
家长启发式提问	是/否	该部分该部分由家长填写（或指导者观察、访谈后自行填写） 主要记录家长是否尝试使用启发式提问，是如何启发的
答案评估	该部分由指导者填写 对家长回答儿童的答案本身的科学性进行评估	
后续跟进	该部分由指导者填写 针对记录的这一问题，引导家长使用4、5、6、7层级的方法去回答该问题，后续结果如何	
指导者评价	该部分由指导者填写 对指导过程进行总结和反思	

(2)家庭创造性教育活动指导

在以保护儿童好奇心，发展儿童创造力的宗旨下，在家中家长可以为儿童提供适宜的活动材料和活动环境，也可以和儿童一起进行游戏，在游戏和活动过程中家长应根据游戏内容给予儿童启发性思考的引导，适宜在家中进行的创造性教育活动，见表2-3-3，指导者在对家长进行指导的过程中可针对不同类型的活动给出具体建议，家长在执行过程中应完成相应的记录，指导者可根据家长的记录进行进一步指导。下面请为之前拜访过的3~6岁儿童的家庭制订一个创造性活动一周活动计划。

温馨提示

○在制订计划后，指导者可以引导家长通过在活动中观察儿童的动作、欣赏儿童的作品、倾听儿童的阐述等方面去加深对自己孩子的了解，在活动过程中洞察儿童的心理活动、透视儿童的个性发展。

表2-3-3 家庭一周创造教育活动记录表

星期	活动类型	具体活动内容	活动意义
星期一			
星期二			
星期三			
星期四			
星期五			
星期六			
星期日			

(二)学前儿童自理能力培养

掌握基本的生活自理能力是3~6岁儿童适应社会生活的前提,儿童能否自理是衡量其生存能力强弱、健康质量高低的重要指标。《3~6岁儿童学习与发展指南》中指出,健康领域的教育目标中明确要求儿童需要具有基本的生活自理能力。在家庭教育中培养儿童的自理能力更有助于其独立人格的形成,增进与家长的情感,给儿童以后的成长和发展带来深远影响。

1.知识学习

(1)自理能力概念及内容

自理能力是指在一日生活中,儿童可以自己照顾自己的生活,完成力所能及的事情的能力。3~6岁儿童所需要具备的自理能力主要包括能够正确使用餐具,不挑食、不剩饭、不掉饭,会收放餐具;能够做到饭前便后正确、主动洗手,饭后漱口、擦嘴;能够独立自理大小便、便后主动冲水;能够安静入睡、不需要成人的陪伴、会穿脱衣物、叠被子;能够整理用过的学习用品和生活用品等。

2012年教育部印发的《3~6岁儿童学习与发展指南》(以下简称"指南")中对于不同年龄段儿童自理能力大致可以达到的发展水平提出了合理期望,如图2-3-2所示,指明了儿童自理能力学习与发展的具体方向。

3~4岁

1. 在成人帮助下能穿脱衣服和鞋袜。
2. 能将玩具和图书放回原处。

4~5岁

1. 能自己穿脱衣服、鞋袜、扣纽扣。
2. 能整理自己的物品。

5~6岁

1. 能知道根据冷热增减衣服,会自己系鞋带。
2. 能按类别整理好自己的物品。

图2-3-2 《3~6岁儿童学习与发展指南》中各年龄段儿童生活自理能力的目标

《指南》中也列举了一些能够有效帮助和促进儿童提升自理能力的教育途径与方法：

☆鼓励儿童做力所能及的事情，对儿童的尝试与努力给予肯定，不因其做不好或做得慢而包办代替。

☆指导儿童学习和掌握生活自理的基本方法，如：穿脱衣服和鞋袜、洗手洗脸、擦鼻涕、擦屁股的正确方法。

☆提供有利于儿童生活自理的条件。如：提供一些纸箱、盒子，供儿童收拾和存放自己的玩具、图书或生活用品等；儿童的衣服、鞋子等要简单实用，便于其自主穿脱。

(2)学前儿童自理能力的影响因素

不同的儿童在生活自理能力方面存在着不同程度的问题，有的缺乏独立进餐的意识或者没有学会自己吃饭，只等着喂；有的没有养成自己洗手、擦脸的习惯，分析原因，可以归结为以下几个方面。

1)家长教养方式和教养态度

家长的教养方式和教养态度对儿童的生活自理能力有着较大的影响。一般来讲，在教养方式上，民主型教养方式下的儿童自理能力较强，溺爱型教养方式下的儿童自理能力较差。在教养态度上，重视型教养态度下家庭的儿童自理能力最好，放任型教养态度下的儿童自理能力一般，保护型教养态度下的儿童自理能力最差。值得一提的是，过度溺爱孩子的情况存在于很多家庭之中。儿童在家中受到来自爷爷奶奶、爸爸妈妈两代人的百般爱护，衣来伸手，饭来张口，什么事情都不需要做。长此以往，儿童对大人的依赖越来越深，变得霸道无理、任性自私、傲慢自大，什么事情都不会做。这不仅影响儿童的生活自理能力，对于儿童未来性格的发展也是非常不利的。

2)家园教育差异

经常发现很多儿童在幼儿园可以做到的事情，比如：吃饭、穿脱衣服、整理学习用具等，回到家中就无法独立完成，造成儿童家园行为差异的主要原因就是家长对于儿童在家庭当中的生活常规要求模糊且随意，不能与幼儿园的常规要求一致。家庭和幼儿园是与儿童生活最为直接相关的两个环境，家庭教育是幼儿园教育的延续和深化，家庭和幼儿园对于儿童生活自理的要求要一致，这样才能促成儿童良好生活自理行为的养成。

3)儿童的个体差异

儿童的生活自理学习融于日常生活之中，需要成人的提醒和训练。有关儿童大小便训练模式的研究表明，女孩在表达大小便需要以及对于膀胱和肠的控制等要明显早于男孩；儿童的气质特点对于训练模式的设计和开始时间有很大影响。发展心理学的研究认为，女孩在身体和神经系统方面的发展比男孩快，女孩比男孩更听话、自觉、细心，能够有意识地做一些力所能及的事情。同时，儿童的自理能力还受到年龄和健康状况等因素的影响，多种因素相互作用造成了儿童自理能力上的个体差异。

(3)提高学前儿童自理能力的策略

1)激发兴趣，鼓励儿童做力所能及的事

激发儿童自理的兴趣是树立儿童自理观念的关键，伴随着儿童动作的发展，其自我意识逐渐增强，家长应该相信孩子，放手让儿童做生活中力所能及的事情，哪怕做得并不完美，家长也应该及时予以鼓励，如家长的一句“你真能干”，就能激发儿童的兴趣，使儿童体验到独立完成一件事情后所获得的快乐，从而增强其做事的信心。但需注意，尽量不要以物质作为奖励，这样会破坏儿童对活动本身的兴趣和热情，也会养成做什么事情都向成人提条件的不良习惯。

2)创设环境，为儿童提供锻炼的机会和条件

在生活中家长要有计划地安排儿童参加力所能及的活动，让儿童去尝试、去体验，比如想让儿童分类整理玩具，家长可以把收纳箱固定放在家里的某个地方，在每个收纳箱上贴上标签，让儿童可以对应标签收放玩具。在日常生活中诸如吃饭、穿衣、游戏、睡觉等环节，本着“自己的事情自己做，不会的事情学着做”的原则，只要没有危险，都应让儿童去实践，鼓励儿童参与力所能及的家务劳动。家长也可以邀请同龄的儿童到家中做客，为儿童创造同伴之间互相学习的机会。学前儿童家务劳动清单见表2-3-4。

表2-3-4　学前儿童家务劳动清单

年龄	家务劳动内容
3~4岁	☆将用完的毛巾、牙刷、脸盆放好 ☆将自己的脏衣服放到脏衣篮里 ☆饭后自己把碗筷放到厨房水池里 ☆能将自己的玩具和书籍放回原位
4~5岁	☆按人数准备餐具 ☆清洗自己的袜子等小件东西 ☆饭后擦桌子 ☆将晾干的衣裤分类叠放整齐
5~6岁	☆学习收拾房间 ☆扫地、倒垃圾 ☆学习叠被子 ☆学习整理自己的小床

3)循序渐进，遵循儿童的年龄特点和成长规律

家长应该根据儿童的年龄特点，提出相应的要求，教给他们一些行之有效的自理方法和技巧。3~4岁的儿童可学习自己穿脱衣服、系鞋带、叠被褥、洗手绢、自己整理玩具图书等。5~6岁儿童的家长可让他们干一些力所能及的家务活，如让饭前摆放餐具，饭后帮助收拾饭桌、扫地、擦桌子、浇花等。家长应该了解儿童的成长规律，采取寓教于乐的方式，以便有效施教，在儿童练习自理的过程中，应仔细观察，以便了解儿童的能力水平，不宜提出过高过严的要求。

4)持之以恒，家长要坚持为儿童做出榜样

儿童在学习自理的过程中，家长要持之以恒，教他们方法，给他们鼓励和帮助。我国著名教育家陈鹤琴先生说过："做父母的应当明确自己的责任，你们的责任是帮助孩子学会做人。"有些家长由于溺爱孩子，原本孩子在园能自己穿脱衣物，自己吃饭，可回到家却什么都不干，摆出"小皇帝""小公主"的姿态，所以家庭和幼儿园对儿童的要求要保持一致，才能取得好效果。良好的习惯需要长期保持，家长不能因工作疲劳或赶时间，就对儿童说："今天就让我来喂你""今天不用洗了"等，这只会使儿童为日后不认真做事留下借口。另外，家长是儿童最好的老师，家长的言行会对儿童产生潜移默化的影响，想让儿童较快地、安静地入睡，首先得自己减少睡前活动，营造睡前氛围。建议家长每天晚上8点之后减少游戏或活动，养成每天按时睡觉的好习惯，吃饭时不要看电视或者玩手机，避免儿童模仿。

2.技能操作

(1)自理能力评估

在制订学前儿童自理能力指导方案之前，应先对学前儿童的自理能力和家长的自理能力培养情况进行观察、沟通及评估，具体内容见表2-3-5。

表2-3-5 学前儿童自理能力及家长自理能力培养情况评估表

评估对象	评估方法	评估内容
学前儿童	观察、测评、与家长访谈	年龄、性别、性格特点、气质类型、日常生活习惯、自理能力水平
家长	访谈、问卷、观察	年龄、职业、性格特点、教养方式、教养态度、日常生活习惯、自理能力培养方式

指导者可以对学前儿童进行自理能力水平的测评，具体测评项目可参照表2-3-6，指导者根据测评结果，了解学前儿童自理能力水平以及各项测评标准的达标程度，进行综合评价，为制订指导方案并实施个性化指导提供依据。

表2-3-6 学前儿童自理能力水平测评表

年龄段	测评标准	不能完成	基本完成	完成
3~4岁	会使用小勺愉快、独立地进餐			
	在教师指导下能正确洗脸、洗手、使用毛巾			
	自己上厕所，学习正确使用便纸			
	初步学习自己脱衣裤、鞋袜			
	初步养成饭前便后洗手的习惯			
	初步养成喝水的习惯，不喝生水			
	能安静入睡，睡姿正确			
	会用手帕擦眼泪，用纸擦鼻涕			
	在成人提醒下做到不乱丢果皮纸屑，不吃手指、衣角、玩具等不洁物品			
	能初步控制自己的行为，服从集体规则			
4~5岁	会使用筷子，文明地进餐。细嚼慢咽，养成收拾餐具的习惯			
	按一定顺序洗干净自己的手和脸			
	便后能正确使用纸擦屁股并拉好裤子			
	能独立、有序地穿脱鞋袜			
	养成饭前、便后和手脏时主动洗手的习惯			
	安静入睡，睡姿正确			
	不乱丢果皮纸屑，不在桌上、墙上乱涂乱画			
	能在提醒下收拾、整理生活用品和玩具			
	保持衣着整洁，爱护环境卫生			
	养成轻拿轻放和整理物品的习惯			
5~6岁	能独立、安静、文明地进餐			
	懂得简单的卫生营养知识，能做值日生工作			
	独立、正确、迅速地洗干净手和脸			

续表

年龄段	测评标准	不能完成	基本完成	完成
5~6岁	自理大小便，便后整理好自己的衣裤			
	能独立、迅速、有序地穿脱衣裤鞋袜，分清左右，会系鞋带，整理床铺			
	养成饭前便后和手脏时主动洗手的习惯			
	能自觉安静入睡，睡姿正确			
	保持仪表整洁，知道根据天气变化以及个人冷热感受，主动增减衣物			
	养成独立收拾、整理生活、学习用品及玩具材料的良好习惯			
	养成正确的书写姿势			
指导者评价				

(2)学前儿童自理能力指导方案

指导者可参照学前儿童自理能力培养记录表的具体内容，见表2-3-7，进行指导，在儿童自理能力培养方面提出一些具体要求。指导者可以根据儿童的年龄特点和普遍存在的问题设立具体的培养内容，如早起早睡、有礼貌、独立进餐、自己的事情自己做、早晚刷牙、爱劳动、不挑食，不挑穿、爱护收拾玩具，需要提醒家长督促儿童执行，对儿童的进步积极鼓励，帮助其养成良好的行为习惯。

用图形记录（好：★；较好：●；待加强：▲），便于家长与儿童共同评价，日期为星期一~星期日，提醒家长坚持每天认真记录填写并及时反馈记录表。指导者可根据记录情况进行个性化指导，调整下一步指导的内容和安排。

表2-3-7　学前儿童自理能力培养记录表

时间：________　地点：________　儿童年龄：________　记录人：________
★本周培养重点：学习穿脱裤子
1. 目标：练习分辨裤子的前后和穿裤子；尝试自己脱裤子
2. 建议： 家长可以边说儿歌边和孩子一起玩游戏学习穿裤子。 儿歌《穿裤子》（穿裤子，要牢记，分清前后很重要。裤前开口有裤兜，小熊小花对我笑。双手拎起小裤腰，呜——脚丫火车钻洞了。钻出山洞快站好，拽住裤子提到腰。抚平裤腿看一看，嘿！前后左右都整好，我的裤子穿好了！）

续表

内容	星期一	星期二	星期三	星期四	星期五	星期六	星期日
我会分辨裤子的前后							
我会穿裤子							
我会脱裤子							
温馨提示:请如实记录孩子本周的表现(好:★;较好:●;待加强:▲),我们将对宝宝的情况,给予进一步的指导,共同帮助您培养宝宝的生活自理能力							
家长反思							
效果评估							
后续跟进							
指导者评价							

(三)学前儿童社会交往能力培养

1.知识学习

(1)学前儿童社会交往能力概念及内容

社会交往是个体之间相互往来进行物质、精神交流的社会活动。学前儿童的社会交往是学前儿童在与成人接触、交流或与同伴的游戏、学习、生活等过程中,运用语言或非语言符号系统相互沟通、情感交流的活动,使其逐步学会表达自己的愿望,了解别人的情绪和想法,调节自己的行为,促进相互之间的理解和协调,并使这种关系得到延续和保持的活动。

社会交往活动是3~6岁儿童社会化的基本途径,可以促进儿童思维和语言等各方面能力的发展。儿童在人际交往活动中不断学习知识和经验,评价自我,完善自我,学会关心和帮助别人,逐步形成集体荣誉感,宣泄消极情绪,促进身心健康发展。

(2)学前儿童社会交往的类型

3~6岁儿童的社会交往主要包括亲子交往、同伴交往和师生交往。著名人类学家、生态心理学家布朗芬布伦纳(Urie Bronfenbrenner,1917 - 2005)在其著作《人类发展生态学》中详细介绍了人类发展涉及的关键性环境并对它们之间的关系进行了深入分析。布朗芬布伦纳认为,人的发展就是在这样一个层层叠叠、互有联系的生态系统中发生的,个体生态环境的四个基准简图如图2-3-3所示，这些环境系统都直接或者间接地以各种方式和途径影响着人的发展。儿童是在与周围人的互动作用和交往中不断发展的，其发展在很大程度上取决于他（她）直接或间接交往的一切人及其相互之间的关系，这些系统相互联系、相互影响，构成了影响儿童发展的一个完整的生态系统，其中，既有近距离的直接影响儿童发展的因素，也包括远距离的间接的影响因素，亲子交往、同伴交往和师生交往同属于直接影响儿童发展的社会性交往系统中的重要微观系统。

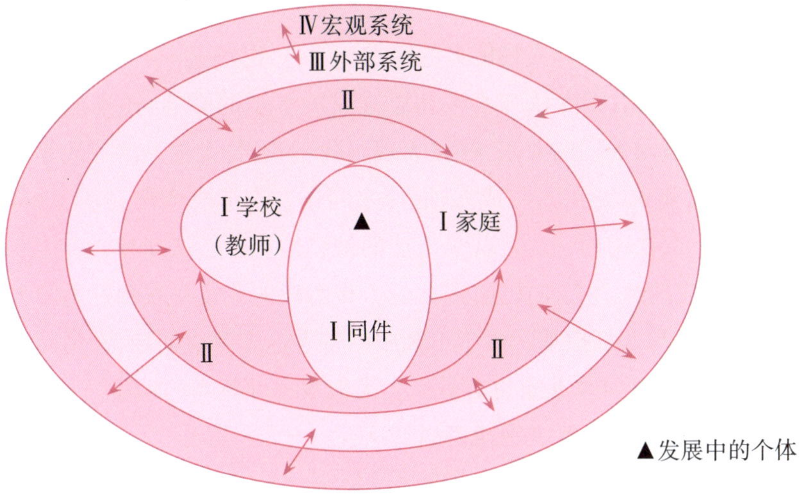

图2-3-3　个体生态环境的四个基准简图

1）亲子交往

亲子交往主要是指家长与儿童之间的交往，一般认为是父母和儿童之间的交往。这是儿童社会交往系统中出现得最早的一种社交类型。

2）师生交往

师生交往是指教师和儿童之间的交往。与亲子交往不同的是它具有短期性、多变化性和多样性的特点。儿童3岁后进入幼儿园，接触到不同的教师，儿童与教师的交往也会随之发生变化。

3）同伴交往

同伴交往主要是指儿童与同龄人之间的交往，交往对象的年龄、心理发展水平和地位等与自己较为接近。与亲子交往和师生交往相比，同伴交往的特点在于儿童与同伴之间具有平等性。同伴群体是由儿童自己选择和构建的，儿童享有充分的自由，因而更容易和乐于接受。

（3）学前儿童人际交往能力发展的特点

3~6岁儿童人际交往能力的发展在总体上呈现出去自我中心、由被动交往向主动交往转化以及交往技能逐渐成熟等特征，但不同年龄阶段儿童的人际交往能力有着不同的特点，见表2-3-8。

表2-3-8 不同年龄段儿童社会交往的主要特点

3~4岁	4~5岁	5~6岁
☆主动交往意识不强 ☆缺乏与人交往合作的能力 ☆正确运用语言交往的能力差	☆问题解决意识和是非观念增强 ☆同伴交往中的冲突解决仍需要帮助 ☆合作水平参差不齐 ☆友谊发展的关键期	☆同伴关系迅速发展 ☆需要发展深层次的社交技能,如移情、理解 ☆对规则非常感兴趣

1)3~4岁儿童人际交往能力的特点

3~4岁儿童由于受认知水平和思维发展水平的影响,还不能理解成人或周围环境对他们的要求,往往表现出我行我素,无论是游戏还是玩耍都只是个人独立的行为,与成人、同伴之间还没有形成合作关系。3~4岁儿童在人际交往中的一个特征是交往的被动性。由于认知和语言能力有限,缺乏相应的社会交往技能,因此这个年龄段的儿童喜欢和熟悉的人交往,不会主动与人打招呼。由于不会用语言表达来解决问题,常用动作来解决问题,因此3~4岁儿童也容易产生类似攻击性行为的动作。

2)4~5岁儿童人际交往能力的特点

4~5岁儿童人际交往能力最明显的特征就是开始去自我中心。逐渐能从他人的角度去理解他人的想法,比如从"因为自己生气而去打人",到"知道打人会让对方很疼",所以会寻求别的方式发泄自己的情绪。初步具有了一些同伴交往的技能,出现了"游戏伙伴"和"小团体"的现象,儿童开始形成自己的伙伴群体,每个儿童都有自己喜欢亲近的人,可以是教师也可以是小伙伴。虽然这个年龄段的儿童开始愿意主动交往,但是由于交往技能使用不熟练,在人际交往中经常会出现一些问题,如产生矛盾、合作失败、分工不明等,遇到问题时往往缺乏有效的解决方法,从而常常出现退缩或攻击性行为,喜欢告状或寻求成人的帮助等。

3)5~6岁儿童人际交往能力的特点

5~6岁儿童开始尝试与同伴建立友谊,他们常常会用各种方式和自己喜欢的伙伴建立朋友关系,例如,有的孩子会使用"交换"的方法,"你和我做朋友,我就让你玩这套烹饪玩具";有的孩子还会使用"威胁"的方法,"你如果不让我玩,我就不和你做朋友了"。5~6岁的儿童能够主动发起或加入同伴的游戏,随着性别意识的增强,常常按性别聚集在一起活动,即女孩和女孩一起,男孩和男孩一起。这个年龄段的儿童喜欢尝试扮演不同群体中的角色,如领导者、谈判者、追随者等,因此,他们发起的基本上都是有组织、有规则、有分工和有"小组领袖"的共同活动,并能体验到合作带来的快乐。

(4)提高学前儿童社会交往能力的策略

1)营造宽松和谐的家庭氛围

家庭中温馨愉快的环境能够最大限度地缓解外界给儿童的压力和紧张感,使儿童体会到生活的美好、精神的愉快。家人之间相互尊重,和睦相处,让儿童从家庭中得到极大的温暖,和睦的家庭环境能够更好地促进儿童心理的健康发展,形成健康的人格利于交往。家长应该充分注意到环境对于儿童发展的重要作用,通过塑造环境来更好地塑造人。父母冷漠粗暴的态度会使儿童产生许多心理问题和行为障碍,严重的甚至会导致儿童产生交往障碍和人格障碍。

2)家长做好榜样示范

家长是儿童生活的引导者,是儿童的第一任教师,对于天性喜欢模仿的儿童来说,家长的一言一行、一举一动,无论正确与否,儿童都会不由自主地模仿,如果家长个性开朗,喜欢交往,与他人友好相处,儿童也会耳濡目染,自然而然地模仿家长的交往行为,如果家长个性孤僻、生活闭塞、与别人很少交流,久而久之,儿童也学会自私和冷漠。因此,家长要注意自己的言行,以身作则,为儿童树立一个良好的榜样。

3)培养儿童理解关爱他人

3~6岁儿童由于受到心理发展水平的制约,仍存在"以自我中心"的倾向,只会从自己的角度出发去认识事物,日常行为和想法常常受到自己的需要和情感的影响,而不能顾及他人的感受,如果家长不注意引导和溺爱儿童,就会强化儿童的这一情况,表现为自私、独霸、不合作、不分享等状态。家长可以在生活中和儿童进行积极的亲子交流,引导儿童尝试体会他人的情感、理解他人的想法,引导儿童发现人和人之间的不同,在考虑问题的时候可以从他人的角度、他人的立场来出发,当儿童具备了一定的移情能力和理解他人的能力时才能在群体中建立起同伴关系,融入群体。

4)让儿童在实践中学习社会交往技巧

家长要引导让儿童在交往实践中获得最初的道德认识并以此来评判自己和他人的行为,学会考虑他人的愿望和要求,学会谦让和宽容,学会控制自己,找到合适的与人相处的方式。

☆学会微笑：微笑意味着彼此相互尊重，源自于内心真诚地接纳和欣赏。在日常生活中让儿童习惯用微笑去面对家人、老师、朋友，让儿童明白微笑可以作为一种礼貌的传递，是能与他人友好相处的基本要素。

☆学会主动打招呼：家长可以带领儿童在各种交往活动中主动与他人打招呼，鼓励儿童开口，当儿童不愿意的时候也不要强迫，耐心引导，积极鼓励，不断锻炼，帮助儿童学会热情大方地与他人打招呼。

☆学会耐心倾听：学会倾听是交往的技能，当他人讲话时，儿童要学会保持安静，耐心倾听，这是对他人最基本的尊重。家长可以在日常沟通交流的过程中，帮助儿童养成注意倾听他人讲话的好习惯。

☆学会合作分享：分享合作是一种社会行为，是儿童亲近群体、融入集体的表现，也是社会行为的一个重要方面。在日常生活中家长要有意识地引导儿童学习分享合作，当儿童有分享行为的时候，马上给予鼓励和表扬，此外，家长还可以多为儿童创造与小伙伴相处的机会。

2.技能操作

(1)学前儿童社会交往能力评估

在制订学前儿童社会交往能力指导方案之前，应先对其社会交往能力和家长的社会交往能力培养情况进行观察沟通及评估，具体内容见表2-3-9。

表2-3-9　学前儿童社会交往能力及家长社会交往能力培养情况评估表

评估对象	评估方法	评估内容
学前儿童	观察、测评、与家长访谈	年龄、性别、性格特点、社会交往能力水平
家长	访谈、问卷、观察	年龄、职业、性格特点、教养方式

指导者可以对学前儿童进行社会交往能力测评，具体内容见表2-3-10，从互动、合作、冲突解决、关爱情感四个维度了解学前儿童社会交往能力的水平，进行综合评价，全面了解学前儿童社会交往发展水平，从而为制订指导方案并实施个性化指导提供依据。

在使用学前儿童社会交往能力测评表时，每个项目后面都有五种选项，表明五种程度。对这五种程度，可以按以下方式理解：第一种‘总是’表示这种情况在孩子身上出现的频率和可能性在75%以上；第二种‘常常’表示这种情况在孩子身上出现的频率和可能性在51%~75%；第三种‘偶尔’表示这种情况在孩子身上出现的频率和可能性在26%~50%；第四种‘很少’表示这种情况在孩子身上出现的频率和可能性在1%~25%。第五种‘从不’表示这种情况在孩子身上从未出现。(操作性定义)

计分方法按照“总是”“常常”“偶尔”“很少”“从不”，依次评定为5分、4分、3分、2分、1分，评价标准为：各维度或总评均值在3分以下表示该维度或社会交往能力总评水平较低；均值在3~4分表示该维度或社会交往能力总评水平一般；均值在4.1~5分表示该维度或社会交往能力总评水平较高。学前儿童社会交往能力测评表见表2-3-10。

表2-3-10　学前儿童社会交往能力测评表

维度	项目	总是	常常	偶尔	很少	从不
互动	容易与其他儿童游戏					
	容易与成人互动					
	容易参与团体活动					
	能遵守团体活动的规则					
合作	在集体活动中愿意和同伴一起玩					
	愿意与同伴共同使用材料与玩具					
	理解他人的行为，会与人协商					
	能与同伴分工、合作完成任务					
	会吸取、补充和运用别人的想法					
冲突解决	需要解决冲突时，会寻求大人的协助					
	会以言语解决冲突					
关爱情感	喜欢教师、亲近同伴					
	认同别人的想法和情感					
	当别人不愉快时能学着安慰别人					
	能用适当的方式表达自己对他人的关心					
	有同情心，当别人有困难时能提供帮助					
综合评估						

在交往活动中对学前儿童的交往行为进行观察能够更加准确地了解学前儿童的社会交往水平。指导者可使用如下观察记录表或依照以下内容对学前儿童的一次交往活动进行观察，做好观察记录后对家长进行访谈，见表2-3-11，为后续制订指导方案提供依据。

表2-3-11　学前儿童社会交往行为观察记录表

日期:________ 观察时长:________ 儿童年龄:________ 记录人:________	
观察地点	□家中 □幼儿园 □住宅小区 □其他________
观察记录	
家长反思	
指导者评价	

(2)学前儿童社会交往能力指导方案

指导者在综合儿童社会交往能力和家长社会交往能力培养情况评估的基础上，根据儿童在社会交往能力上的问题，提出具体的指导方案和建议，从互动、合作、冲突解决、关爱情感四个维度出发，具体指导建议参照表2-3-12，明确提出需要提升的重点以及具体的家长指导建议，制订个性化的学前儿童社会交往能力指导方案，具体内容可参照表2-3-13。

表2-3-12　学前儿童社会交往行为指导建议表

维度	指导建议
互动	☆教会儿童基本的社交礼仪，如主动打招呼、耐心倾听，并认识其重要性教会儿童简单的礼貌用语，如“你好”“谢谢”等 ☆在平常的家庭生活中尽可能让儿童有参与的机会，让其在参与的过程中自然地与成人互动。在日常游戏中设置一些规则，让儿童感知和认识规则，根据儿童遵守规则的情况，及时予以强化 ☆教会儿童以积极的方式向同伴提出要求，教会儿童常用的交往技巧，如轮流、等候等 ☆当儿童主动交往被拒绝后，引导儿童反思被拒绝的原因，帮助儿童调节情绪，树立交往信心 ☆引导儿童先熟悉团体活动的环境，先从模仿其他儿童的行为出发融入集体活动，在面对困难(其他儿童阻止或冲突)时，要保持耐心和毅力
合作	☆理解分享的意义和方法。当儿童争夺玩具时，教会儿童通过语言交涉来满足自己的要求，如“你先玩，玩完了可以让我玩一下吗?”或者“我们可以交换玩具吗?” ☆尊重儿童与其他小朋友的意愿和选择，教会儿童礼貌协商，强化“别人的东西要别人允许后才可以使用”的观念和行为 ☆家长可以创造分享合作的机会，多带儿童出去玩或邀请别的儿童来家里玩，创造儿童与其他小朋友相处的机会 ☆教会儿童合作的方法，如玩前请儿童一起商量谁先玩谁后玩，谁玩什么，如何交换玩，玩的过程中教会儿童学会等待、谦让、遵守秩序等 ☆引导儿童体会别人的感受，引导儿童反思“如果你的朋友不愿意和你分享玩具，你还会受到他们的欢迎吗?”“如果你不分享，伙伴们会怎么想，他会不会伤心?”让儿童站在别人的角度，体会别人的感受

续表

维度	指导建议
冲突解决	☆引导儿童明辨是非，让儿童清楚什么是对与错、是与非、美与丑等价值观 ☆当儿童发生矛盾时，家长可以适时介入，作为倾听者了解冲突双方的想法，帮助儿童释放不良情绪，与儿童一起用积极的态度解决问题 ☆家长要在日常生活中注意培养儿童的自我控制能力，不要对儿童有求必应，要让儿童适应延迟满足、增强儿童抗挫的能力 ☆教会儿童掌握解决冲突的策略：角色互换法，学会换位思考，体察别人的态度和情感；比较法，让儿童把自己的言行和其他榜样人物进行比较，判断自己的言行是否妥当；规则决定法，如用石头剪刀布、轮流或主动放弃利益等方法解决 ☆引导儿童用沟通的方式解决问题：说出自己的感受，倾听别人的想法，并协商解决问题
关爱情感	☆引导儿童理解人与人之间是不同的，从而清楚每个儿童都有不同的观点，在考虑问题的时候能从他人的角度、他人的立场来看待问题 ☆家长在平时和儿童交往时要经常表现出对儿童的关爱，与儿童经常拥抱、礼貌问候等 ☆引导儿童和同伴见面时要打招呼、问声好、拉拉手、拥抱一下，这都是关爱的表现 ☆父母不可以迎合儿童对于其他同伴的消极评论，要引导儿童发现别人的优点，宽容待人 ☆引导儿童敏锐地觉察他人的情绪，并尝试说出产生情绪的原因，了解在他人情绪不好时、悲伤时、着急时、失落时、孤单时、生气时、害怕时需要安慰 ☆家长在日常生活中注意培养儿童的移情能力，如在社区中有需要关爱的人群或故事中有相关情节时，家长可以应景地与儿童交谈，以帮助他们理解他人的情感，形成移情能力

表2-3-13　学前儿童社会交往能力指导表

日期：________ 儿童姓名：________ 年龄：________ 指导者：________			
指导项目			
互动	合作	冲突解决	关爱情感
学习建立友谊，主动发起交往，提高交友的主动性和积极性 学习更多的社会行为：分享、帮助、关心与安慰，能与朋友友好相处 学习遵守基本的社交规则（礼貌、轮流、等候、请求）	学习接纳和尊重他人，知道每个人都有自己的想法，努力尊重他人的观点 具有初步的合作意愿，了解与小朋友合作的方法 学习角色互换，换位思考	学习解决不明原因的冲突 能够控制和调节自己情绪，运用解决问题的策略解决人际交往时发生的问题，与好朋友发生争吵时，用和平的方式和好 解决维持友谊和结交新朋友的问题 学习通过沟通谈话来解决人际问题	认真倾听，知道倾听的意义和方法 能够大胆说出自己的感受，并理解他人的感受 情绪识别与理解，能够根据情境分析情绪的成因及后果 有效调节和适度表达情绪，学会调节不适情绪的方法

续表

日期：________ 儿童姓名：________ 年龄：________ 指导者：________
☆指导建议
☆效果评估

检查评估

学员按照表2-3-14中的项目进行自我检查，并将检查结果和自我点评记录在表中。

表2-3-14　3~6岁儿童家庭教育指导检查记录表（学员自评）

序号	检查项目	检查结果	自我点评
1	家长是否了解儿童好奇心的特点	是□ 否□	
2	家长是否理解儿童提问记录表的内容	是□ 否□	
3	家长是否正确记录家庭创造教育活动	是□ 否□	
4	家长是否了解儿童自理能力的培养策略	是□ 否□	
5	家长是否能独立进行儿童自理能力测评	是□ 否□	
6	家长是否了解儿童人际交往能力发展的特点	是□ 否□	
7	家长是否能独立进行儿童社交能力指导	是□ 否□	

学员分组根据表2-3-15中的检查项目对3~6岁儿童的家庭教育指导情况进行检查，并将检查结果和结果点评记录在表中。

表2-3-15　3~6岁儿童家庭教育指导检查记录表（学员点评）

序号	检查项目	检查结果	结果点评
1	对儿童提问的指导评价是否准确	是□ 否□	
2	对家庭创造活动的指导建议是否准确	是□ 否□	
3	对儿童自理能力的培养与指导是否有续跟进	是□ 否□	
4	对儿童社会交往能力的指导效果评估是否准确	是□ 否□	

教师根据表2-3-16中的检查项目对学员任务完成情况进行检查，并将检查结果和结果点评记录在表中。

表2-3-16　3~6岁儿童家庭教育指导检查记录表(教师点评)

序号	检查项目	检查结果	结果点评
1	是否按时完成任务	是□　否□	
2	团队协作是否顺畅	是□　否□	
3	物品及用具是否整理恢复	是□　否□	
4	实训场地是否整洁干净	是□　否□	
5	实训室任务记录是否填写完整	是□　否□	

任务小结

- 3~6岁儿童家庭教育指导
  - 保护学前儿童的好奇心
    - 学前儿童好奇心发展特点
    - 家庭中维护学前儿童好奇心的策略
    - 家庭创造性活动的类型
  - 学前儿童自理能力培养
    - 自理能力概念及内容
    - 学前儿童自理能力的影响因素
    - 提高学前儿童自理能力的策略
  - 学前儿童社会交往能力培养
    - 学前儿童社会交往能力概念及内容
    - 学前儿童社会交往的类型
      - 亲子交往
      - 师生交往
      - 同伴交往
    - 学前儿童人际交往能力发展的特点
    - 提高学前儿童社会交往能力的策略

情境三
家园共育有效沟通技巧与策略

情境介绍

家园共育有效沟通技巧与策略情境包括家长个体沟通、家长群体沟通和社区沟通三项任务。

家长个体沟通任务涵盖制作家园联系手册、开展家长约谈工作、个体沟通策略、特殊儿童家长沟通等知识；家长群体沟通任务涵盖团体沟通策略、策划组织家长沙龙等知识；社区沟通任务涵盖与社区建立伙伴关系、与社区合作等知识。

情境目标

- 根据不同工作场景和面对的不同人群选择适宜、有效的沟通方式，完成制作家园联系手册和家长约谈等工作。
- 理解特殊儿童的家长面临的困难和挑战，根据特殊儿童的不同特征，完成对特殊儿童行为的观察记录和对家长的家庭教育指导。
- 本着尊重、平等的原则，完成策划组织家长沙龙等工作。
- 在工作中耐心细致，本着合作的原则与社区建立伙伴关系，完成与社区合作等工作。

任务一 家长个体沟通

任务二 家长群体沟通

任务三 社区沟通

教学资源

任务一 家长个体沟通

任务导入

场景：幼儿园活动室

人物：昭昭妈妈，物业经理，小班组长，张老师

情节：每日约谈是班级老师定期与本班家长进行沟通的一个途径。这是一次小班老师约谈小班家长的过程。交谈的中心话题是，说说自己的孩子在入园之前的日常生活习惯，如：喝水、吃饭、午睡、如厕等方面的特点，再结合进入幼儿园之后幼儿的表现，说说自己对孩子生活习惯方面的培养目标是否有变化和调整。昭昭小朋友在进入幼儿园之后，在诸多的生活自理能力方面表现比较欠缺，喝水、吃饭、午睡都需要教师帮助，并且从不主动与其他小朋友交流。在与他的沟通过程中，他经常出现答非所问的情况。

通过与家长的沟通，充分了解家长的育儿理念，特别是家长对幼儿生活能力培养方面的理解是怎样的。同时，针对幼儿生活能力的现状，帮助家长进行科学分析，形成对幼儿生活能力水平的正确认识。此外，针对行为有些“特殊”的孩子，如何对其行为进行观察和记录，并与家长进行有效沟通也应考虑在内。

任务目标

- 能结合幼儿的年龄特点，完成家园联系手册的制作。
- 能掌握家长约谈的原则和特点，理解家长约谈的意义。
- 能根据不同家长的特点采取合理有效的沟通方式和沟通策略，完成与家长的沟通，详细系统地与家长沟通幼儿情况。
- 能掌握特殊儿童的类型和特征，完成对特殊儿童行为的观察记录，并理解特殊儿童的家长面临的压力、挑战和困境，完成与特殊儿童家长的有效沟通。

任务实施

(一)家园联系手册的使用

1.知识学习

(1)解读家园联系手册

家园联系手册是幼儿园常见的一种教师与家长直接联络交流的纸介沟通方式。其主要的应用目的是增进家园之间针对婴幼儿培养过程中出现的一些问题进行及时且有效的沟通，通过循序渐进、日积月累的沟通过程，逐渐形成家园之间统一的教育思想，为家园共育奠定良好基础。家园联系手册的内容是教师依据教育过程中，婴幼儿的不同发展现状或者发生的主要问题而形成的联络沟通内容。

(2)家园联系手册的类别和内容

依据家园联系手册的不同内容和功能可以将联系手册分为两类。一类是基于日常针对性或者突出性问题进行家园沟通联系的表格，称为家园联系表。随着与家长沟通频次的增加，积累成册，形成家园联系手册。家园联系表中一般会呈现：婴幼儿姓名、沟通时间、沟通对象、沟通原因、沟通形式及主要情况等内容。

第二类是基于婴幼儿五大领域(健康领域、语言领域、社会性领域、科学领域、艺术领域)均衡且全面发展的内容而形成的沟通手册。这样的手册主要立足于促进婴幼儿全面发展的五大领域的内容的沟通，体现教育过程中的计划性、系统性和全面性，帮助家长建立科学育儿的教育思路和理念。主要包括：婴幼儿档案(姓名、性别、出生年月、家庭联系人、联系方式)、家庭情况简表(父母姓名、年龄、学历、工作单位、联系方式)、发展情况(健康领域、语言领域、社会性领域、科学领域、艺术领域)、其他情况(除以上情况以外比较特殊的情况)。

(3)家园联系手册的特点

1)针对性

家园联系手册是按照一名婴幼儿一份手册的模式设定的。因此无论是家园联系表或是家园联系册，一份表格或者一份手册都是针对班级的某一名婴幼儿的，其内容及要交流的主要问题都是针对这一名小朋友而设定的，是非常具有针对性的。

2)及时性

家园联系手册中需要沟通的问题都是来自婴幼儿在园实际生活中的一些问题，是需要教师与家长及时进行了解、沟通从而掌握该名婴幼儿更

微课 家园联系手册的特点

加全面的特点和信息，这样能够有利于教师进行科学的判断，并制定出有效的策略和指导方法，真正帮到家长、帮到婴幼儿。信息传递的及时性保证教育的及时性，使得教育者能够有效抓住最佳教育时机。

3）系统性

家园联系手册在设计的内容方面遵循由点到面、注重全面沟通的原则，家园之间的沟通过程会依据婴幼儿发展的不同领域逐一进行有计划的观察发现、引领指导，是一个系统沟通的过程。

4）隐私性

家园联系手册每名婴幼儿一册，内容指向特定婴幼儿的不同发展情况，也涵盖婴幼儿的家庭成员信息及家庭情况信息，具有一定的隐私性。婴幼儿是一个不断发展的个体，一个时期出现的问题不能代表永远会有这样的问题，因此，教师应对每一名婴幼儿的发展特点，特别是其发展的弱点给予保护和保密。因此联系册是具有隐私性的，无关人员或其他家长是禁止阅读的。

5）情感性

家园联系手册是承载家庭和幼儿园在育儿过程中共育、共爱特点的一种沟通方式，因此手册的编辑和记录过程应充分体现亲情与师爱，有丰富的情感性蕴含其中，使家园联系过程更加专业、更有温度。

2.技能操作

（1）设置家园联系表

家园联系表是基于婴幼儿在班级日常活动中出现的针对性或者突出性问题进行家园沟通联系的表格（表3-1-1）。这样的家庭联系过程应融入本班家园约谈计划。家园约谈计划是班级教师在一定时间内，与全班家长进行一对一或者一对多等不同方式的相约谈话活动的安排。原则上每两个月完成一次与全部家长的谈话沟通。可以在进行沟通约谈之前给家长一份纸质表格，请家长就某些问题进行填写和思考，为后续的预约沟通做好充分的思想准备。随着多媒体信息技术手段的不断应用，教师也可以将这样的表格的电子版以微信、电邮的方式传递给家长，以便家长及时接收并填写和思考。

表3-1-1　家园联系表

婴幼儿姓名	沟通日期	沟通对象	沟通原因	沟通形式	家长签字
沟通情况					

“家长签字”的设置，是提示教师与家长进行沟通的内容须认真进行记录，确保与家长的沟通安排有序、真正落实。

(2)制作家园联系册

1)家园联系册的内容设计

家园联系册可以包括很多内容，主要包括婴幼儿情况(表3-1-2)、婴幼儿家庭情况(表3-1-3)及婴幼儿发展情况(表3-1-4)。另外，可以增设“说在前面的话”“宝宝的班级”“幼儿园一日生活作息时间表”等板块，这些板块使得家园联系册内容更加丰满、全面，一本家园联系册，可以让大家看到更加全面、立体、鲜活的婴幼儿成长环境。

表3-1-2　婴幼儿小档案

婴幼儿姓名	性别	出生年月	昵称	性格描述
其他有趣的小故事(关键字)				

表3-1-3　婴幼儿家庭情况简表

婴幼儿姓名								
父亲姓名		年龄		学历		工作单位		联系方式
母亲姓名		年龄		学历		工作单位		联系方式
日常看护人姓名		年龄				其他情况		

幼儿发展情况的记录内容和方式也可以是多元化的。例如，可以依据《3-6岁儿童学习与发展指南》的发展目标，将五大领域中11个子领域的32个目标划分到每个月中，在园内进行重点观察和记录，并以此作为与家长进行沟通的重点内容，体现家园联系系统性的特点。

家庭联系手册中可以体现个性化的设计，如“幼儿成长小故事”是请教师和家长结合幼儿发展的某一个目标进行的生活化的描述，使得家园双方对幼儿日常发展的过程给予更多关注和观察、更多陪伴和了解，从不同角度讲述幼儿成长过程中的小故事，体现家园联系过程中的情感性。

表 3-1-4　婴幼儿发展情况记录表（以健康领域、语言领域为例）

领域目标		完成情况（划“☆”）	幼儿成长小故事
健康领域 （一）身心状况 目标 1：情绪安定愉快	1. 情绪比较稳定，很少因一点小事哭闹不止		
	2. 有比较强烈的情绪反应时，能在成人的安抚下逐渐平静下来		
语言领域 （一）倾听表达 目标 2：认真听并能听懂常用语言	1. 别人对自己说话时能注意听并做出回应		
	2. 能听懂日常会话		

2）家园联系册的版面设计

为使得家园联系册更具情感性，激发家园双方观察和记录的兴趣和积极性，教师可以对家园联系册进行美观化和个性化的版面设计。（图 3-1-1 至图 3-1-4）

版面设计的注意事项：

①设计舒展，图文布局简洁。

②色彩明快，颜色搭配适宜。

③图案点缀，适度体现童趣。

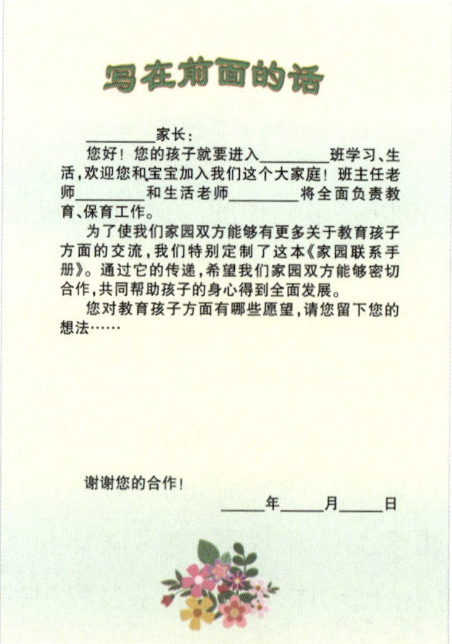
写在前面的话

________家长：

您好！您的孩子就要进入________班学习、生活，欢迎您和宝宝加入我们这个大家庭！班主任老师________和生活老师________将全面负责教育、保育工作。

为了使我们家园双方能够有更多关于教育孩子方面的交流，我们特别定制了这本《家园联系手册》。通过它的传递，希望我们家园双方能够密切合作，共同帮助孩子的身心得到全面发展。

您对教育孩子方面有哪些愿望，请您留下您的想法……

谢谢您的合作！

____年____月____日

图 3-1-1　家园联系册(a)

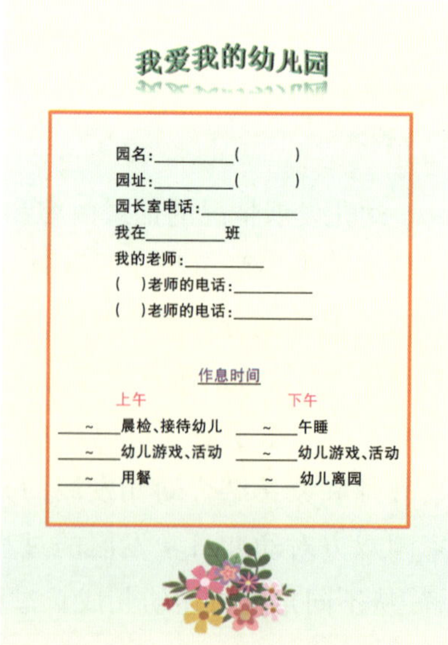
我爱我的幼儿园

园名：________（　　）

园址：________（　　）

园长室电话：________

我在________班

我的老师：________

（　）老师的电话：________

（　）老师的电话：________

作息时间

上午		下午	
____~____	晨检、接待幼儿	____~____	午睡
____~____	幼儿游戏、活动	____~____	幼儿游戏、活动
____~____	用餐	____~____	幼儿离园

图 3-1-2　家园联系册(b)

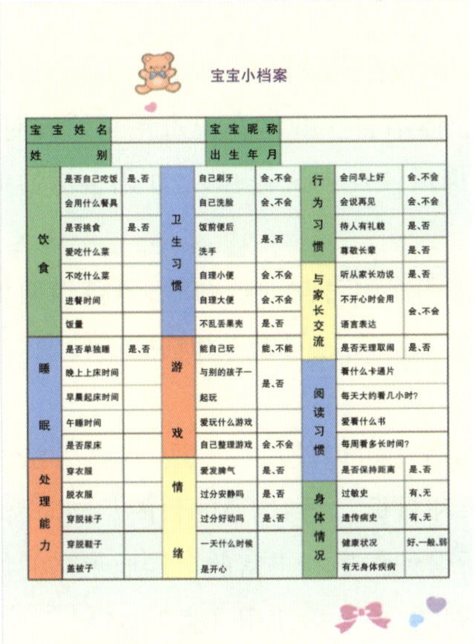

宝宝小档案

宝宝姓名			宝宝昵称					
性别			出生年月					
饮食	是否自己吃饭	是、否	卫生习惯	自己刷牙	会、不会	行为习惯	会问早上好	会、不会
	会用什么餐具			自己洗脸	会、不会		会说再见	会、不会
	是否挑食	是、否		饭前便后洗手	是、否		待人有礼貌	是、否
	爱吃什么菜						尊敬长辈	是、否
	不吃什么菜			自理小便	会、不会	与家长交流	听从家长劝说	是、否
	进餐时间			自理大便	会、不会		不开心时会用语言表达	会、不会
	饭量			不乱丢果壳	是、否			
睡眠	是否单独睡	是、否	游戏	能自己玩	能、不能		是否无理取闹	是、否
	晚上上床时间			与别的孩子一起玩	是、否	阅读习惯	看什么卡通片	
	早晨起床时间						每天大约看几小时?	
	午睡时间			爱玩什么游戏			爱看什么书	
	是否尿床			自己整理游戏	会、不会		每周看多长时间?	
处理能力	穿衣服		情绪	爱发脾气	是、否		是否保持距离	是、否
	脱衣服			过分安静吗	是、否	身体情况	过敏史	有、无
	穿脱袜子			过分好动吗	是、否		遗传病史	有、无
	穿脱鞋子			一天什么时候是开心			健康状况	好、一般、弱
	盖被子						有无身体疾病	

图3-1-3　家园联系册(c)

家长留言：______________________

____

____

____

____

老师的话：______________________

____

____

____

____

图3-1-4　家园联系册(d)

(二)开展家长约谈工作

1.知识学习

(1)沟通及沟通的方式和策略

1)沟通的含义

在《左传·哀公九年》中有表述:“秋,吴城邗,沟通江淮。”杜预注:“於邗江筑城穿沟,东北通射阳湖,西北至末口入淮,通粮道也。”因此,沟通最初的意义为:挖沟使两水相通。随着语言的不断演绎和发展,沟通被诠释为:人与人之间、人与群体之间思想与感情的传递和反馈的过程,以求思想达成一致和感情交流顺畅。沟通对于学校管理所具有的功能包括信息传递、情感交流、控制功能。

2)沟通的方式和策略

①沟通的方式

沟通的方式是多种多样的。从使用频次的角度看,我们常用的主要有以下两种:

a.语言沟通

语言是人类特有的一种非常好的、有效的沟通方式。沟通的语言包括口头语言、书面语言和手语。口头语言包括我们面对面的谈话、开会等。书面语言包括我们的信函、广告和传真,甚至用得很多的E-mail等。在沟通过程中,语言沟通更擅长于传递的是信息。手语是用手做动作,根据手势的变化模拟形象或者音节以构成的一定意思或词语,它是听力障碍或者无法言语的人互相交流的一种手的语言。

b.非语言沟通

非语言沟通包括表情、体态(动作)及图形符号等媒介。实际上,在我们的声音里也包含着非常丰富的肢体语言。我们在说每一句话的时候,用什么样的音色去说,用什么样的抑扬顿挫去说等,都是非语言沟通的一部分。

我们说沟通的模式有语言沟通和非语言沟通这两种,语言沟通更擅长沟通的是信息,非语言沟通更善于人与人之间思想和情感的传递。

②沟通的策略

沟通的策略是指与对方交流过程中可以使用的方法,这些方法的使用可以有效保证谈话达成预期效果和目标,达到沟通的目的。同时,沟通的策略是可以通过实践摸索而不断得到积累和丰富的。沟通策略的使用是因人、因时、因地、因事而有所不同的,要灵活使用。(表3-1-5)

表3-1-5　沟通的策略

策略	内容
策略一	倾听、询问策略
策略二	开放询问策略
策略三	换位思考策略
策略四	适当提示策略
策略五	直接、有效告诉对方策略
策略六	气氛调整、控制策略
……	

(2)家长约谈

家长约谈是教师有计划、有目的地与班级幼儿家长进行定期、定主题的沟通和交谈的过程。其重点是围绕幼儿成长与发展过程中已出现的问题或者有可能出现的状况,以及结合幼儿发展的未来合理预期在幼儿园和家庭之间开展的一种谈话方式。

家长约谈是一种发生在教师和家长之间的沟通活动,属于沟通中一种专门性的沟通。它更指向专门领域中的特有人群之间的沟通。家长约谈的过程体现了教师与家长之间关于育儿理念、育儿方向、育儿方法等方面的相互倾听与交流。

(3)家长约谈应遵循的原则

1)平等尊重的原则

平等、尊重是进行沟通的最重要的前提。与家长的约谈、沟通必须建立在地位平等、相互尊重的基础上进行。教师将家长视为教育婴幼儿的合作伙伴，尊重家长的想法、做法乃至态度，认真倾听家长的意见和建议，能够真正站在家长的角度考虑他的所思所想、所作所为。切忌藐视家长，低估家长的专业水平，以及语气、措辞上有所轻视都是不可取的。

2）友善信任的原则

教师与家长的约谈、沟通务必建立在友善、信任的基础上。友善，体现交谈双方亲近如朋友一样的关系，能够善待对方的一言一行，将交谈的内容引向积极向上的层面，融洽彼此间的关系，促进家园关系日趋稳定和谐。信任，是人与人交往非常重要的一种关系属性。交谈双方从开始谈话起，对彼此抱有一份信任，这是开启顺利谈话的“金钥匙”。

3）目标一致的原则

任何交谈与沟通都会以最终解决问题为统一目标。但在实际交往中，人们往往容易因为交谈、沟通过程中偶然出现或者突然出现的状况，偏移了交流、沟通的目标，这样会导致沟通无效或者失败。因此，与家长的约谈和沟通务必确立鲜明的谈话目标，做好充分的沟通计划，保证谈话过程自始至终目标统一，沟通有效。此外，在交谈沟通的过程中，家长和教师之间的教育理念的统一也是有效沟通的重要保证。

（4）家长约谈的特点

1）计划性

家长约谈是以教师为主体，教师主动向家长发出邀约而进行交谈的活动。因此，教师事先是具有一定的计划性的。约谈的时间、约谈的地点、约谈的主题等环节教师都是提前做好计划和安排的。同时，家长约谈是需要面向全班家长进行的，因为我们的教育是面向全体的，这样的原则要求我们的教育针对每一个孩子的观察与帮助都是必不可少的，因此，与每一名家长的约谈也是必不可少的。

2）目标性

教师与家长进行约谈，是具有一定目标性的。这种目标性既通过与家长的有效交谈达成互相了解、统一思想、育儿方法共享的大目标。同时，也会结合每一个婴幼儿的某一阶段的突出问题进行交谈，达到解决某一个教育难题的小目标。大目标我们应该常驻于心，小目标则体现约谈的实效性。

3）针对性

与家长的约谈一定体现对婴幼儿实施教育方式的针对性。家长约谈的过程中一定会针对某一名婴幼儿在成长、发展过程的问题进行交谈，或者是针对婴幼儿发展的某个方面的问题进行交谈，这样的针对性特点是非常明显的。此外,与家长的约谈还可以就某一名家长在日常家园互动过程中所表现出的一些育儿问题所展开,同样具有针对性。

4)情境性

与家长的约谈体现情境性特点。这里包括两层含义。一是指家长约谈需要一个良好的约谈环境。适宜的约谈环境会令交谈双方轻松、自然、愉悦,以确保交谈双方的交流有效。情境性沟通的另一层含义是指家园双方在某一个教育问题进行交谈沟通的过程中,应该多采用实例情境再现的方式,白描或者还原事件的真实样态,使得对方可以生动、直观地感受到事件的本来样貌,有利于大家给出客观、有益的判断和方法。

5)亲和力

教师与家长进行约谈和沟通非常突出的特点是教师须有亲和力。亲和力是在人与人交往的过程中个体所表现出的一种使人亲近、愿意接触的能力。这种能力可以给谈话对象带来平和、安全、放松的谈话体验,达到有效沟通的效果。

2.技能操作

家长约谈可以分为如图3-1-5所示四个步骤。

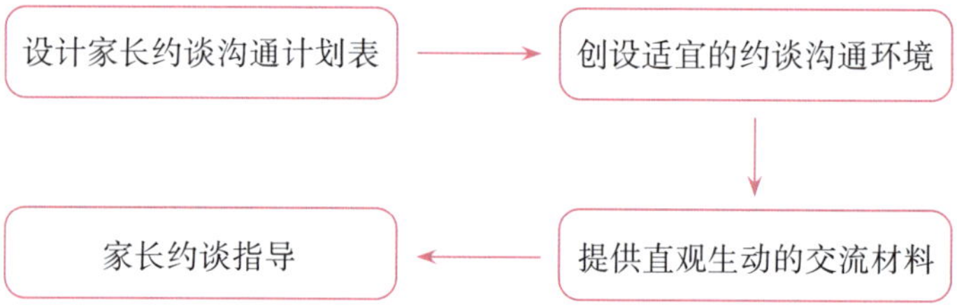

图3-1-5 家长约谈的步骤

(1)设计家长约谈沟通计划表

前面曾经提到,幼儿园的家长约谈计划是班级教师在一定时间内,与全班家长进行一对一或者一对多等不同方式的相约谈话活动的安排。原则上每两个月完成一次与全部家长的谈话沟通。这样的谈话是教师根据班级幼儿的发展特点及教育需要面向全体家长开展的有计划的约谈和沟通活动。通常以列表的方式进行计划和安排(表3-1-6)。

表3-1-6 班级家庭约谈计划表

婴幼儿姓名	预沟通日期	拟沟通对象	预沟通内容

(2)创设适宜的约谈沟通环境

约谈沟通环境是约谈沟通有效开展的重要因素。环境在交流思想、润育心灵的过程中都起着至关重要的作用。(表3-1-7)

表3-1-7　约谈沟通环境创设要点及方法

环境创设要点	创设方法
明亮整洁	保证充足的光线、明亮的灯光或提供柔和的暖光
温馨舒适	选择面积较小的功能室,保证私密性;装饰雅致,不宜繁杂;可播放轻音乐

1)创设明亮整洁的交谈环境

整洁的环境可以平静、愉悦人的心情,对即将开展的谈话活动起到平缓、稳定的作用。同时,光线的强弱也会起到不同的作用,充足的光线或者明亮的灯光都会带给人眼前一亮、心情舒畅的感受;虽暗淡但柔和的暖光效果则会令人心情舒适、心生温暖,因此整洁且光线适宜的环境为交谈提供了良好的基础。一般在班级的活动室中间位置,摆放适宜谈话的桌椅,让交谈双方充分感受活动室内的采光以及光线。

2)创设温馨舒适的交谈环境

在幼儿园中可以选择一些面积较小的功能室作为交谈的场所。温馨的交谈环境具有一定的私密性,空间可以相对窄小一些,但布局上可以提供色彩艳丽的沙发、靠垫,谈话的桌子上铺设雅致的桌布,摆放一些绿植、插花等,空间内可以适当摆放或悬挂具有艺术气息的画作、创意设计等作品,将整个空间装饰得更加生活化、艺术化,提升美感和舒适度。此外,班级内的活动区角也可以作为一个小小的约谈空间,可以稍加装饰一下。在部分交谈主题下,还可以播放一些轻音乐增加谈话氛围的温馨度和舒适度。提示注意,空间中可以适当增加有艺术特色的饰品、饰物,但不能过多或过于繁杂,应当保持简洁明快的主要特点。(图3-1-6)

图3-1-6　创设温馨舒适的交谈环境

(3)提供直观生动的交流材料

教师在与家长约谈沟通时,需要准备必要的谈话材料,如《3–6岁儿童学习与发展指南》《中华人民共和国家庭教育促进法》等政策性文件,可以在交谈的过程中展开对学前教育理念的解读。又如家园联系表(表3-1-1)、婴幼儿发展情况记录表(表3-1-4)等纸质表格材料,帮助明晰交谈内容。另外,可以准备一些幼儿日常活动的照片、视频,以及幼儿的一些作品等直观材料,为家长提供直观理解的材料,可以促进交流的有效开展。

(4)家长约谈指导

通常教师会面对形形色色的家长,与不同的家长进行沟通交谈,需要教师采用不同的沟通方式、沟通策略。

1)主动沟通型家长的约谈指导

这类型的家长属于外向性格,主观意愿上非常愿意与教师交流自己的看法,交流对孩子的发展情况的分析,也会主动表达自己在教育孩子方面面临的困难和问题。

面对这种类型的家长,我们采用以下两种方式进行沟通:

一是教师提出开放式的问题,请家长结合自己的情况畅所欲言。

二是直接请家长表达自己的想法,向教师提问。

采用这样的方式,是为了充分满足这种类型的家长乐于表达、积极表达的需求,只有给予他们充分的表达机会,让他们"一吐为快",后边的交流才能走向通畅。家长打开思想的闸门,教师可以从中观察和发现家长的很多想法和行为的利与弊,便可以采取有针对性的指导。

2)被动接受型家长的约谈指导

面对这种类型的家长,教师需要成为主动发起谈话的一方,突出对各种已经计划好的主题内容的交流和沟通。在自己充分表达的过程中可以适当提示家长对某一问题的观点,从小问题开始,可以请家长做简单的回应,在不带给家长太多压力的前提下,请家长自主表达。针对家长的表达,教师不要给予对错判断,因为对错判断会带给交流对象一定的压力,使家长想说但又不敢说。有效的方法是,家长的每一次表达教师都要给予积极的鼓励和真诚的感谢,让家长感受到与教师交谈的轻松和愉悦。

3)通晓专业型家长的约谈指导

随着家长学历层次的不断提高及全社会对学前教育的高度关注,越来越多的家长通过自己学习对于如何科学养育孩子已有了一定的认识和理解,在育儿方面的方法会多于甚至优于幼儿园教师。在与这类型家长进行沟通前,教师需要对沟通的主题给予充分的学习和了解,让自己有充足的知识或者案例的储备。随后,教师在与家长进行沟通的过程中,须抱有一种不卑不亢的态度,既对知识丰富、育儿有方的家长表示钦佩,虚心学习,使家长有被尊重感;又能够有理有据地提出个人的见解主张,以自己的教学实践经验与家长积极分享,赢得家长的信任和赞赏。

4）教育有误型家长的约谈指导

很多家长非常重视学前教育，但缺乏正确的教育理念和教育方法，且非常执拗地坚持错误的方法。如对婴幼儿的过度保护、包办代替行为；在家庭中不能坚持培养婴幼儿良好的作息习惯；不注重婴幼儿良好品德的培养；依然强调知识学习、忽略婴幼儿能力培养的行为等，面对这类型的家长，在与其沟通之前需要准备比较充分的正反案例，以充分的事实感染或熏陶家长，转变家长的教育观念。为家长提供婴幼儿在园游戏学习的小视频，通过向家长讲解、分析游戏过程中婴幼儿的所学及其提高，让家长看到婴幼儿的进步与发展，不断认同教师正确的教育理念和思路。

温馨提示

○切忌居高临下，应与家长站在平等的位置耐心沟通。

（三）特殊儿童家长沟通

1.知识学习

（1）特殊儿童的定义

特殊儿童的概念有广义和狭义之分。广义的特殊儿童，是指除正常儿童以外的各类儿童，包括身心发展障碍的儿童与资赋优异的儿童。狭义的特殊儿童主要指那些身心发展有障碍的儿童。总的来说，这些儿童与正常儿童不同，需要家长、教师和社会给予特殊关注。

（2）特殊儿童的类型

特殊儿童主要包括超常儿童和身心发展障碍儿童，其中身心发展障碍儿童可分为感官性障碍儿童、发育性障碍儿童、身体健康障碍儿童、沟通障碍儿童及多重障碍儿童。这几类特殊儿童各有其特点。

1）超常儿童

超常儿童是指在智力发展上明显超过同年龄常态儿童一般发展水平或具有某方面特殊才能的儿童。超常儿童不只包括智力型和学术型，根据他们的潜能、成就与行为特征，可以将超常儿童分为六种类型：智力型、学术型、创造型、领导型、艺术型和运动型。

2）身心发展障碍儿童

①感官性障碍儿童

感官性障碍儿童是指视觉、听觉上有障碍的儿童。

②发育性障碍儿童

发育性障碍儿童是指智力障碍、孤独症、脑瘫、脑外伤、癫痫及情绪行为障碍儿童。

③身体健康障碍儿童

身体健康障碍儿童是指肢体障碍和身体病弱类儿童。

④沟通障碍儿童

沟通障碍儿童是指言语和语言有障碍的儿童。

⑤多重障碍儿童

多重障碍儿童是指有两种或两种以上障碍，且障碍之间没有因果或其他连带关系的儿童。

(3)特殊儿童家长面临的挑战

1)特殊儿童给家长带来精神上的巨大压力

每个家长都期盼自己生出健康、聪明、漂亮的宝宝。如果自己的孩子是特殊儿童，如智力落后儿童、孤独症儿童、肢体残疾儿童或视听障碍儿童，家长普遍面临巨大的精神压力。

导致家长精神压力的主要原因是家长自身对特殊儿童的错误看法。很多家长认为孩子一旦有缺陷，就难以过上正常人的生活，更难获得成功。原本对孩子很高的期望将化为泡影，因此在精神上倍感失落和沮丧，严重者甚至丧失生活的信心。

导致家长精神压力的另一个原因是外界对特殊儿童及其家庭的看法。外界社会对特殊儿童的排斥和误解等异样的态度会大大增加这些家长的精神压力，使他们不愿意让外界了解孩子的情况，甚至不接受外界善意的帮助。情况严重的家长甚至会产生自卑心理，进而减少与外界的交流与沟通。

导致家长精神压力的第三方面原因来自家庭内部。特殊儿童的特殊情况要求家长在他们身上倾注更多的心血。首先，家长要为孩子营造一个好的家庭环境。家庭中的物品摆设、家具的选择等都要考虑孩子的需要；其次，家长要为孩子创设一个好的氛围，特殊儿童往往比较敏感，家长在日常生活中的言谈举止都要注意，不能挫伤孩子的自尊心或让孩子盲目自大。这些事务都大大地增加了家长的负担。

特殊儿童的存在对父母的婚姻质量、经济能力、生活方式都将产生严峻的挑战。特殊儿童使家长(特别是母亲)在孩子身上倾注更多的心血，可能会忽略对伴侣的体贴和照顾，影响婚姻质量；在对特殊儿童的教育上，夫妻双方如果意见不能一致，还会影响夫妻关系。照顾和教育特殊儿童往往要比正常儿童付出更多的经济支出，家庭经济状况如果不能保证，往往使家长感到绝望和无奈。同时，由于家庭中有特殊儿童，原本平静安逸的家庭生活方式被打破，家长忙于对孩子的照顾和教育，身心疲惫，容易产生压力和焦虑。

因此，特殊儿童的家长能否保持平和、积极的心态，正视孩子的身心发展现实，是他们能否对特殊儿童进行良好的、适宜的家庭教育的关键。

同时，作为教师，也应当对特殊儿童家长给予更多的尊重、理解和多方面的帮助，有效地与家长进行沟通，以缓解家长的精神压力，为特殊儿童的教育创造良好的外部环境。

2）特殊儿童给家长的知识结构带来巨大的挑战

人各方面能力发展的关键期主要集中在学龄前阶段，特殊儿童的早发现及其在家庭中的早期特殊教育是非常关键的。但特殊儿童与正常儿童相比，所占比例很小。一般家长对特殊教育知之甚少，更没有特殊教育经验，难以对孩子进行特殊教育。随着孩子的成长，家长的"无能感"日益增强，导致家长在责任和能力方面产生极大的心理冲突。家长只有及时补充特殊儿童的发展、养育、教育方面的相关知识，才能满足孩子的特殊需要。因此，作为专业的教育人员，应该积极地帮助这些家长了解特殊教育方面的常识，尽快提高他们对特殊儿童进行家庭教育的能力。

3）智力超常儿童对家长的教育能力也提出了挑战

在特殊儿童中，只有超常儿童能够使家长在精神上感到振奋，感到荣耀。但超常儿童在某一方面或几方面天赋非常好，普通教育很难满足其要求，加上这部分儿童普遍好奇心强，喜欢提问，这些儿童对家长的知识结构、教育水平也提出了更高的要求。如果超常儿童的家长对孩子的期望过高，又不能采取正确的教育方法，没有在孩子身上看到明显的成就，也会让一部分家长不仅自身精神紧张、急躁、失望，而且会做出不利于孩子成长的行为。因此，在与智力超常儿童的家长沟通过程中，应提醒家长一方面应保持对孩子的合理期待，另一方面也要掌握教育超常儿童的正确方法。

（4）特殊儿童家庭教育的目的与任务

6岁前的特殊儿童的主要生活环境是家庭，家庭教育是特殊儿童的主要教育形式。指导家长对各类特殊儿童实施适宜的家庭教育的目的主要是为了满足不同类型特殊儿童的发展需要，在力所能及的范围之内，弥补影响儿童正常发展的各种因素，促进儿童的发展，使其能正常地生活和学习。对于智力超常儿童而言，学前家庭教育的目的是通过适宜有效的教育，使儿童的智慧得到持续的高水平的发展，为将来其成为杰出的人才打基础。为了实现这一目的，针对除超常儿童以外的其他各类特殊儿童，在指导家长进行家庭教育中重点需要进行以下几方面的教育：

1）健康教育

身体健康是人进行其他活动的基础，对于特殊儿童来说，身体健康是他们接受特殊训练、适应社会生活的前提。特别是那些肢体残疾、视听障碍的儿童，身体素质本来就差，若不进行一定的健康教育，可能会使问题更严重。另外，特殊儿童的身心有其各自的特点，对他们进行健康教育要充分考虑他们自身的特殊需求。

2)生存教育

对特殊儿童的教育和训练的最基本目的和任务就是要让他们能够实现生活自理。具备一定的生活自理能力，这类儿童才能在社会中生存。学会基本的生活技能是每一类特殊儿童最重要的学习任务。有些家长认为孩子的问题是成人造成的，对孩子百般溺爱，什么事情也不让孩子伸手，越俎代庖。这样的做法不仅会养成孩子蛮横的性格，还会耽误孩子的发展，影响他们以后的生活。

3)做人的教育

特殊儿童最终是要走向社会的，如何与人交往、共处，也是他们应当学习的。做人的教育要从幼儿时期开始，特殊儿童也不例外。做人的教育既包括培养儿童良好的个性、品质，也包括他们与人沟通交往的能力。无论是超常儿童、智力落后儿童、孤独症儿童、肢体残疾儿童还是视听障碍儿童，我们都要根据他们的实际情况，对他们进行一定的这方面的教育。这是他们接受特殊教育后，能够独立走向社会的一个重要条件。

4)智育

智力的发展对人的影响是人所共知的。大部分特殊儿童由于其生理条件的限制，在探索世界方面的能力受到一定限制，这会影响到他们的智力发展。特殊儿童智育的目的不仅是为了给儿童提供一些必要的知识，更重要的是改善、提高其智力。智力落后儿童的家长可以在家庭中根据孩子的具体情况，积极地对他们进行合理的、适当的智力开发。超常儿童的家长不仅应该关注孩子的智力发展，善于发现孩子的优势智力，因势利导，还要关注孩子不擅长的方面，如有需要，及时引导。视听障碍儿童和肢体残疾儿童的家长要帮助孩子克服感官缺陷给孩子智力造成的影响，利用其他感官的补偿功能开发智力。孤独症儿童的家长在促进孩子综合智力整体发展的同时，要特别关注孩子语言智力的发展。

总之，为了实现特殊儿童家庭教育目标，家庭教育的任务是十分艰巨的。

2.技能操作

作为教师，我们对于特殊儿童的观察及与特殊儿童家长的沟通，可以遵循观察—记录—沟通—指导的顺序。

(1)观察

1)孤独症儿童的观察

目前,“孩子越小可塑性就越强”的观点已经广为人们所接受。孤独症的早发现,也有利于对他们及时进行教育干预,从而提高他们的生活质量。作为教师,要仔细观察孩子,细心地与同龄儿童进行比较。表3-1-8为孤独症行为量表(Austism Behavior Checklist, ABC),表中列出57项孤独症儿童的行为特征,包括感觉能力(S),交往能力(R),运动能力(B),语言能力(L)和自我照顾能力(S)五个方面,可以作为孤独症儿童行为观察的依据。

表3-1-8　孤独症行为量表

项目	感觉能力(S)	交往能力(R)	运动能力(B)	语言能力(L)	自我照顾能力(S)
内容	1. 经常没有接触环境或进行交往的的要求	1. 无交往性微笑(无社交性微笑,即不会与人点头、招呼、微笑)	1. 喜欢长时间自己旋转	1. 往往不能接受简单的指令(如坐下、来这儿等)	1. 学会做一件简单的事,但是很快就“忘记”
	2. 视觉辨别能力差(如对一种物体的特征——大小、颜色或位置等的辨别能力差	2. 要去拿什么东西,但又不是身体所能够到的地方(对自身与物体距离估计不足)	2. 不会玩玩具等(如没完没了地转动或乱扔、揉等)	2. 代词运用的颠倒或混乱,(如反“你”,说成“我”等)	2. 对环境和日常生活规律的改变产生强烈反应
	3. 似乎不在听人说话,以致怀疑他/她有听力问题	3. 对其他人的面部表情或情感没有反应	3. 长时间总拿着东西	3. 说话无抑扬顿挫、无节奏	3. 有某一方面的特殊能力,似乎与智力低下不相符合
	4. 有时对很大的声音不产生吃惊的反应(可能让人以为是聋子)	4. 主动回避与别人进行眼神接触	4. 长时间摇摆身体	4. 当他和其他人在一起时,对呼唤他的名字无反应	4. 发大脾气或经常发点脾气
	5. 有时对很痛苦的刺激(如摔伤、割破或注射时无反应)	5. 拒绝别人接触或拥抱	5. 经常做出冲、脚尖行走、手指轻掐、轻弹等动作	5. 说话时很少用“是”或“我”等词	5. 用咬人、撞人、踢人等来伤害他人

续表

项目	感觉能力(S)	交往能力(R)	运动能力(B)	语言能力(L)	自我照顾能力(S)
内容	6. 当强光直接照射眼睛时常常不眨眼	6. 身体表现很僵硬很难抱住(如打挺)	6. 经常拍打手	6. 不能执行简单的含有介词的指令(如把球放在盒子上或把球放在盒子里)	6. 想要什么东西不能等待(一想要什么就马上要得到什么)
	7. 有许多声音的时候常常盖着耳朵	7. 当抱着他时,感到他肌肉松弛(他不紧贴着抱他的人	7. 常用脚尖走路	7. 以姿势、手势表示所渴望得到的东西(而不倾向用语言表示)	7. 在训练大小便方面有困难(不会控制住小便)
	8. 在正常光线下斜眼、闭眼、皱眉	8. 游戏时不模仿其他儿童	8. 以撞头、咬手等行为自伤	8. 不断地重复短句	8. 不帮助的话,不会自己给自己穿衣
	9. 对生人常无视觉反应(对来人不看)	9. 不能发展任何友谊(不会交朋友)	9. 经常旋转碰撞物体	9. 不能说出5个以上物体的名称	9. 经常不能意识到所处的环境,并且可能对危险情况不在意
	10. 长期凝视一个地方(呆呆地看一处)	10. 经常受到惊吓或非常焦虑、不安	10. 对周围的东西喜欢触摸、嗅和(或)尝	10. 一天只能提出5个以内的要求	10. 特别喜欢摆弄并着迷于单调的东西或游戏、活动等(如来回地走或跑、没完没了地蹦、跳、拍敲)
		11. 瞪着眼看人,好像要"看穿"似的	11. 纠缠在一些复杂的仪式行为上,就像缠在魔圈子内(如走路一定要走一定的路线,饭前或睡前或干什么以前一定要把什么东西摆在什么样地方或做什么动作,否则就不睡、不吃等)	11. 一遍一遍重复一些声音或词	11. 在2岁半以前就发现该儿童发育延迟

续表

项目	感觉能力(S)	交往能力(R)	运动能力(B)	语言能力(L)	自我照顾能力(S)
内容			12.经常毁坏东西（如玩具、家里的一切用具很快就弄破了）	12.重复别人的问话和问答	
				13.在日常生活中至今仅会用15个但又不超过30个短句来进行交往	

2)智力落后儿童的观察

早发现对提高智力障碍儿童的教育、训练效果有重要意义。发现越早，采取补偿措施越快、越适当，则教育、训练的效果越好。因此，教师要细心观察孩子，判断是否有异常；如果怀疑孩子有问题，就要尽快与家长沟通，寻求专业人员的帮助。表3-1-9是小儿神经精神发育过程，可以作为智力落后儿童行为观察的依据。

表3-1-9　小儿神经精神发育过程

年龄	粗细动作	语言	适应周围人物的能力与行为
新生儿	无规律，不协调动作，紧握拳	能哭叫	铃声使全身活动减少
2个月	直立位及俯卧位时能抬头	发出和谐的喉音	能微笑，有面部表情，眼随物转动
3个月	俯卧位变为侧卧位，用手摸东西	咿呀发音	头可随看到的物品或听到的声音转动180°，注意自己的手
4个月	扶着髋部时能坐，可以在俯卧位时用两手支持抬起全身，手能握持玩具	笑出声	抓面前物件，自己玩手，见食物表示喜悦，较有意识的哭和笑
5个月	扶掖下能站直，两手各握一玩具	能喃喃地发出单调音节	伸手取物，能辨视人声，望镜中人笑
6个月	能独坐一会儿，用手摇玩具	/	能认识熟人和陌生人，自拉衣服，自握足玩

续表

年龄	粗细动作	语言	适应周围人物的能力与行为
7个月	会翻身，自己独坐很久，将玩具从一手换入另一手	能发出“爸爸”“妈妈”等复音，但无意识	能听懂自己的名字，自握饼干吃
8个月	会爬，会自己坐起来、躺下去，会扶着栏杆站起来，会拍手	重复大人所发的简单音节	注意观察大人的行动，开始认识物体，两手会传递玩具
9个月	试独站，会从抽屉中取出玩具	能懂几个较复杂的词，如“再见”等	看见熟人会把手伸出来要人抱，或与人合作游戏
10~11个月	能自站片刻，扶椅或推车能走几步，拇指、食指对指拿东西	开始用单词，一个单词表示很多意义	能模仿成人的动作，招手“再见”，抱奶瓶自食
12个月	独走，弯腰拾东西，会将圆圈套在木棍上	能叫出物品（如灯、碗）的名字，指出自己的手、眼	对人及事物有喜憎之分，穿衣能合作，能用杯喝水
15个月	走得好，能蹲着玩，能叠一块方木	能说出几个词和自己的名字	能表示同意、不同意
18个月	能爬台阶，有目标地扔皮球	能认识和指出身体各部分	会表示大小便，懂命令，会自己进食
2岁	能双脚跳，手的动作更准确，会用勺子吃饭	会说2~3个字构成的句子	能完成简单的动作，如拾起地上的物品，能表达喜、怒、怕、懂
3岁	能跑，会骑童车，会洗手、洗脸，穿、脱衣服	能说短歌谣，数几个数	能认识画上的东西，认识男女，自称“我”，表现自尊心、同情心，怕羞
4岁	能爬梯子，会穿鞋	能唱歌	能画人像，初步思考问题，记忆力强，好发问
5岁	能单脚跳，会系鞋带	开始识字	能分辨颜色，数10个数，知物品用途及性能
6~7岁	参加简单劳动，如扫地、擦桌子、剪纸、泥塑、结绳等	能讲故事，开始写字	能数几十个数，可简单加减，喜独立自立，形成性格

(2)记录

根据对特殊儿童的观察及时、准确地填写特殊儿童观察记录表。(表3-1-10)

表3-1-10　特殊儿童观察记录表

观察对象		性别		年龄		观察时间	
观察地点		活动内容				记录人	
特殊儿童情况分析							
事件实录				分析与评价			

(3)沟通

1)选取沟通方法技巧

如何与特殊儿童家长沟通,对于问题的解决以及特殊儿童的教育指导有着极其重要的意义。在与特殊儿童家长沟通的过程中,应注意:一是同理特殊儿童家长,真心沟通交流。教师与特殊儿童家长交往要有同理心,要站在对方的角度、立场去感知和体验对方的感受、信念和态度,并能有效地将这些感知和体验传递给对方,使对方感到得到理解和尊重。二是倾听特殊儿童家长意见,真诚交流沟通。教师应该多向家长反馈特殊儿童的情况,虚心倾听特殊儿童家长的意见,了解特殊教育的需求。三是应做到实事求是,要让家长感到教师在关注自己孩子的成长和进步,感到教师比他们更深入地了解孩子。此外,还应尊重特殊儿童家长,与其平等交流沟通。对家长不愿触及的一些家庭隐私问题,尽量不要提及。

2)填写沟通记录

在与特殊儿童家长沟通过程中,应实事求是,将儿童在园所中的行为观察记录及评价结果及时反馈,与家长共同探讨,同时填写特殊儿童家长沟通记录表(表3-1-11)。

表3-1-11 特殊儿童家长沟通记录表

教师姓名		儿童姓名		班级	
家长姓名		与儿童关系		沟通时间	
沟通原因					
沟通形式					
沟通过程记录					
沟通成效					

(4)指导

1)确定指导目标和内容

根据不同类型特殊儿童确定家庭教育指导目标和内容(表3-1-12)。

表3-1-12 特殊儿童家庭教育指导目标和内容

特殊儿童类型	指导目标和内容
超常儿童	1.指导家长从儿童的能力、气质、性格等特点出发,因材施教,科学进行早期智力开发和健全人格培养;2.引导儿童正确认识自己和他人,鼓励儿童在人群中平等交流与互动,形成良好的人际关系;3.提高儿童的综合能力,培养儿童的综合素质
感官性障碍儿童	1.指导家长积极寻求早期听力补偿和康复,在专业人员指导下积极参与儿童的语言训练,提升儿童的听觉功能和沟通交往技能,并加强对儿童的认知、运动和情绪训练,逐步增强其社会适应能力;2.指导家长及早进行缺陷补偿和矫正,开展听觉、触觉、运动等基本能力训练,减少盲态。对于低视力儿童,侧重指导家长针对儿童进行残余视力训练,提高视觉功能;对于全盲儿童,侧重指导家长训练其定向行走能力,增加其与外界接触的机会,培养其积极心态,提升生活技能和学习能力
发育性障碍儿童	智力障碍儿童:1.指导家长正确认识孩子的障碍,树立医教结合的观念,寻求专业帮助;2.训练儿童的感知觉和动作的发展;3.促进儿童语言能力的提高;4.提高儿童的生活自理能力;5.培养与正常儿童交往的能力;6.重视对孩子的科学知识和生活常识的教育 孤独症儿童:1.指导家长细心观察,有意识、有针对性地对孩子进行感知觉、粗大动作、精细动作的训练;2.为孩子营造温馨的生活氛围,温和地和孩子说话,经常对孩子微笑,经常爱抚、拥抱孩子;3.带孩子走出去,帮助孩子融入同龄人中,培养孩子的社会交往技能

续表

特殊儿童类型	指导目标和内容
身体健康障碍残疾儿童	1.指导家长积极借助医学手段进行早期康复和矫正，降低儿童残障程度，提高活动机能；2.注重矫治手术、假肢和矫形器配备、功能训练三者的有机结合；3.教育儿童自主探索解决问题的方法，提高其自信心和适应能力
沟通障碍儿童	1.指导家长先与儿童建立良好的沟通关系，这种沟通关系不一定都来自语言方面，可以在沟通关系建立之后，再逐渐发掘儿童语言方面的能力。可以通过非语言的方式和儿童进行交流，比如可以通过肢体语言，来表达特殊含义，进行正常交流。也可以通过写和画的方式，与儿童进行沟通；2.指导家长注意沟通方式，家长要放低姿态，一般建议与儿童目光平视，大人可以蹲下来，面对面说话时声音尽量不要过大，语速尽量慢，语言尽量简洁，才能让儿童更容易理解；3.尽量让与儿童熟悉的人多做语言沟通，才能够降低儿童心里的紧张恐惧情绪，让儿童在温馨、舒适、放松的环境下生活，语言发育的速度会逐渐加快

2)撰写指导方案

根据特殊儿童的不同类型，确定指导的目标和内容，制订个性化的特殊儿童家庭教育指导方案(表3-1-13)。

表3-1-13　特殊儿童家庭教育指导方案

指导者姓名		儿童姓名		班级	
家长姓名		与儿童关系		指导时间	
指导目标					
指导内容					
指导过程及建议					
效果评估					

检查评估

照护者按照表3-1-14中的检查项目进行自我检查，并将检查结果和自我点评记录在表中。

温馨提示

○需要注意的是，此指导方案仅限于教育教学层面，有关康复方面的指导，请家长遵从专业医疗、康复机构或专业康复治疗师的意见。

表 3-1-14　家长个体沟通检查记录表(照护者自评)

序号	检查项目	检查结果	自我点评
1	是否能完成家园联系手册的解读	是□　否□	
2	是否了解家园联系手册的类型	是□　否□	
3	是否能掌握家长约谈沟通的含义	是□　否□	
4	是否了解家长约谈与沟通的关系	是□　否□	
5	是否理解特殊儿童家长面临的挑战	是□　否□	
6	是否能掌握特殊儿童家庭教育指导的目的与任务	是□　否□	

学员分组根据表 3-1-15 中的检查项目对照护者进行检查,并将检查结果和结果点评记录在表中。

表 3-1-15　家长个体沟通检查记录表(学员点评)

序号	检查项目	检查结果	结果点评
1	是否能制作家园联系手册	是□　否□	
2	是否能设计家长约谈沟通计划表	是□　否□	
3	是否能创设适宜的约谈沟通环境	是□　否□	
4	是否能根据不同家长类型进行约谈沟通的指导	是□　否□	
5	是否能观察记录不同类型特殊儿童的行为	是□　否□	
6	是否能够选取沟通方法技巧与特殊儿童家长沟通并填写教师家长沟通记录表	是□　否□	
7	是否能够并给予特殊儿童家长教育教学层面的家庭教育指导	是□　否□	

教师根据表 3-1-16 中的检查项目对照护者的任务完成情况进行检查,并将检查结果和结果点评记录在表中。

表 3-1-16　家长个体沟通检查记录表(教师点评)

序号	检查项目	检查结果	结果点评
1	是否按时完成任务	是□　否□	
2	团队协作是否顺畅	是□　否□	
3	设备、用具及物品是否整理恢复	是□　否□	
4	实训场地是否整理干净	是□　否□	
5	工作页填写是否准确、完整	是□　否□	

任务小结

- 家长个体沟通
  - 家园联系手册的使用
    - 解读家园联系手册
    - 家园联系手册的类别和内容
    - 家园联系手册的特点
      - 针对性
      - 及时性
      - 系统性
      - 隐私性
      - 情感性
  - 开展家长约谈工作
    - 沟通及沟通的方式和策略
    - 家长约谈
    - 家长约谈应遵循的原则
    - 家长约谈的特点
  - 特殊儿童家长沟通
    - 特殊儿童的定义
    - 特殊儿童的类型
    - 特殊儿童家长面临的挑战
    - 特殊儿童家庭教育的目的与任务

教学资源

任务二　家长群体沟通

任务导入

场景：幼儿园

人物：张老师，大（三）班的幼儿家长

情节：张老师是红星幼儿园大（三）班的一名教师。孩子升入大班之后，家长对于这个年龄段的孩子在自控能力、自主学习能力等方面的问题，有很多的疑惑。针对这些问题，张老师想通过双向互动和家长们进行沟通。但经过前两年与家长们的相处，张老师了解到不同家长性格不同，在进行群体沟通时应选择恰当的沟通策略。

请你根据对群体沟通和双向沟通的理解，帮助张老师分析应通过什么样的活动与家长们进行有效的群体沟通。

任务目标

- 能掌握群体沟通和双向沟通的定义和意义，根据不同沟通需求，完成沟通形式和沟通策略的选择。
- 能掌握家长沙龙的特点及在沙龙活动中沟通的方式和技巧，完成家长沙龙活动的沟通互动。
- 能根据群体沟通和双向沟通的要求和特点，完成与家长的有效沟通，促进家园共育。

任务实施

(一)群体沟通与双向沟通

1.知识学习

(1)群体沟通

1)群体沟通的定义

群体是指三个及三个以上的人,为了达到共同的目标,以一定的方式联系在一起进行活动的人群。群体有其自身的特点:成员有共同的目标;成员对群体有认同感和归属感;群体内有结构、有共同的价值观等。

群体沟通,又叫小组或者团队沟通,是指在三个及三个以上的个体之间进行的沟通。个体与群体之间,以及群体与群体之间的一对多、多对多的正式或非正式沟通,如会议、演讲、谈判等,都属于群体沟通。

2)家园群体沟通

家园群体沟通是指教师与家长群体在家园共育过程中围绕幼儿发展采取多种方式,传递交流信息、育儿观念、情感愿望及意见等内容,促进家长和教师间相互理解、相互支持,以实现促进幼儿发展的共同目标的过程。

(2)双向沟通

1)双向沟通的定义

双向沟通是指信息的发出者和接收者两者之间地位发生改变,信息在两者之间双向传递的过程。

2)家园共育采取双向沟通的重要性

双向沟通的优点是沟通信息准确性较高,接收者有反馈意见的机会,会产生平等感和参与感,增强自信心和责任心,有助于建立双方的感情联系。

教师在与家长群体沟通时,如果只是一味进行单向沟通,将幼儿园教育教学活动情况、幼儿表现、育儿理念等单向传递给家长,而不给家长分享、提问、沟通、反馈的机会,则不能称得上有效的沟通。因此家园的群体沟通必须是双向互动的,有利于家园共育的开展。

3)家园群体沟通中双向互动的形式

①幼儿园微信群(图 3-2-1)

当前,幼儿园微信群已经成为家园群体沟通的主要方式之一,在家园共育中发挥着越来越大的作用。一是微信便捷、快速,教师可在群内发布各项通知内容,方便家长及时阅读,如有问题或疑惑家长也可随时在群内沟通。二是教师可通过幼儿园微信群将幼儿在园表现通过文字、语音、图

微课 家园群体沟通中双向互动的形式

片、视频等多种形式发送给各位家长，而家长也可将幼儿在家时的表现通过微信群与教师沟通。三是幼儿园微信群作为资源分享平台，教师可在群内推送科学育儿的知识，家长也可在群内积极讨论、参与。

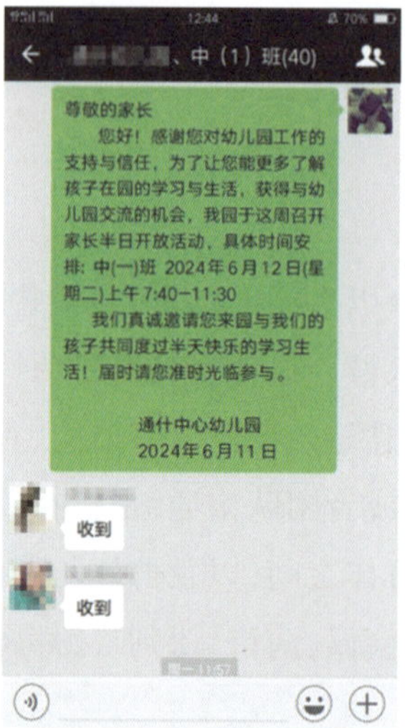

图3-2-1　幼儿园微信群

②互动式家长会(图3-2-2)

互动式家长会一般是由幼儿园或教师发起，面向家长开展的交流、互动、介绍或展示性的会议或活动。家长不再是被动的接受者，而是互动者和参与者。在针对某一主题的家长交流会上，除了教师向家长通报幼儿表现和幼儿园的教学情况外，家长也可畅所欲言，提问并分享经验，互相学习。在幼儿学习成果展示的活动中，加强教师、幼儿、家长的三方互动，家长也可参与进来，给予人力、物资等支持，而不再是单纯地参观或欣赏。

相比于传统的家长会，互动式家长会强调家长的参与和互动，从传统的“家长接受式”转变为“互动式”，充分体现幼儿园的主导性，最大程度发挥家长的主动性。

图3-2-2　互动式家长会

③家长沙龙（图3-2-3）

家长沙龙主要是为家长提供宽松的畅所欲言的环境与机会，可以由幼儿园提供场所，也可以由家长组织安排在茶吧、家庭等地，定期举办，自愿参与。主题通常是以促进家庭教育沟通，帮助家长树立正确育儿观念，掌握科学育儿知识和方法，增进幼儿之间的交往为目的。

图3-2-3　家长沙龙

④幼儿园开放活动（图3-2-4）

幼儿园开放活动以帮助家长深入了解孩子和认识教育活动、掌握教育规律为目的，是由幼儿园组织的、面向家长的开放活动，可以是家长在幼儿入园前对幼儿园整体环境设施设备与师资力量等情况的参观、访问，也可以是幼儿入园后的一日或半日参观与听课。在入园前的开放活动中，可以邀请家长和幼儿一起来园，熟悉新教师和新环境，消除陌生感；而在入园后的开放活动中，可以让家长从整体上了解自己的孩子在幼儿园的表现和在群体中的表现，以及幼儿园的教育内容与方法，幼儿的年龄特点、教育方法、教育目标等。

图3-2-4　幼儿园开放活动

2.技能操作

在家园群体沟通时，如何进行有效的双向互动？可以从以下几个方面入手。

（1）确定沟通形式

根据不同的目的，教师可选取不同的沟通形式与家长进行沟通。（表3-2-1）

表 3-2-1 群体沟通形式选取

沟通形式	沟通目的
微信群	加强家园日常沟通，分享幼儿日常表现，提升家长教育理念和水平，资源共享等
互动式家长会	通报幼儿表现及幼儿园教育教学情况，育儿经验分享及问题讨论，展示幼儿学习成果等
家长沙龙	促进家庭教育沟通，帮助家长树立正确育儿观念，掌握科学育儿知识和方法、增进幼儿间的交往等
幼儿园开放活动	帮助家长了解幼儿园设施设备、师资力量及幼儿的表现，了解幼儿园教育内容和方法、幼儿年龄特点、教育方法和教育目标等

(2)分析家长类型

根据对家长的了解，以及在以往群体活动中家长表现出的特点，教师应对家长类型进行分析和总结。(表 3-2-2)

表 3-2-2 群体沟通家长评估表

幼儿姓名	家长姓名	年龄/职业	性格特点	群体沟通中的表现
例：心心	父：张天	32 岁/律师	性格强势、精力旺盛、逻辑思维能力强	说话办事有条理，乐于并且擅于发言，在家长群体中有一定威信
	母：李欣	30 岁/护士	细心、温柔、内向	群体活动中不爱发言，待人随和，人缘较好
……				

(3)选择沟通策略

在群体沟通过程中，遇到不同类型家长应根据其特点，采取不同的沟通策略，保证沟通的顺利进行。(表 3-2-3)

表3-2-3　不同类型家长沟通策略的选择

家长类型	特点	沟通策略
领导型	具有较强的领导力	鼓励其组织或协助教师组织群体活动，并在活动中担任组长的角色，领导其他家长
活泼型	积极主动，为人开朗，说话率直，在家长和教师中人缘好	借助其特点，鼓励其活跃气氛，带领其他家长积极参与到家园共育中来
内向型	低调，在群体活动中不爱发言	在活动中可通过破冰环节使其与教师及其他家长熟悉起来，也可借助与其熟识的其他家长的帮助，鼓励其在群体中主动交流
攻击型	性格外向，容易冲动，会因与教师或其他家长意见不一致而发生言语冲突	保持冷静，稳定家长情绪，营造平等、轻松、愉悦的交流环境，同时以专业的育儿技能使其信服，动之以情，晓之以理

(二)家长沙龙中的沟通

针对任务导入中张老师的问题，可选择家长沙龙的形式与家长进行沟通。

1.知识学习

(1)家长沙龙的定义

家长沙龙是不受场地限制、不受规模限制，以家长、教师和专家为主体，在轻松、平等、自由的氛围中，通过情境模拟、案例研讨、主题交流、经验分享、畅想漫谈等方式，以指导家长教育理念及转变家长教育误区为最终目的的互动式家园活动，强调每名家长都参与对话。

(2)家长沙龙的意义

1)解决困惑，转变育儿观念

通过家长、教师、专家之间的互动、探讨，解决家长的育儿困惑，转变家长的教育误区，使家长获得有效科学的育儿知识和经验。专家和教师的参与，能够帮助家长树立正确的育儿观念。同时，家长沙龙活动有助于教师与家长建立信任、尊重、支持的合作关系，促进彼此形成良好的教育行为，促进幼儿身心全面协调发展。

2)宽松自由的氛围促互动交流

家长沙龙活动氛围宽松、自由、平等，能针对家长感兴趣的育儿话题进行沟通漫谈，相互分享。为家长、教师、专家三者之间搭建直抒胸臆、畅所欲言的沟通平台，促进三者之间的互动交流，达到共享、共进、共融的作用。

3)激发情感认同使之相互接纳

家长沙龙活动能将不同类型的家长聚在一起，围绕同一个话题进行探讨，同时，家长分享的教育经验更具体详尽、易于操作，从而激发家长之间的情感认同，使大家感同身受，容易相互接纳，转变教育观念，促进幼儿发展。

(3)家长沙龙的策划、组织与评价

作为教师，策划组织一场家长沙龙应包含以下步骤。(图3-2-5)

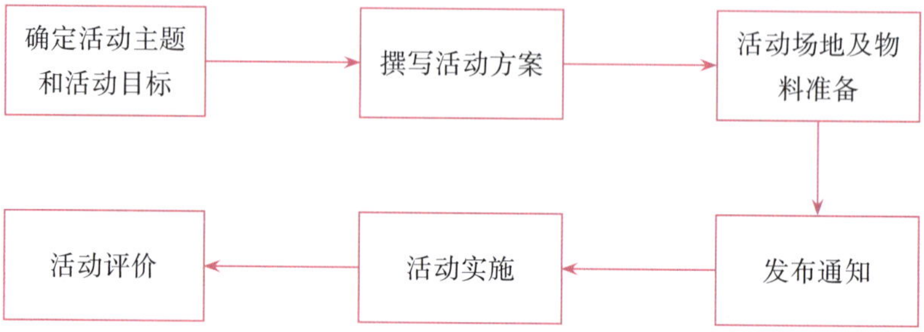

图3-2-5　家长沙龙的策划组织步骤

在策划家长沙龙时要注意，可以根据幼儿年龄特征来选取沙龙主题和目标。(表3-2-4)

表3-2-4　家长沙龙活动要点

幼儿年龄	活动要点
0~3岁	不同年龄段的婴幼儿身心发展特点不同，不同年龄段婴幼儿家长关注点也有所不同，0~1岁阶段以婴儿喂养照护问题为主；1~3岁阶段以自理能力培养及教育问题为主。0~3岁婴幼儿的主要生活场景为家中，因此为此年龄段婴幼儿家长开展的家长沙龙活动时，应主要以家庭照护及科学养育为主题
3~4岁	小班阶段的幼儿大都处于家庭转向社会的一个特殊时期，明显地需要情感呵护，需要对成人的依恋。小班幼儿特别喜欢模仿，拟人化心理特征明显。幼儿在生活、学习、交往等方面都与以前不同。所以，小班幼儿家长需要在教育幼儿方面做出一定的调整和转变，从而让幼儿更快适应、融入幼儿园的集体生活，同时让家长也要有个适应过程。在此基础上进行不同群体的家长沙龙会，更多引导小班幼儿家长在了解幼儿年龄特点的基础上，知道如何让幼儿适应幼儿园，如何让他们养成好习惯等生活自理方面科学育儿的方法，从而达成共识，相互信任，实现家园共同的教育目标
4~5岁	中班阶段的幼儿活泼好动，活动主动和积极性增强，与同伴之间的冲突也开始增多，表现出爱玩、会玩等特征，同时中班又是建立规则的最佳时期。然而，大多数家长虽然对培养幼儿的规则意识方面有所认识，但在日常生活中遇到实际问题时，却不知所措。所以，中班幼儿家长需要获得更丰富的教育方法，从而满足幼儿个性化的发展，实现中班幼儿教育发展目标 中班的家长沙龙活动，将会引导家长了解幼儿的身心发展需求，以幼儿在日常生活和活动中的规则秩序表现和问题为主要交流内容，通过经验分享、专家解答等方式，提高和丰富家长这些方面的育儿方法和经验

续表

幼儿年龄	活动要点
5~6岁	大班阶段的幼儿自控能力、合作能力增强，认知积极性和能力提高，抽象逻辑思维也开始发展；同时，即将步入小学生活的他们也需要学会适应新的生活与环境，学会自主学习。因此，与他人共同学习是这个年龄阶段幼儿的特点，也是他们需要的，又由于他们还处于幼儿期，游戏仍然是他们的主要活动形式。所以，大班幼儿家长需要建立与幼儿平等的亲子关系，提高教育观念，通过游戏化的活动为幼儿升入小学奠定基础

下面是以小班幼儿早期阅读为主题的家长沙龙活动案例。(表3-2-5)

表3-2-5　家长沙龙案例

步骤	具体内容
活动背景	早期阅读的重要性已经被越来越多的家长所认可，班里的很多家长都对此感兴趣，也有一些经验，但在如何进行早期阅读的问题上，他们也存在一些困惑
活动目的	(1)激发幼儿阅读兴趣 (2)增进家长之间的经验交流 (3)提高家庭亲子阅读的质量
活动准备	(1)请每名家长和幼儿准备一个故事，到幼儿园给其他幼儿和家长讲述 (2)向家长发活动通知 (3)搜集家长关于亲子阅读的困惑和好的经验，并针对家长的困惑准备资料 (4)准备沙龙活动场地 (5)准备摄录设备
活动过程	(1)请1名家长和幼儿讲故事，其他幼儿和家长观摩 (2)家长之间交流讨论，过程如下 ①对刚才的亲子阅读活动的感受 ②亲子阅读中的困惑、经验交流。在这个环节，老师要掌握好时间和节奏。由于活动前搜集了家长的困惑和经验，老师可以据此整理出几个共性的或关键问题讨论(如：亲子阅读的方式有哪些？每种方式适合怎样的图书和幼儿？幼儿为什么反复看一本书，应该如何干预？如何平衡亲子阅读与识字的关系？等等)，以免讨论得太过松散。老师可以替没有来到现场的家长把好的经验与大家分享，也可以把自己找到的相关资料与大家分享或共同学习相关资料 ③总结梳理 ④个别交谈。对个别有特殊需要的家长，可以在集体交流之后进行个别交谈 (3)活动后请家长整理、书写活动的心得 (4)将家长整理的活动心得张贴在家园联系栏，与其他家长分享

续表

步骤	具体内容
活动评价	此活动因家长的需要而生成，活动目的明确，准备充分，形式活泼。以亲子故事表演拉开活动的序幕，有效地调动了家长参与活动的积极性；活动中，间或讨论交流，间或学习书籍资料，内容丰富；活动后，及时交流心得，使家长进一步梳理收获。该活动既体现了幼儿园的主导性，又发挥了家长的主体性，体现家园合作共育的教育理念。幼儿园的主导性体现在对活动的组织和对问题的概括梳理等方面，注意及时小结和总结、经验分享和资源共享，以书面形式交流活动心得和经验总结，使更多的家长能够从中受益。家长的主体性体现在活动内容因家长需要而生成；活动过程中既有与会家长的发言，又交流了不能亲临会场家长的建议，使家长参与得更充分

(4)家长沙龙中的有效沟通技巧

1)倾听的技巧

在家长沙龙活动中，所谓倾听就是要充分给家长以阐述自己的意见和想法的机会，并设身处地地依照他们的特点与思路来思考，找出对方说的话的合理性，以充分了解对方，收集自己所不知道的信息，并把家长引导到所要沟通讨论的议题上来，使家长感到自身的价值和所受到的尊重。

倾听技巧是有效影响力的关键，沟通中的聆听不是简单地听就可以了，它需要相当的耐心与全神贯注，需要全面把握对方沟通的内容、意思，这才能使自己回馈给对方的内容与对方的真实想法一致。

倾听技巧由四个个体技巧所组成，分别是鼓励、询问、反应与复述。鼓励：促进对方表达的意愿。询问：以探索方式获得更多对方的信息资料。反应：告诉对方你在听，同时确定完全了解对方的意思。复述：用于讨论结束时，确定没有误解对方的意思。

沟通中用心倾听的基本要求如下：

不断向家长传递接纳、信任与尊重信号，或者偶尔复述家长讲的话，或者用鼓励、请求的语言激发对方，例如，“您说得非常有价值。”“很好！”“请接着讲。”“你能讲得详细一些吗？”“假如没有这个前提，结果会是什么情况？”“您说的……很有意思。”一方面可以使家长感觉到被重视；另一方面又让对方把话说透彻。

努力推测家长可能想说的话，有助于更好地理解和体会家长的感情。但不能对家长的话进行假设之后，就把假设当真，不再认真倾听。尤其要克服自己的偏见，不要受先入为主的心理影响。

保持与家长的眼神接触，但又要避免长时间地盯着家长，否则会使家长感到不安。

端正坐姿，并让身体稍稍前倾，面对家长，在对方讲话时，不时地做一些笔记，尤其要注意不要给对方一种无精打采的感觉。

不要东张西望，若有所思。避免跷着二郎腿、双手抱胸、双目仰视天花板，或者斜目睨视，这样容易使家长误以为是不耐烦、抗拒或高傲。

在倾听过程中，如果出现没有听清楚，没有理解；或是想得到更多的信息，澄清一些问题，希望家长重复；或者希望使用其他的表述方法，以便于理解；或者想告诉家长你已经理解了他所讲的问题，希望他谈一些其他问题等情况，可以在适当的情况下，直接把自己的想法告知家长。

以热诚、友善的态度倾听，避免任何冷漠、自我优越、吹毛求疵的行为。

要有听取不同意见的心理准备，即使家长所说的话伤害了你，也绝不要马上在脸色上、语调上表现出来，至少要让人把话说完。

2）提问的技巧

①可多使用开放式问题

英语中最基本的疑问词，是什么（What）、哪里（Where）、为什么（Why）、何时（When）、怎么（How）以及谁（Who）。

这六个疑问词更具体、更集中，不是那么宽泛。通过使用这样的疑问词向家长提问，可以使问题的答案变得更加开放，家长提供足够多的信息，交流也会更加高效。与开放式问题不同，一个封闭式的问题是那些只能回答是或者不是的问题。这种封闭式问题的一个最大缺陷就是它不能鼓励对方提供任何额外的信息，有可能会造成沟通的中断。

②问话要让对方感兴趣

通常来说，与自身相关的事情，最能引起人们的兴趣。在与家长沟通过程中，可以多问与家长及幼儿相关的问题，但切记不要涉及对方的隐私。

③问话要表现出亲和力

有效沟通应避免出现言语冲突，因此，问句应避免挑衅、攻击等情况。教师应表现出亲和力，用温和的口吻进行提问，内容也不要过于尖锐。

3）反馈的技巧

所谓反馈就是在沟通过程中，对沟通对象所表述的观念、想法和要求给予态度上的回应，让对方明白自己的态度和想法。这种反馈既可以主动寻求，也可以主动给予。对于一个完整的、有效的沟通来说，仅仅有表达和倾听是不够的，还必须有反馈，即信息的接收者在接收信息后，及时地回应沟通对象，向沟通对象告知自己的理解和意见、态度，以便澄清“表达”和“倾听”过程中可能出现的误解和失真。

①重复对方的话

这种技巧也被称为“镜子倾听”。你用自己的语言把听到的东西对别人再说一遍，如“我看看我是否理解了你所说的……”。这种语言上的技巧能让家长确认或者更正你所理解的谈话内容。它也在向别人传递这样一个信息：我在想方设法弄明白你说的话。

②鼓励回应

在家长发言时，你需要利用一些手段进行刺激或鼓励，例如“我了解”“真的吗？”“我能理解”等。这些简短的话都表示了一种理解。这些手段不是要打断家长说话，而是出于一种基本的礼貌，让对方感到你在鼓励他讲下去。

2.技能操作

如何在策划和组织家长沙龙的过程中，做到与家长的有效沟通呢？可以从以下几个方面入手。

(1)家长沙龙活动问卷

在策划家长沙龙活动前，教师应先了解家长的需求，与家长针对活动的主题、内容、形式等问题进行沟通，以便于策划出家长感兴趣的、能有所收获的沙龙活动。沟通可采用问卷调查的形式进行。(表3-2-6)

表3-2-6 家长沙龙主题收集问卷

家长沙龙主题征集问卷调查
各位家长，大家好！欢迎您参与红星幼儿园家长沙龙的主题征集问卷调查。此问卷旨在依据各位家长的回答，了解大家感兴趣的话题，以便开展更有实际意义的家长沙龙活动，为大家服务。感谢您的参与！ 1.您孩子的姓名： 2.您的姓名： 3.您的年龄： 4.您的职业： 5.您是否参加过幼儿园开展的家长沙龙活动：□是 □否 6.您对以往参加过的沙龙活动的感受是： □受益匪浅，很有意义 □有所感悟，能启发思考 □毫无感觉 □有抵触情绪 □其他： 7.您认为以往的沙龙活动有哪些不足： □主题无创新，内容对育儿没有帮助 □主讲人缺乏讲授技巧，与听众缺乏交流 □家长间交流不顺畅，积极性不高 □环境嘈杂 □其他：

续表

家长沙龙主题征集问卷调查
8. 您倾向的沙龙主讲人是(可多选): □幼儿园教师或园长 □育儿专家 □家长 □其他: 9. 您希望参加什么主题的沙龙(可多选): □幼儿的规则意识 □幼儿自控能力 □幼儿自主学习能力 □如何建立与幼儿平等的亲子关系 □其他: 10. 您对此次家长沙龙活动有何期望:

(2)设置破冰环节

在家长沙龙活动开始时,家长可能会因为不熟悉、不适应而放不开,无法全身心参与到交流讨论中来,因此可以设置破冰环节,通过自我介绍,小游戏等形式活跃气氛,调动家长积极性。可以根据不同破冰活动的特点来选择具体活动(表3-2-7)。温馨提示:如家长不愿上台,要尊重家长意愿,不可强迫。

表3-2-7　破冰活动类型及特点

类型	特点
自我介绍类	如果参与沙龙活动的家长彼此不太熟悉,可以通过自我介绍的形式进行破冰,也可先在小组内自我介绍,然后邀请家长上台介绍其组员的情况
吐槽类	可根据当日沙龙主题,邀请家长一句话"吐槽"自家宝宝或家庭成员,无伤大雅的吐槽可以活跃气氛,拉近彼此间的距离
游戏类	对于彼此熟悉的家长,可以选择一些常见的小游戏作为开场,使气氛迅速热烈起来

(3)小组讨论组长负责(图3-2-6)

在小组讨论过程中,如果没有小组长,很容易出现个别家长羞于发言,讨论不热烈,或讨论偏于沙龙主题,亦或是推选不出发言代表等情况,导致交流不顺畅。因此，教师可以根据对各位家长的了解，选出领导型的家长作为小组长，或让小组自行推选小组长，保证小组沟通的有效性。

图3-2-6　家长沙龙小组讨论

(4)家长评价，实现沟通有效性

活动结束后，教师应及时与家长交流，听取家长对此次活动的反馈，有助于今后更好地与家长沟通。可以采取填写家长评价表(表3-2-8)的方式进行。

表3-2-8　家长沙龙家长评价表

沙龙主题			
家长姓名		幼儿姓名	
评价内容			
主题选取贴近实际	□很好	□一般	□较差
活动组织有序	□很好	□一般	□较差
交流沟通高效、顺畅	□很好	□一般	□较差
有所收获、启发思考	□很好	□一般	□较差
意见和建议			

检查评估

照护者按照表3-2-9中的检查项目进行自我检查，并将检查结果和自我点评记录在表中。

表3-2-9　家长群体沟通检查记录表（照护员自评）

序号	检查项目	检查结果	自我点评
1	是否了解群体沟通和双向沟通的定义	是□　否□	
2	是否了解家园群体沟通中双向互动的形式	是□　否□	
3	是否了解家长沙龙的定义和意义	是□　否□	
4	是否掌握家长沙龙中有效沟通的技巧	是□　否□	

学员分组根据表3-2-10中的检查项目对照护者进行检查，并将检查结果和结果点评记录在表中。

表3-2-10　家长群体沟通检查记录表（学员点评）

序号	检查项目	检查结果	结果点评
1	是否能够针对不同目的选择双向沟通的形式	是□　否□	
2	是否能够在家长沙龙中选择恰当的沟通方式和技巧	是□　否□	

教师根据表3-2-11中的检查项目对照护者的任务完成情况进行检查，并将检查结果和结果点评记录在表中。

表3-2-11　家长群体沟通检查记录表（教师点评）

序号	检查项目	检查结果	结果点评
1	是否按时完成任务	是□　否□	
2	团队协作是否顺畅	是□　否□	
3	设备、用具及物品是否整理恢复	是□　否□	
4	实训场地是否整理干净	是□　否□	
5	工作页填写是否准确、完整	是□　否□	

任务小结

- 家长群体沟通
  - 群体沟通与双向沟通
    - 群体沟通
    - 双向沟通
  - 家长沙龙中的沟通
    - 家长沙龙的定义
    - 家长沙龙的意义
    - 家长沙龙的策划、组织与评价
    - 家长沙龙中的有效沟通技巧
      - 倾听的技巧
      - 提问的技巧
      - 反馈的技巧

任务三　社区沟通

教学资源

任务导入

场景：幼儿园，社区

人物：张老师、李园长，社区工作人员

情节：张老师所在的红星幼儿园最近搬到了新的校舍。正值重阳节，李园长交给张老师一个任务：了解周围社区环境，并与社区沟通，寻求合作，利用社区资源举办重阳节主题社区活动，实现合作共育。

请你帮帮张老师，思考应如何挖掘社区资源，开展与社区的合作？在筹办具体活动时，又该如何与社区人员进行沟通？

任务目标

- 能了解家、园、社区合作的定义、内容、模式和价值，完成家、园、社区一体化教育的开展。
- 能掌握社区资源不同特点，根据资源的不同类型，完成对资源的挖掘、整合和教育价值分析。
- 能理解并掌握与社区沟通的准备、实施、回顾三个阶段，完成与社区人员的沟通，实现与社区合作共育。

任务实施

(一)家、园、社区合作

1.知识学习

(1)家、园、社区合作共育的定义

家、园、社区合作共育,是指在一定的社会背景下,由幼儿园及幼儿教师、幼儿家庭及家长、社区及社区服务人员、幼儿所形成的四位一体的教育联合体,四者之间是平等的合作伙伴关系,既有彼此之间双向的相互影响、相互作用,即相互教育;又有包含在教育对方的过程中所得到的自我教育。既有一对一的双向教育,例如教师对家长,社区对教师,家长对幼儿,幼儿对教师;又有二对一或三对一的多向教育,例如教师与家长一起对幼儿,教师、家长和社区对幼儿等。这种多层次多维度的多向互动形成教育合力,指向幼儿的发展。同时教师和家长各得其所,实现多赢。幼儿园、家庭、社区中的教师、保育人员、家长、社区人员通过计划、实施、总结、评估等过程,协调幼儿园、社区内外的人、财、物,以达到高效率实现保育和教育目的的综合性活动即合作共育。

对此,我们可以理解为:

首先,家、园、社区合作共育是存在于教师、家长、社区服务人员和幼儿之间,在教师、家长、社区服务人员和幼儿间发生的一种人际合作互动。其合作共育主体是教师、家长和社区服务人员,并且彼此在合作共育中是同等重要、互为主体的。

其次,家、园、社区合作共育是一种相互作用和相互影响的过程。合作共育不是双方单向、线性的影响,而是多向、交互的影响。同时,家、园、社区之间的这种合作交互作用和影响又不是一次性的或间断的,而是一个链状、循环的连续过程,教师、家长和社区服务人员正是在这样一个连续的动态过程中不断相互作用和相互影响的。

最后,家、园、社区合作共育从本质上讲,是一个包括发生在多情景中的、具有多种形式、多种内容的合作共育体系。除此之外,还需要明确教师、家长和社区服务人员之间的关系。以往一些研究,更注重对家、园、社区合作共育关系的静态研究和理论思辨,而忽视了对家、园、社区合作共育的动态研究和实证分析,因而往往不能从深层挖掘幼儿园与幼儿及幼儿之间关系的性质、形成过程影响因素和机制等,难以从实质上改善家、园、社区合作共育的效果。

因此,家、园、社区合作共育是教师、家长、社区服务人员和幼儿各自人际合作共育系统中的一种特殊而又重要的形式。称其特殊是因为教师、家长和社区服务人员不属于同一组织成员，他们有各自独立的所属单位，他们之间的合作共育是以幼儿为纽带进行的。没有幼儿的存在，幼儿、教师和家长的角色就无从体现，也根本谈不上多者之间的合作共育。称其重要是因为，从幼儿发展角度来说，教师、家长和社区服务人员，在幼儿的整个成长历程中，对其影响都是非常重要的。

(2)家、园、社区的合作内容

1)以家长为核心的亲职教育

以家长为核心的亲职教育，是指为了提高家长素质和家庭教育质量，对家长的家庭教育提供帮助和进行指导的过程，包括让家长了解幼教工作的方针、政策以及相关的法律和文件，向家长宣传幼儿教育和家庭教育的重要性，宣传正确的教育思想；让家长了解幼儿身心发展规律，向家长宣传科学的育儿方法与原则；帮助家长创设良好的家庭教育环境，提高家长教育的能力，包括尊重、赏识孩子的意向，观察孩子的能力，随机教育孩子的能力，记录并评析孩子成长的能力等。

2)以婴幼儿为核心的活动教育

以婴幼儿为核心的活动教育是指为了促进幼儿德智体美劳的全面发展，而对0~6岁婴幼儿进行的各种教育活动。

3)教育资源利用

教育资源利用是指家长和社区为教育活动提供人力、物力等资源并加以充分利用。

(3)以幼儿园为主导的合作模式

1)充分利用社区和家庭资源

教育资源的多元化使幼儿有了更多的选择来确定学习内容与学习方法，有助于让幼儿对学习一直保持一种新鲜的感觉，从而主动地建构知识和经验。幼儿园应从幼儿发展和活动的需要出发，充分利用家庭和社区中的人力资源、社会文化资源、自然资源，通过“请进来、走出去”的模式，为幼儿提供多样化的活动平台，让幼儿在自主选择中获得发展。

一是“请进来”。教师充分运用家庭和社区人力资源，提高学前教育的质量，增进家、园、社区沟通。请家长和社区中热心参与教育、有独特才能的人来幼儿园助教，比如邀请社区工作者来园演示自己的特殊工作，消防员向幼儿展示扑火的技艺，画家来园向幼儿传递绘画的技艺，音乐家来园教幼儿唱歌、跳舞等；招募社区人员及家长志愿者，比如志愿者为幼儿外出活动提供交通工具，帮助幼儿制作玩教具，帮助修理水电用品、玩具、设备，与幼儿园共同从事园艺活动，带领幼儿开展烹饪活动，协助筹备幼儿园大型活动，帮助整理图书，甚至从事社区协调工作等。

二是“走出去”。幼儿园充分利用社区内的公共设施与教育资源，建立联合教育活动网络，定期开展联合教育活动。例如参观游览，教师带领幼儿到博物馆、图书馆、美术馆等地参观，增进幼儿对社会、文化、艺术、体育等方面的感性知识；操作劳动，带幼儿回到现实生活，体会生活的本色，如带幼儿进行商品调查、户外教学、社区访问、社区参观等，可在菜市场及百姓超市等地，通过让幼儿自己购物，使他们认识货币、了解买卖、认识各类商品，通过让幼儿和叔叔阿姨进行交流以及合作购物，使其学会与人交往，为日后的合作奠定基础等，让生活和学习真正成为一体；玩要散步，教师带领幼儿到玩具馆、公园、动物园去玩要，让每个孩子用心灵与大自然对话，如天津市河北区第一幼儿园，一直与附近的养老院、地铁站等合作，定期开展联合教育活动。

2)指导家庭教育，协助建立和谐的社区环境

幼儿园可以通过多种形式指导家庭教育。在园内，幼儿园可以通过家长会、家长座谈会、家长交流会、家长学校、家长开放日、家教咨询、家访、电话、书信等形式，向家长传授正确的育儿知识，使家长全面地了解孩子的情况；在园外，做好社区内幼儿的教育工作，如以社区家长学校为阵地，幼儿园的教师可参与其举办的讲座、专题讨论、印发资料等，向幼儿家长宣传科学育儿知识，或开设园长热线为幼儿家长解答育儿问题，也可以因地制宜，指导一些非正规组织的活动，吸收2~6岁幼儿和家长在双休日来园所活动等。通过这些工作，实现社区与幼儿园的资源共享，让每一个幼儿都享受到教育的权利和机会，真正实现全民教育。

为社区服务，协助建立和谐的社区环境。如：积极让幼儿参与一些力所能及的社区活动，如参与社区环保宣传，参加对街道孤寡老人的慰问活动，参加社区植树环保活动等；帮助社区举行幼儿表演会、运动会、演讲会等。通过这些活动，使社区的人文环境，特别是生态环境、邻里关系、社区成员的文化素养等更好。

(4)家、园、社区合作共育的价值

1)有利于幼儿园充分发挥自身的教育职能

幼儿园作为社会整体系统的一部分，承担着服务社会，特别是为社区服务的职能。幼儿园可以通过为社区、家庭服务，履行自己的职责，创造良好的幼儿教育环境与氛围，争取为每个幼儿提供教育的机会。其服务内容包括以下三个方面：

一是通过完成双重任务为所在社区服务。幼儿园是保教幼儿的机构，幼儿园教育要不断扩大社会职能，如成立幼儿活动中心、家长咨询中

心,举办家长学校等。

二是实现幼儿园教育资源的社区共享。幼儿园应从封闭走向开放,特别是要加强与社区的联系,实现幼儿园为社区共有、社区所治、社区所享。幼儿园要发挥正规教育优势,如其房舍、教育设施、设备对社区开放,为散居幼儿提供一定的教育条件。

三是发挥社会宣传职责。2003年3月,教育部颁发的《关于幼儿教育改革与发展的指导意见》中指出,“要充分发挥示范性幼儿园在贯彻幼儿教育法规,传播科学教育理念,开展教育科学研究,培训师资和指导家庭、社区早期教育等方面的示范、辐射作用”。

因此,家、园、社区合作共育可以全方位地挖掘教育资源,结合家庭、社会、幼儿园三方面的合力,以提高我国学前教育的质量。

2)有利于幼儿的全面发展

①有利于幼儿的认知能力发展

认知能力包括语言能力、观察力、记忆力、注意力、思维能力、想象力、动手能力等。皮亚杰的儿童认知发展理论强调幼儿的发展是主客体相互作用的结果。认知能力是幼儿在认识外部世界的过程中逐步发展起来的。幼儿园和社区是幼儿最初接触的外部世界,是幼儿认识的对象。通过家庭、幼儿园、社区的合作,对社区教育资源的利用、教育能力的提升等方面有利于扩大幼儿的认识视野和提高幼儿的认识能力。

②有利于幼儿的社会性发展

环境是幼儿社会性发展的决定因素。小到家庭的环境、长辈的教育态度和教养方式、邻里和社区居民的言行举止、精神风貌,大到社会、文化、价值观等环境因素,都会直接或间接地影响幼儿的社会性发展。

国际教育组织指出:“要关注幼儿的社会学习,加强幼儿园与家庭、社区的紧密配合。”

首先,要理解教育的社会性和家庭教育的社会制约性,要依据社会发展需要,依据党和国家的教育方针和教育目标,对幼儿进行社会教育。只有幼儿的发展与社会、国家的需要相契合了,幼儿发展的需要才能更好地得到满足。社区和幼儿园应对幼儿家庭的社会化教育起价值导向作用。家庭、社区的非正规教育和幼儿园的正规教育,应该在幼儿的社会性教育中与社会对人的要求以及党和国家的教育方针、教育目标保持方向上的一致,这样培养出来的幼儿才是社会和国家所需要的,才是于己、于人、于社会有益的合格公民。

其次,充分使用家庭、幼儿园和社区的资源,以丰富、加深幼儿对自己、对他人和对社会的认识,这是幼儿自身发展对教育提出的要求。比如，独生子女只有在幼儿园、社区这样更广阔的社会环境中才能得到社会性发展的实践锻炼机会，才能逐渐学会如何与人交往。

微课 挖掘社区资源

2.技能操作

(1)开发与整合资源

1)挖掘社区资源

社区资源(表3-3-1)可分为四类：自然物质资源、社会物质资源、人力资源和文化资源。在进行资源挖掘时，可以从这四个方面入手。

表3-3-1 社区资源

资源类型	具体内容
自然物质资源	指山川河流、动植物等，自然地存在于幼儿园的生活环境中，构成幼儿园存在的自然背景
社会物质资源	包括社区的物质设施与服务机构，具有一定的社会性，例如农贸市场、楼房、街道、建筑工地、超市、医院、银行、邮局、百货商店、理发店、裁缝店、小吃店、修理部、垃圾站、交通标志、公共汽车、交通设施、敬老院、福利院、警察局、消防队等。这一类资源是与幼儿园发生联系的社会机构或社会设施，构成幼儿成长的社会背景
人力资源	指具有某种专业知识、技能的个人或组织，能为幼儿提供或传授某一种专业技能知识。例如司机、警察、医生等；或具有某些特点的，例如幼儿园请来的善于做手工、与孩子们共同制作小玩具的爷爷奶奶。人力资源是社区教育资源中最富有社会性的，构成幼儿成长的部分人际背景
文化资源	包括文化场所和行为文化。文化场所如图书馆、艺术馆、博物馆、科技馆、展览馆等；行为文化包括语言(普通话、方言等)，生活习惯(公园内老人晨练、民间艺人自发组织弹唱等)，节日活动(端午节包粽子、重阳节慰问等)以及娱乐活动(游园活动等)

2)整合社区资源

在进行了社区资源的挖掘之后，可以进行资源的收集整合。应按照资源的类型、可利用情况等标准进行分类，以便进一步挖掘各种社区资源的价值。此外，还可以从幼儿园内部环境与外部环境方面预估利用某一社区资源的优势和劣势，以帮助教师更合理地选择一种或多种社区资源。(表3-3-2)

表 3-3-2　社区资源分类整合

类型	资源	可利用情况	优势	劣势
社区自然物质资源	例：街边银杏树	银杏叶的形态；感受季节变化	自然资源利用	安全问题
社区社会物质资源	例：银行	银行中的设备；业务办理流程	与幼儿园长期合作，关系融洽	距离幼儿园较远
社区人力资源	例：银行职员	展示、讲解、助教	幼儿家长	无
社区文化资源	例：社区老年艺术团	中华传统文化	老人热心，乐于交流	时间安排上需要沟通

此外，家长资源也是家、园、社区合作中不可或缺的重要资源之一。幼儿家长各有所长，职业多样，可以提供有益的社会资源。可通过家长情况调查表（表 3-3-3）了解家长的职业、特长、性格和经历，挖掘家长资源。

表 3-3-3　家长情况调查表

幼儿姓名	家庭成员	职业	工作单位	特长	性格	联系方式	备注

温馨提示

○要在尊重家长隐私的前提下进行，如家长不愿透露应尊重家长意愿。

3)分析资源的教育价值

社区资源具有很高的教育价值，社区中的普通事物可以转化为儿童的学习内容、学习材料或学习环境等，满足儿童发展的需要。每一类社区教育资源都具有自己独特的核心价值，都具有促进儿童认知、能力技能与情感态度全面发展的价值。表3-3-4是对这些教育资源的教育价值分析。

表3-3-4 资源的教育价值分析

资源种类	核心价值	认知价值	能力技能价值	情感态度价值
自然物质资源	激发幼儿对自然界的兴趣，培养他们的探索能力，形成初步的环保意识与环保能力	认识社区中的自然事物，认识周围的自然生活环境，以及环境与人们生活的关系	引导幼儿对身边常见自然事物和现象的特点、变化规律产生兴趣和探究欲望，培养幼儿科学探索的能力	丰富幼儿的感性经验和审美情趣，培养他们热爱自己家乡的美好情感以及保护环境的初步意识
社会物质资源	帮助幼儿初步了解周围社会的常用设施与机构的功能、作用和使用方法，了解基本的社会行为规则	认识周围的常见设施，了解它们的作用、功能和使用方法，了解基本的社会行为规则，知道爱护公物	帮助幼儿学习利用某些生活文化服务设施	养成对他人、社会亲近、合作的态度，培养儿童爱护公物与公共环境的初步意识，培养幼儿对中国传统文化的热爱
人力资源	引导幼儿了解周围人们的劳动，培养幼儿与他人交往的技能，培养幼儿对劳动者的热爱和对劳动成果的尊重	引导幼儿认识周围人们的劳动，知道尊重他人的劳动，并懂得基本的礼貌	培养幼儿与教师及亲人以外的他人交往的技能、相处的能力	培养幼儿对劳动者的热爱和对劳动成果的尊重感，帮助幼儿形成尊重他人、与他人亲近合作的态度

(2)构建家–园–社区合作群

1)成立决策小组

成立决策小组，职责在于进行资源合作利用，分析合作时间，安排活动的实施，根据参与方式的不同对活动做出适当调整和改进，以便把握整个团队的前进方向。决策小组的成员选择如图3-3-1所示。

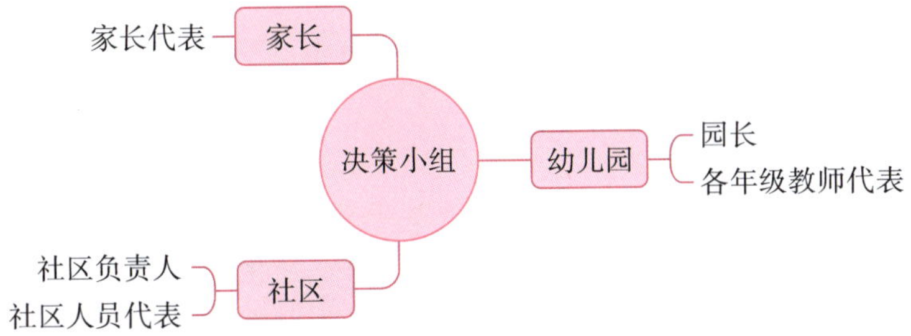

图3-3-1 决策小组成员选择

2)组建志愿者团队

在家长和社区工作人员中吸取一部分代表组成家、园、社区合作共育志愿者团队，定期参加为幼儿或为家长举行的服务性活动(协助幼儿园和社区组织各种大型活动等)或教育性活动(如发挥家长和社区人员的特长和职业特长，为幼儿组织教学活动等)。(表3-3-5)

表3-3-5 志愿者团队

类型	姓名	职业	特长	性格	联系方式	备注
园所志愿者						
家长志愿者						
社区志愿者						

(3)与社区签订合作协议，深化合作

伙伴关系可以成为改善组织人力资源和获得关键资源的重要途径，联盟已经成为协调组织之间的一种机制。幼儿园和社区两组织各自所拥有的资源有限，建立“共建”可以形成资源共享，强化双方合作，形成双赢。因此，采用正式途径，签订合作协议，组成共建联盟可以将组织间的资源整合，实现共享。签订合作协议，可以使双方的发展有同盟，有保障。在发展过程中，起到互帮互助的作用，在资源利用交流上也更简单化。社区园所合作协议书如图3-3-2所示。

社区园所合作协议书

甲方：T社区居委会

乙方：T幼儿园城东分园

双方本着资源共享，优势互补，加强协作，共同提高的原则，深入持续地开展0~6岁婴幼儿保育教育工作，发挥两个单位的整合作用，以共建促发展。经甲乙双方友好协商，达成如下协议：

一、甲方的权利与义务：

（一）为乙方提供少儿社会实践活动基地，接受师生参观学习

（二）定期与乙方志愿者开展社区建设和庆祝联谊等服务活动，并提供场地、资料、社区教育资源等各种支持

二、乙方权利义务：

（一）利用本园婴幼儿早期教育的资源，定期向社区开展亲子活动、早教知识宣传、家庭教育讲座等指导服务(每年免费3~6次)

（二）定期向社区婴幼儿免费开放园内设施、设备，开放办学，推进和普及优质的教育

（三）积极参与社区文明创建志愿服务等公益活动，为携手打造和谐社区作贡献

三、本协议自甲乙双方有权签约人签字盖章后即日生效。若无其他变更，本协议长期有效。如有异议，由双方协商同意后，本协议可终止

甲方：（盖章）　　　　乙方：（盖章）

法定代表人(授权代表)：　　　　法定代表人(授权代表)：

图3-3-2　社区园所合作协议书

任务实施

（二）与社区沟通

1.知识学习

（1）与社区沟通的定义

沟通指的是人与人之间、人与群体之间思想与感情的传递和反馈的过程，以求思想达成一致和感情的通畅。

此处的与社区沟通是指幼儿园及托幼机构与社区之间以合作共育为目标，针对具体问题所作出的信息、思想及感情的传递，应注意主动、谦让、体谅、协作和双赢。

（2）与社区沟通的准备与实施

1）沟通的准备

在进行特定的沟通时，要有充分的准备，其内容包括：

①态度准备。沟通本身就是与他人进行深层交往，并且具有明确的目的，或解决特定的问题。而任何一个沟通对象都是有自己独立意志的人，即使投入精力，慎重地实施沟通，也不一定能够达到理解和认同的目的。如果不慎重对待，就必然难以获得良好有效的沟通效果。因此，既要

有积极而慎重的态度，还要有自信的态度。

②认真准备沟通所要表达的内容，尽可能做到条理清楚、简明扼要、用语通俗易懂，并拟写沟通表达提纲。

③选择恰当的沟通方式。即使是选择面对面的沟通，也要事先确定沟通的方式，是直接告知还是委婉暗示，是正面陈述还是比喻说明，都要事先进行选择和设计。

④事先告知沟通的主题内容，让沟通对象也为沟通做好准备。在与沟通对象交换意见的基础上，共同确立沟通的时间、时限和地点。

2)沟通的实施

准备工作做充分了，也就为有效的沟通奠定了基础。但要保证沟通的效果，在实施沟通的过程中还要在以下四个方面妥当进行：

①气氛控制技巧

安全而和谐的气氛，能使双方更愿意沟通，如果沟通双方彼此猜忌、批评或恶意中伤，将使气氛紧张、冲突，促使彼此在心中设防，使沟通中断或无效。

气氛控制技巧由四个个体技巧构成，分别是联合、参与、依赖与觉察。

联合：以兴趣、价值、需求和目标等强调双方所共有的关切，营造和谐的气氛而达到沟通的效果。

参与：激发对方的投入态度，创造一种热忱，使目标更快完成，并为随后进行的活动创造积极的气氛。

依赖：创造安全的情境，提高对方的安全感，接纳对方的感受、态度与价值等。

觉察：将潜在的“爆炸性”或高度冲突状况予以化解，避免讨论演变为负面性或破坏性的讨论。

②推动技巧

推动技巧是用来影响他人的行为，使其逐渐符合我们的议题。有效运用推动技巧的关键，在于以明白具体的积极态度，让对方在毫无怀疑的情况下接受你的意见，并觉得受到激励，想完成工作。

推动技巧由四个技巧所组成，分别是回馈、提议、推论与增强。

回馈：让对方了解你对其行为的感受，这些回馈对人们改变行为或维持适当的行为是相当重要的，尤其是提供回馈时，要以清晰具体而非侵犯的态度提出。

提议：将自己的意见具体明确地表达出来，让对方能了解自己的行动方向与目的。

推论：使讨论具有进展性，整理谈话内容，并以它为基础，为讨论目的延伸而锁定目标。

增强：利用增强对方出现的正向行为（符合沟通意图的行为）来影响他人，也就是利用增强来激励他人做你想要他们做的事。

③体谅他人的行为

这其中包含“体谅对方”与“表达自我”两方面。所谓体谅是指设身处地地为别人着想，并且体会对方的感受与需求。在经营“人”的事业过程中，只有我们自己设身处地地为对方着想时，才能对他人表示体谅与关心。由于我们的了解与尊重，对方也会相对体谅你的立场与好意，因而做出积极而合适的回应。

④沟通实施过程中要注意避免的事项

以高高在上、难以平等的心态对待沟通对象；对沟通对象不尊重、不礼貌；以冷嘲热讽的语气与沟通对象讲话；正面反驳对方；随意打断对方讲话；心不在焉地听沟通对象讲话；过于夸张的手势；否定对方价值的用词。

2.技能操作

(1)沟通的准备

与社区的沟通准备应包含以下几个部分，如图3-3-3所示。

图3-3-3 与社区沟通的准备

1)确定沟通目的

与社区沟通前应确定好本次沟通的目的，是为了寻求与社区的合作，还是合作过程中的日常沟通，亦或是在合作过程中出现问题寻求解决办法的沟通。在沟通前要认真斟酌，准备好沟通主题，确定通过沟通想要达到的效果，沟通才能更有效。

2)了解沟通对象

沟通前先要了解沟通的对象是谁，是社区负责人或是社区具体负责哪项工作的人员，了解对方的性格、讲话特点、做事风格等，做到知己知彼。（表3-3-6）

表3-3-6 社区联系人

姓名	联系电话	工作单位	职务	性格	讲话特点	做事风格

3)构思沟通大纲

根据准备好的沟通主题,将需要与社区沟通的细节以大纲的方式罗列出来,确保沟通内容到位,要点顺序正确,逻辑关系明了(表3-3-7)。这样不仅能够提升表达能力,更能让对方感受到教师对这次沟通的重视,获得对方的认可。

表3-3-7 沟通大纲

沟通对象		职务	
沟通主题			
沟通内容	沟通内容一:…… 沟通内容二:…… …………		
预计达成目标	预计达成目标一:…… 预计达成目标二:…… …………		

4)确定时间地点

沟通前应提前联系沟通对象,与对方确定好沟通的时间和地点。

(2)沟通的实施

1)沟通的内容

沟通过程中,要将合作的形式、活动的准备和活动的流程内容与社区负责人或工作人员沟通好。下面以社区亲子教育活动为例:

①确定合作形式

社区亲子教育活动主要包括两大类型的活动:“走出去”和“请进来”。“走出去”指幼儿园组织幼儿、家长在社区场所中,与社区人员合作开展的主题亲子活动。“请进来”表现在发掘社区人文资源入园组织亲子活动,或者开放幼儿园,邀请周边社区的居民、幼儿入园参与亲子活动,从而实现幼儿教育资源的共享。根据活动的不同类型,与社区沟通,确定合作形式。(表3-3-8)

表 3-3-8 社区合作形式一览表

	走出去	请进来
社区主导	邀请幼儿园进社区，面向居民、幼儿由社区组织的亲子活动	
幼儿园主导	进入社区，面向园所幼儿和家长开展的亲子活动	发掘社区人文资源入园组织亲子活动；开放幼儿园，邀请周边社区居民、幼儿入园参与亲子活动

②确定活动准备

例如，如果是为举办以重阳节为主题的社区亲子教育活动与社区沟通，就要在沟通前确定需要沟通的内容，如活动的时间、场所的选择、人员和物资的保障等。（表 3-3-9）

表 3-3-9 社区亲子教育活动准备内容表

项目	具体沟通内容
活动时间	
活动地点	
人员及分工	
物品明细	
活动通知发布	
……	

③确定活动流程（表 3-3-10）

表 3-3-10 社区亲子教育活动流程内容表

项目	具体沟通内容
集合	时间、地点、签到、引导等
组织	活动主导者和配合者、家长指导、拍摄影像资料、活动记录等
……	

2）沟通的流程

①开场

沟通的开场，可以从社区人员感兴趣的、可以认同的、紧紧围绕双方利益的话题来展开。尽量使用“您”或“您的”而不是“我”“我的”。

②推动

a)阐述观点

阐述观点就是把你的意图清楚地表达出来，并且让对方明白你的意思。可以借助沟通准备阶段的大纲，清晰明了地向社区人员表达观点。

b)处理异议

沟通过程中总会出现异议，这时不要强行试图说服对方，而是用对方的观点来说服对方。首先先了解对方的观点，当对方说了一个对你有利的观点时再尝试说服他。

处理异议时要表现出同理心，沟通过程中要塑造一个可以畅所欲言的环境，展现支持理解肯定的态度，尊重社区人员的情绪和意见。

c)技巧的选择

在沟通的推动这一阶段，可以采取相应的沟通技巧，见表3-3-11。

表3-3-11　推动的技巧选择

技巧	具体沟通内容
回馈	让对方了解你对其行为的感受，这些回馈对人们改变行为或维持适当的行为是相当重要的，尤其是提供回馈时，要有真诚友善而非侵犯的态度
提议	将自己的意见具体明确地表达出来，让对方能了解自己的行动方向与目的
推论	使讨论具有进展性，整理谈话内容，并以它为基础，为讨论目的延伸而锁定目标
增强	利用增强对方出现的正向行为(符合沟通意图的行为)来影响他人，也就是利用增强来激励他人做你想要他做的事

③达成共识

是否完成了沟通要看最终是否达成共识。当达成共识之后要做以下几点：感谢、赞美、庆祝。

(3)沟通的回顾

沟通结束后，应对此次沟通进行回顾，分析此次沟通中出现的问题及取得的成效，并填写沟通记录表。(表3-3-12)

表3-3-12　社区沟通记录表

沟通时间		沟通地点	
沟通者		职务	
被访者		职务	

续表

沟通主题			
沟通内容及过程			
沟通效果			
反思与总结			

检查评估

照护者按照表3-3-13中的检查项目进行自我检查，并将检查结果和自我点评记录在表中。

表3-3-13 社区沟通检查记录表（照护者自评）

序号	检查项目	检查结果	自我点评
1	是否了解家、园、社区合作的定义、内容和价值	是□ 否□	
2	是否能掌握社区资源的不同特点	是□ 否□	
3	是否能掌握与社区沟通的准备、实施、回顾三个阶段	是□ 否□	

学员分组根据表3-3-14中的检查项目对照护者进行检查，并将检查结果和结果点评记录在表中。

表3-3-14 社区沟通检查记录表（学员点评）

序号	检查项目	检查结果	结果点评
1	是否能对于社区资源进行挖掘、整合和教育价值分析	是□ 否□	
2	是否能够按步骤完成与社区人员的沟通	是□ 否□	

教师根据表3-3-15中的检查项目对照护者的任务完成情况进行检查，并将检查结果和结果点评记录在表中。

表3-3-15 社区沟通检查记录表（教师点评）

序号	检查项目	检查结果	结果点评
1	是否按时完成任务	是□ 否□	
2	团队协作是否顺畅	是□ 否□	
3	设备、用具及物品是否整理恢复	是□ 否□	
4	实训场地是否整理干净	是□ 否□	
5	工作页填写是否准确、完整	是□ 否□	

任务小结

- 社区沟通
  - 家、园、社区合作
    - 家、园、社区合作共育的定义
    - 家、园、社区的合作内容
      - 以家长为核心的亲职教育
      - 以婴幼儿为核心的活动教育
      - 教育资源利用
    - 以幼儿园为主导的合作模式
      - 充分利用社区和家庭资源
      - 指导家庭教育，协助建立和谐的社区环境
    - 家、园、社区合作共育的价值
      - 有利于幼儿园充分发挥自身的教育职能
      - 有利于幼儿的全面发展
  - 与社区沟通
    - 与社区沟通的定义
    - 与社区沟通的准备与实施

情境四
家园共育活动的策划与组织

情境介绍

家园共育活动的策划与组织情境包括幼儿园开放活动策划与组织、幼儿园家庭主题活动、社区亲子活动策划与组织和突发事件应急与处理四项任务。

幼儿园开放活动策划与组织任务包括参观/观摩式以及参与/体验式开放活动的基本概念、活动方案的制订、前期准备，以及组织与评价活动等知识。

幼儿园家庭主题活动任务包括家庭主题活动的特点、主题选择、设计原则、指导和展示等知识。

社区亲子活动的策划与组织任务包括社区亲子参观活动、社区亲子教育活动策划与组织，涵盖了其含义、类型、实施原则、方案制订、活动组织与评价等知识。

突发事件应急与处理任务包括活动安全预案的编制、意外伤害事故的防范和处理、家园沟通等多方面的内容。

情境目标

- 能关注幼儿发展与家长教育需求，根据幼儿园参观/观摩式以及参与/体验式开放活动的实施原则，完成开放活动的方案制订、前期准备以及组织与评价。
- 能够根据幼儿园主题活动，完成幼儿园家庭主题活动的方案设计、前期准备以及活动组织与评价。
- 能根据家、园、社区合作原则，合理利用社区资源，实现三方合作，完成社区亲子活动方案的制订以及活动的组织与反馈。
- 能根据家园共育活动特点，完成活动安全预案的编制，并能够根据家园共育活动应急处理原则及时、冷静、准确处理突发事件。

任务一　幼儿园开放活动策划与组织

教学资源

任务导入

场景：幼儿园

人物：小班幼儿、幼儿教师、家长

情节：9月，是幼儿的入园季。此时不仅是幼儿，家长也同样面临着入园焦虑。柚柚已经3岁了，马上就要开始集体生活。还没有入园，柚柚妈妈就担心孩子能不能适应幼儿园的生活？幼儿园的老师是什么样的？每天吃什么？都有哪些活动？孩子能不能得到发展？幼儿入园后，家长可以参与哪些活动，怎么了解幼儿的发展情况？这些问题都是家长所担忧的。为了帮助幼儿和家长缓解入园焦虑，实现家园共育，请你策划一系列的幼儿园开放活动，解决柚柚妈妈的担忧，提高家长的家庭教育水平，并取得家长对幼儿园教育工作的支持。

任务目标

- 能根据不同年龄阶段幼儿的家长的需求，以及参观/观摩式开放活动的内容与实施原则，完成家长参观/观摩式活动的方案设计、前期准备、活动的组织与评价。
- 能尊重家庭差异，依据参与/体验式开放活动的内容与实施原则，完成参与/体验式开放活动的方案设计、前期准备以及活动组织与评价。

任务实施

(一)参观/观摩式开放活动策划与组织

1.知识学习

(1)参观/观摩式开放活动的含义

参观/观摩式开放日活动，指家长作为观察者，参观幼儿园硬件环境、观摩幼儿一日活动等内容的家园共育活动形式。

参观/观摩式开放活动的主体可以是已入园幼儿的家长，通过幼儿园组织的参观活动，重点了解幼儿的发展表现及教师教育水平等，进而与教师沟通交流，共同促进幼儿发展；也可以是即将入园的幼儿和家长，让其提前熟悉幼儿园环境和教师，消除幼儿入园的紧张感和陌生感，缓解入园焦虑。

(2)参观/观摩式开放活动的内容

参观/观摩式活动内容，涵盖方方面面(表4-1-1)，可以参观幼儿园环境、设施，也可以观摩幼儿进餐、睡觉等生活活动，幼儿集体教育活动以及幼儿室内、外的游戏活动。

表4-1-1　参观/观摩式开放活动内容一览表

参观主体	参观内容		目的
已入园幼儿、家长	参观环境	幼儿园整体环境与设施、设备	1.缓解入园前家长和幼儿的焦虑问题，帮助幼儿逐步适应幼儿园生活 2.了解幼儿在园的环境，明确幼儿园的现状，增进家园沟通
待入园幼儿、家长		班级环境与设施、设备	
家长	观摩活动	幼儿生活活动	1.了解幼儿的发展水平与幼儿间的个体差异，展示教师的教学水平与素养，增进家长对教师工作的理解与认可 2.注重观摩后与家长的沟通交流，实现教育的一致性
家长		幼儿集体教育活动	
家长		幼儿室内、外游戏活动	
家长	观看幼儿学习成果展示与汇报		展示幼儿的学习成果，提升幼儿与家长的自豪感，使家长提升对幼儿园教育的信心
家长	观看大型节日庆典活动		

(3)参观/观摩式开放活动的实施原则(图4-1-1)

1)计划性原则

教师在组织开放活动中，要制订明确的活动计划。应涵盖学年计划、学期计划、月计划等。要关注不同时期、不同年龄幼儿的家长对参观/观摩内容的要求。例如小班，可计划让家长了解幼儿园环境、幼儿园教育内

微课 参观/观摩式开放活动实施原则

容，通过参观掌握幼儿生活自理能力、语言发展能力等表现，增进家长对教师的理解与对幼儿教育的认可，从而引导家长注重家庭教育，形成教育共识。中大班幼儿的家长则更希望了解幼儿社会性、认知等方面的发展，教师应加强双向交流，向其传授家庭教育方法。

2）尊重性原则

《幼儿园教育指导纲要（试行）》中指出，家长是幼儿园的重要合作伙伴。幼儿园应本着尊重、平等的原则，吸引家长主动参与幼儿园的教育工作。因此，教师在组织参观/观摩式开放活动前，需充分调研了解家长的参观需求，选择相对适宜的参观时间、尊重家长想法确定参观内容。家长参观结束后，应该积极与家长进行交流，接收家长的反馈建议，为家长提出家庭教育策略，双方共同促进幼儿的发展。

3）目的性原则

在幼儿园开放日活动中，通过常会出现家长漫无目地地观看、浏览，或者是给自己的孩子拍照等现象，导致参观后家长没有收获。因此，教师在制订参观活动策划方案的同时，可以将活动内容、目的、流程以及注意事项等事先告知家长，或者为家长准备参观记录表，引导家长对幼儿活动、环境进行有目的的观察，发现幼儿的进步与不足，事后进行家园双向交流，帮助家长改善家庭教育的方法。

4）真实性原则

参观式开放活动，家长的关注点不仅在幼儿，更在教师的教学水平与行为规范上。国外将幼儿园开放活动，称为“开放政策”，其允许家长任何时候到幼儿园来访参观，让家长感受到幼儿园的大门始终为其打开；国内在幼儿园是否应随时向家长开放的问题上，家长和园长想法各有不同。目前我国幼儿园开放日活动皆是有特定的参观时间，但教师应做好“家长可随时参观”准备，保证良好的教育常态，并在参观活动中秉持更热情、更严谨的态度，才能够在开放日参观活动中为家长展示真实的教学环节和教育水平，而非经过多次“加工”的示范活动。

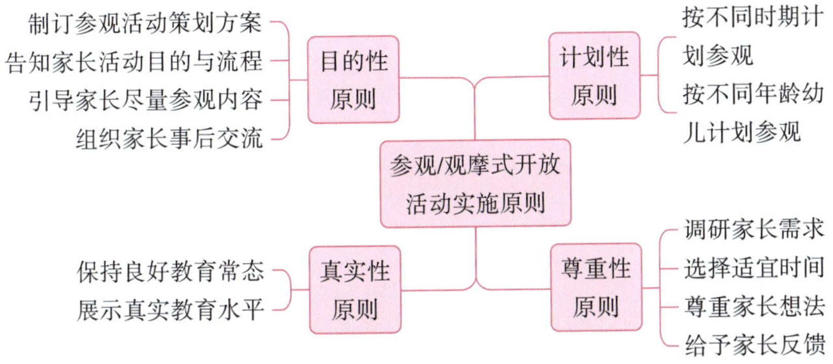

图4-1-1　参观/观摩式开放活动实施原则

(4)参观/观摩式开放活动的实施步骤(图4-1-2)

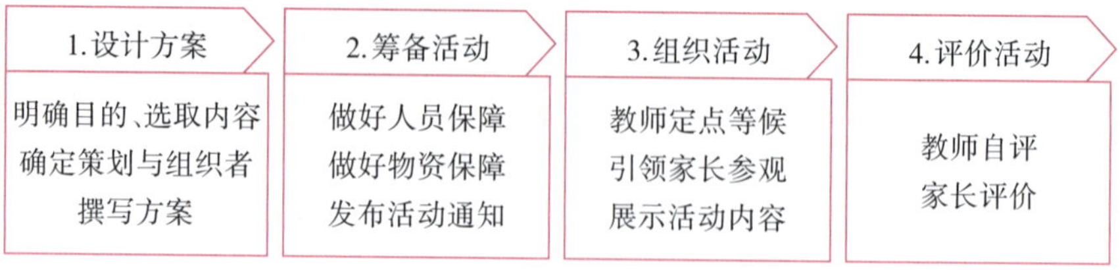

图4-1-2　参观/观摩式开放活动的实施步骤

1)设计方案

①明确目的,选取内容

教师应明确开展活动的意图,通过活动让家长了解幼儿在集体中的生活与学习情况;增进家长对幼儿园的良好印象;提升家长的教育理念与家庭教育方法;增进家长对幼儿教师工作的认同;取得家长对教育工作的认可。例如,为解决案例情境中家长和幼儿的焦虑,教师可选取以下内容的开放活动(表4-1-2)。

表4-1-2　解决幼儿入园适应的参观/观摩式开放活动计划

幼儿年龄	参观/观摩活动目的	时期	内容
小班	1.熟悉陌生环境,缓解紧张与焦虑 2.家园合作,了解幼儿园文化,交流教育方法	入园前	幼儿园环境、班级环境
	1.了解幼儿在园生活情况 2.了解幼儿教师工作内容,得到家长配合	入园后1个月	1.幼儿作品欣赏 2.幼儿进餐、喝水等生活活动环节以及幼儿游戏环节
	1.发现幼儿成长与不足 2.达成教育共识	学期末	幼儿学习成果展示(例如穿衣等自理能力的展示活动)

②确定策划与组织者

幼儿园开放活动的策划与组织者有以下三类:一是幼儿园领导统筹策划,教师落实组织活动;二是年级组组长带领教师策划组织;三是本班教师策划组织。因此,本教室需根据幼儿园学期教学计划安排,开展全园性或班级性的参观/观摩活动。

③撰写方案

本班教师需制订参观活动方案,方案需涵盖活动目的、活动时间、活动地点、家长参观流程、家长注意事项等内容(表4-1-3、表4-1-4)。若观看集体教学活动，教师需配以较为清晰直观的教案，帮助家长提前熟悉活动内容。必要时，教师可拟定家长观察记录表，帮助家长明确参观目的，记录观察内容。

表 4-1-3　活动方案撰写体例

内容	要求
设计意图	说明选取该活动内容的原因，简单阐述活动的内容
活动目标	阐述具体的目标，说明通过该活动对家长和幼儿产生的教育影响
活动时间	日期、开始时间、入园时间等
活动地点	具体到园址、班级/某功能室以及涵盖家长签到/集合地点
参观人员	明确参观/观摩主题、人数，家长/幼儿/家委会成员等
活动流程	参观内容+具体时间段+地点
人员安排	幼儿园管理者、幼儿教师的具体工作安排
家长注意事项	阐述参观活动中，对家长的要求，例如参观时手机静音等
其他	如观摩教育活动，需附建议教案，包括活动名称、目标、准备、活动过程

表 4-1-4　“温馨的家”班级参观活动方案举例

项目	内容
设计意图	幼儿从由家长的陪伴到进入大集体的生活环境，对一切都会感觉到陌生，而焦虑的主体不仅是幼儿，也包括家长。因此，幼儿园在幼儿入园前组织开展家长开放活动，通过展示班级硬件环境、介绍幼儿园办园理念和幼儿一日活动安排，组织家长讨论解答家长困惑，让家长放心幼儿在园生活，缓解家长的焦虑
活动目标	1.使家长了解幼儿园的发展现状，增进对家长幼儿活动以及带班教师的了解，在班级中感受到家的温馨，缓解焦虑 2.鼓励家长积极参与讨论，交流参观想法与困惑，指导家长从父母安抚、教师引导等方向帮助幼儿逐步适应幼儿园生活 3.向家长展示幼儿教师专业的职业素养和教育理念
活动时间	2022 年 8 月 27 日 9:30—11:00　签到时间：9:20—9:30
活动地点	地点：××××幼儿园小 1 班
参观人员	家长

续表

项目	内容
活动流程	9:20—9:30 家长进班签到 9:30—9:45 教师展示PPT,介绍幼儿园、班级环境和文化(帮助家长了解幼儿的一日活动流程) 9:45—10:00 教师介绍班级环境与幼儿活动。(包括区角环境与幼儿游戏活动、盥洗室、睡眠室的环境以及幼儿的生活活动、班级设备与幼儿的学习活动等) 10:00—10:10 家长拍照、记录 10:10—11:00 家长讨论 11:00 活动结束,家长填写线上问卷
人员安排	接待:1名教师;PPT介绍:1名教师;组织家长讨论:2名教师;活动后的整理工作:3名教师
家长注意事项	1.此活动为全班家长参与,请家长有序参观,听从教师引导 2.活动中,请家长轻声交流,并保持手机静音 3.家长可准备纸、笔,记录观察内容
其他	—

2)筹备活动

①做好人员保障

活动前,班级教师应再次核验活动方案,并且熟悉活动流程。组长应做好人员的详细分工,保证活动过程中“引导有序、询问有应、指导有效”。

②做好物质保障

首先,检查班级环境(表4-1-5)。明确了活动的主旨及流程以后,各班老师需要进行更加详细、具体的环境准备。开放日当天的公开课、户外活动、本班教室的布置等由老师们灵活安排。

表4-1-5 班级环境准备一览表

核验班级环境	活动室、寝室、盥洗室是否消毒、干净、整洁
	区角标志是否准确清晰,活动材料摆放是否整齐
	照片墙、活动计划、一周食谱是否为最新版
	家园共育栏内容是否更新,幼儿作品栏是否展示全部幼儿作品等
	幼儿一日活动计划是否张贴
	消毒记录表、幼儿排便记录表等是否张贴
核验玩教具	玩教具准备是否安全、数量是否齐全等
做好幼儿情绪准备	让幼儿了解活动安排,做好幼儿的情绪疏导

其次，营造温馨氛围。可在园所、班级的公屏中呈现欢迎词，或者将欢迎标语张贴在走廊、班级门口等位置；教师可根据开放活动的内容、参与的人数、人员的类别，调整班级座椅位置；同时教师应注意自身的着装仪表，最好穿着园服，向家长展现充满活动力的状态。

最后，打印纸质材料。教师可打印出活动签到表、活动流程单、观摩活动教案、家长观察表、评价问卷等，收集家长观察情况并进行有针对性的反馈与指导。

③发布活动通知

教师需梳理出简易的活动流程方案，通过多种形式通知家长参观活动的时间、目的与内容，例如口头通知、班级的宣传板、QQ/微信群、公众号、电话、短信、邀请函（图4-1-3）等，并整理家长预计参与人数。此外，教师应做好与家长的沟通，取得家长对活动的支持，通过宣传活动的意义，提高家长的参与度。

> **注意事项**
>
> ○教师应以“幼儿活动安全”为核心，以“从大到小”为原则，在开放活动前对园所安全、班级安全、玩教具安全进行有序检查。

“温馨的小家”班级参观活动邀请函

尊重的家长朋友：

大家好！我们的宝宝即将步入集体生活，相信家长朋友们肯定会对幼儿生活环境有着好奇、困惑，也可能会有一些焦虑。为了解答家长们的疑虑，充分了解幼儿生活与学习环境，与家长共同努力帮助宝宝顺利入园，我园定于2024年8月27日9:30—11:00开展班级环境对外开放活动，向家长展示幼儿温馨的“小家”，通过参观后的讨论环节，共同商讨育儿策略。每个家庭可以选派1名家长代表入园参观，期待您的参与！

×××幼儿园　小1班全体教师

2024年8月20日

图4-1-3　“温馨的小家”班级参观活动邀请函举例

> **温馨提示**
>
> ○与家长的沟通语言应简明、亲切，需表明“以幼儿发展为本”的活动意图。

3）组织活动

①教师定点等候

负责教师应在规定地点等候、并组织家长参与各环节的活动。

②引领家长活动

教师在家长活动中是引领活动的组织者、幼儿教育活动的指导者、家长参观内容的讲解者。家长按时入园后，各班级负责教师应再次向家长介绍参观活动的安排、注意事项等，进而带领家长到指定地点参观。教师可以根据家长常关注的内容，引导家长有意识地进行观察或记录（表4-1-6）。

③展示开放内容

教师根据活动策划方案，展示幼儿园/班级环境，介绍幼儿生活环节，组织观摩幼儿活动等。在此过程中，提示家长进行观察与记录，便于事后交流。教师也可根据参观内容，从家长关注的内容，适时发起讨论交流。

表4-1-6 家长环境参观观察记录表

幼儿班级与姓名		家长姓名	
观察内容	家长记录		备注
区角的类型	娃娃家□ 建构区□ 图书角□ 自然角□ 生活区□		家长可根据教师介绍，记录相关内容；也可向教师咨询未展示或不清楚的内容
幼儿睡眠室的环境	独立睡眠室□ 可移动床□		
幼儿盥洗室的环境	洗手池□ 幼儿蹲便器□ 毛巾架□ 洗手液□ 肥皂□		
幼儿班级墙饰	幼儿作品栏□ 家园共育栏□ 其他墙饰□		
幼儿活动室桌椅等设备	桌椅材质	木质□ 塑料□	
	安全性	圆角□ 直角□	

> **温馨提示**
> ○活动中教师应认真倾听并及时反馈家长的意见。
> ○始终保持良好的教师仪态，与家长交流时语言规范、严谨。

4）评价活动

《幼儿园教育指导纲要（试行）》指出“幼儿园教育工作评价试行教师自评为主，园长以及有关管理人员、其他教师和家长等参与评价的制度”。参观/观摩活动评价，主要包括教师自评及家长评价。活动结束后，幼儿园管理人员应组织教师开展内部活动评价，反思活动效果，组织全部教师开展集体评价与提议，通过发现的问题，共同商讨教育策略；也可为班级内教师进行交流讨论，反思活动并提出改进建议（表4-1-7）。

作为活动主体的家长，可以通过活动中的讨论、活动后的问卷评价，或者单独向教师发起交流的形式，反馈本次活动，使教师能够多方面了解活动的实施效果、掌握家长的教育需求，进而对家长开展适宜的指导。

表4-1-7 参观式开放活动评价表

活动内容		活动时间	
参与人数		人员类别	
评价内容			
活动方案详细	好□ 一般□ 不好□		
活动目标达成	好□ 一般□ 不好□		
环境整洁、温馨	好□ 一般□ 不好□		
资料详细、齐全	好□ 一般□ 不好□		
活动内容选取满足家长需求	好□ 一般□ 不好□		
活动流程顺畅	好□ 一般□ 不好□		

续表

活动内容		活动时间	
参与人数		人员类别	
评价内容			
关注与家长的积极互动	好□　一般□　不好□		
家长表现积极、参与度高	好□　一般□　不好□		
科学解答家长问题	好□　一般□　不好□		
家长更关注的问题			
反思			
改进			

2. 技能操作

请完成中班/大班观摩幼儿生活活动与集体教育活动的开放活动策划。

(1)设计观摩类开放活动方案(表4–1–8)

表4-1-8　×××班家长观摩活动方案

项目	内容
设计意图	
活动目标	
活动时间	
活动地点	
参观人员	
活动流程	
人员安排	
家长注意事项	
其他	

(2)筹备活动

完成活动中所需人员、物品的准备，列出所需清单表(表4-1-9)，撰写家长邀请函(图4-1-4)。

表 4-1-9 ×××班家长观摩活动准备明细

类别		内容
人员保障	人员分工	
	后勤保障	
物质保障	物品清单	

“×××××”观摩活动邀请函
尊敬的家长朋友： 大家好！阐述活动目的、活动时间、时长、参与人员等内容。 ×××幼儿园 ×××班全体教师 ××××年××月××日

图 4-1-4 ×××班××××(主题)家长观摩活动邀请函

(3)组织活动

此环节明确各自职责，组织家长观摩并记录活动(表 4-1-10)。

表 4-1-10 家长观摩活动观察记录表

幼儿班级与姓名			家长姓名	
观摩活动类型	幼儿良好行为表现记录	幼儿不足记录	建议	需要家园共同解决的问题
生活活动				
学习活动				
游戏活动				

(4)评价活动

设计面向家长和教师的自评观摩活动评价表，了解家长的想法和教育建议。可从活动内容、活动准备、教师言行、教育水平、幼儿表现等维度设计观摩类活动评价表(表 4-1-11)。

表 4-1-11 观摩式开放活动评价表

幼儿姓名		幼儿班级	
家长姓名		与幼儿关系	
评价内容			
活动内容有趣、有教育性	好□ 一般□ 不好□		
……			

(二)体验/参与式开放活动策划与组织

1.知识学习

(1)体验/参与式开放活动的含义

体验/参与式开放日活动,指家长与幼儿同样作为活动的主体,以组织者或是参与者的身份,加入幼儿园教育活动的策划与组织过程中的一种家园共育活动形式。

(2)体验/参与式开放活动的内容

体验/参与式开放活动,家长可以作为幼儿园教育活动的参与者与组织者,在带班教师的指导下,以家长助教或家长教师的形式,开展幼儿教育活动,包括幼儿园健康、语言、社会、科学、艺术等五大领域的教学;也可作为体验者,参与到教师组织的幼儿学习与游戏活动中,主要包括幼儿园开展的园内亲子活动、运动会活动、亲子郊游活动、亲子采种活动等(表4-1-12)。

表4-1-12　体验/参与式开放活动内容一览表

家长角色	参与内容	目的
参与者	参与某个教育活动的设计	1.感受幼儿教师的工作,理解教师的工作性质 2.为幼儿园教育活动提出建议
	配合教师进行活动前的准备	
	帮助教师在活动中指导幼儿	
	参与教师的活动评价环节	
组织者	在幼儿教师指导下,设计某项教育活动	发挥家长优势,使家长更深入地参与到家园共育的过程中
	组织幼儿活动,带班教师进行配合与协助	
	参与活动的评价	
体验者	体验教师组织的活动,与幼儿共同参与	感受幼儿活动情况与发展情况,增进亲子关系,加强亲子互动
	活动过程中指导幼儿,与其一同完成教学任务	
	参与活动后的讨论	

(3)体验/参与式开放活动的实施原则

体验/参与式开放活动的实施原则除要遵循上述的“计划性原则”“尊重性原则”“目的性原则”外,还包含以下两个重要的原则:

1)适宜性原则

该原则主要体现在参与式开放活动中,教师需根据家庭情况、家长情况，根据学期教学计划，确定适宜的家长参加。例如：学期计划中有关于“抗疫小天使”的教学内容，那么教师要在了解各家长的特长、工作性质的基础上，聘请适宜的家长入园担任“家长教师”这一身份，组织该主题的幼儿教育活动。同时，教师还需考虑家长的兴趣、时间条件等，邀请家长入园作为配合者，担任“家长助教”与教师共同进行活动准备、活动组织等。

2）指导性原则

体验/参与式开放活动中，家长不仅是旁观者，还是幼儿活动的支持者。因此，在该类开放活动中，教师要关注对家长的指导。例如，体验活动中，教师不仅要对幼儿的活动提出要求，同时还要指导家长怎样既保证幼儿活动的主体地位，又能与幼儿进行良性互动；参与式活动中，要在活动前指导“家长教师”和“家长助教”了解幼儿活动的实施要求、审核家长设计的活动内容、指导家长组织幼儿活动等。

（4）体验/参与式开放活动的实施步骤

1）设计方案

①明确目的与策划者，联系家长

教师需确定活动的目的、家长参与的类型、计划好活动的日期与组织，做好与家长的沟通，请家长安排好时间，保证家长能够按时入园参加活动（表4-1-13）。

表4-1-13　小班中秋节“我会做月饼”体验活动计划

幼儿班级	小班	活动类型	体验式开放活动
活动名称	中秋节“我会做月饼”	参与人员	每名幼儿的父亲/母亲
活动时间	2022年9月9日	组织者	小班全体教师
活动目的	1.与幼儿共同参与中秋节“做月饼”的活动，增进亲子情感，提高家长指导幼儿活动的水平 2.使家长了解幼儿园的活动内容、教师的教学水平，并提出建议		

②撰写方案

本班教师需制订参观活动方案，方案包括设计意图、活动目的、活动时间、活动地点、家长参观流程、家长注意事项等内容，参与式活动还需明确是“家长教师”活动还是“家长助教活动”。还可向家长提供具体的教育活动方案，便于家长提前了解教育活动的内容。以“我会做月饼”体验活动为例，其方案见表表4-1-14。

表4-1-14　“我会做月饼”家长体验活动方案举例

项目	内容
设计意图	幼儿入园已经有一段时间了，大部分幼儿都能够适应幼儿园的集体生活。本学期恰逢中秋节，为了让家长进一步了解幼儿在园活动情况，特此开展中秋节“我会做月饼”主题活动，让家长在和幼儿的互动中，了解中秋节的起源，体验“做月饼”的过程，增进对中国传统节日的热爱
活动目标	1. 提高家长的育儿能力，指导家长支持、参与幼儿的活动，提高幼儿的动手能力 2. 增强家长对中国传统节日的认识，能够在家庭中同样关注对幼儿中国优秀传统文化教育 3. 使家长充分体验幼儿园教育活动，理解活动的价值，了解教师的教学水平
活动时间	2022年9月9日 9:30—10:10　签到时间：9:20—9:30
活动地点	地点：××××幼儿园小1班
参与人员	每位幼儿1名家长
活动流程	9:20—9:30　家长进班签到，教师介绍活动的内容和注意事项 9:30—10:00　“我会做月饼”主题教育活动开始 10:00—10:10　活动后家长交流，活动结束
人员安排	接待：1名教师；活动组织：2名教师
家长注意事项	1. 此活动为全班家长参与，请家长有序参观，听从教师引导 2. 活动中，请家长轻声交流，并保持手机静音 3. 家长需按照教师的活动要求，与幼儿良性互动，支持、指导幼儿活动
其他	

2）筹备活动

①检查环境、准备物品

体验/参与式开放活动仍需教师做好本班级的环境检查工作，同时要根据活动的内容，做好活动场地的布置、准备充足的活动材料，并在活动前和家长说明活动的要求。教师需要审核参与教育活动的家长的活动方案以及活动所需的教具、PPT等，必要时指导家长完善活动准备（表4-1-15）。

表4-1-15 体验/参与式开放活动的筹备

内容	要点	
环境准备	实施场地在班级内，需查验班级环境（详见表4-1-5），同时做好班级座椅的布置，保证场地能够承担相应数量的家长和幼儿	
	实施场地在户外（园所中或园所外），需要检查场地的安全性与可行性，必要时做好户外场地的布置（例如亲子运动会场地布置等）	
活动内容准备	体验式开放活动	确定主讲教师与参与人员
		确定接待教师
	参与式开放活动	确定主讲教师/家长教师/家长助教
		家园沟通，教师指导家长设计活动并结合游戏的形式、准备活动材料
		家长参与教育活动的组织，教师支持、配合家长
资料准备	准备纸质版/电子版活动方案、教案	

温馨提示

○参与式开放活动需在学期初做好相关家长的沟通工作，尊重家长，充分给予家长准备的时间。

②发布邀请、个别沟通

全员家长参与的开放活动，教师同样需要发布活动邀请函，使家长明确活动目的、内容、时间和要求等。若邀请个别家长参与教育活动的组织，担任“家长教师”或“家长助教”，则应和家长单独沟通，尊重家长的意见，取得家长的支持。

3)组织活动

①体验式活动

负责教师应在规定地点等候、并组织家长参与各环节的活动。教师介绍活动的内容和流程；活动开始后，应时刻关注亲子活动情况，需指导家长与幼儿共同活动、引导家长支持、促进幼儿在活动中的发展。

②参与式活动

明确家长为主讲教师还是助教老师。家长为主讲老师，教师需配合家长组织活动，必要时帮助家长指导幼儿活动，维持班级的秩序，引导幼儿积极参与；家长为助教老师，教师应带领家长共同参与活动组织，指导家长关注幼儿活动需求，与教师一同促进幼儿发展。

4)评价活动

教师与家长皆为幼儿园教育活动活动评价的主体。活动结束后，教师既应组织家长对活动进行评价（表4-1-16），还可以从家长对幼儿园教育的认识进行评价。教师应在班级/园所对开放活动进行自评、反思与改进，提升活动质量。

全员参与的活动，教师可以以线上问卷的方式，请家长对活动进行评价与反馈；若有单独家长参与活动组织，教师可运用面谈、线上等多种形式与家长沟通。

表4-1-16　体验式开放活动评价表

活动名称		活动时间	
幼儿姓名		家长姓名	
评价内容			
活动内容富有趣味性	好□	一般□	不好□
活动内容具有教育性	好□	一般□	不好□
活动准备	好□	一般□	不好□
活动过程中关注幼儿发展	好□	一般□	不好□
活动过程体现指导家长	好□	一般□	不好□
活动流程顺畅	好□	一般□	不好□
教师言行规范	好□	一般□	不好□
教师活动组织能力较强	好□	一般□	不好□
幼儿参与度高、获得提升			
建议			

2. 技能操作

请完成中班/大班家长参与“抗疫小天使”集体教育活动的活动策划。

(1)设计参与式开放活动方案(表4–1–17)

表4-1-17　“抗疫小天使”家长参与式开放活动方案

项目	内容
设计意图	
活动类型	家长教师活动□　家长助教活动□
活动目标	
活动时间	
活动地点	
参与人员	
活动流程	
人员安排	
家长注意事项	
其他	

(2)筹备活动

完成活动中所需人员、物品的准备，列出教师与家长在活动中的职责，以及所需准备的物品清单表，并撰写需要与家长沟通内容的细则(表4-1-18)。

表4-1-18 “抗疫小天使”家长参与式活动筹备清单

人员保障	教师职责	
	家长职责	
物质保障	所需玩教具	
	其他活动准备	
与家长沟通的内容		

(3)组织活动

教师与家长明确各自职责，共同组织幼儿活动，促进幼儿发展。

(4)评价活动

设计面向家长和教师自评的活动评价表，可从活动内容的设计、活动的准备、活动过程中家长的指导、活动效果等方面进行评价(表4-1-19)。

表4-1-19 家长参与式活动评价表

活动名称		活动类型	家长教师活动□ 家长助教活动□
活动班级		家长姓名	
评价内容			
幼儿园教育活动的性质	明确□	一般□	不明确□
……			

检查评估

工作人员按照表4-1-20中的检查项目进行自我检查，并将检查结果和自我点评记录在表中。

表 4-1-20 幼儿园开放活动策划与组织检查记录表(工作人员自评)

序号	检查项目	检查结果	自我点评
1	明确各类开放活动含义	是□ 否□	
2	熟悉各类开放活动的内容	是□ 否□	
3	掌握开放活动实施原则	是□ 否□	
4	完成活动方案设计	是□ 否□	
5	明确活动准备要求	是□ 否□	
6	熟悉组织环节	是□ 否□	
7	了解活动后的评价与反馈形式	是□ 否□	

学员按照表 4-1-21 中的检查项目，对服务情况进行检查，并将检查结果和结果点评记录在表中。

表 4-1-21 幼儿园开放活动策划与组织检查记录表(学员点评)

序号	检查项目	检查结果	结果点评
1	是否了解不同年龄段幼儿家长的教育需求	是□ 否□	
2	沟通语言是否亲切、得体	是□ 否□	
3	是否引导家长有序参与活动	是□ 否□	
4	活动评价指标是否清晰	是□ 否□	
5	是否认真倾听、吸纳家长意见	是□ 否□	

教师根据表 4-1-22 中的检查项目，对学员的任务完成情况进行检查，并将检查结果和结果点评记录在表中。

表 4-1-22 幼儿园开放活动策划与组织检查记录表(教师点评)

序号	检查项目	检查结果	结果点评
1	活动准备充分	是□ 否□	
2	活动内容选择适宜	是□ 否□	
3	活动方案撰写清晰，操作性强	是□ 否□	
4	活动组织环节流程	是□ 否□	
5	活动评价指标适宜，可操作	是□ 否□	

任务小结

- 幼儿园开放活动策划与组织
  - 参观/观摩式开放活动策划与组织
    - 参观/观摩式开放活动的含义
    - 参观/观摩式开放活动的内容
    - 参观/观摩式开放活动的实施原则
      - 计划性原则
      - 尊重性原则
      - 目的性原则
      - 真实性原则
    - 参观/观摩式开放活动的实施步骤
      - 设计方案
        - 明确目的，选取内容
        - 确定策划与组织者
        - 撰写方案
      - 筹备活动
        - 做好人员保障
        - 做好物质保障
        - 发布活动通知
      - 组织活动
        - 教师定点等候
        - 引领家长活动
        - 展示开放内容
      - 评价活动
  - 体验/参与式开放活动策划与组织
    - 体验/参与式开放活动的含义
    - 体验/参与式开放活动的内容
    - 体验/参与式开放活动的实施原则
      - 适宜性原则
      - 指导性原则
    - 体验/参与式开放活动的实施步骤
      - 设计方案
        - 明确目的与策划者，联系家长
        - 撰写方案
      - 筹备活动
        - 检查环境、准备物品
        - 发布邀请、个别沟通
      - 组织活动
        - 体验式活动
        - 参与式活动
      - 评价活动

任务二　幼儿园家庭主题活动

教学资源

任务导入

场景：家中

人物：幼儿家长、儿童

情节：幼儿园近期举行了“我是中华好宝宝”的系列活动，小朋友们在活动中学习了中华传统文化的相关知识，知道了很多中国传统节日，诵读了很多经典儿歌，活动获得了家长们的好评，幼儿园决定将活动延伸至家庭，开展相关的主题活动和社会实践活动，促进家园合作，提升活动的效果，你能想到哪些主题活动呢？

任务目标

- 能根据幼儿园主题活动设计家庭主题活动。
- 能根据不同主题及内容指导家长开展家庭主题活动。
- 能尊重家庭差异，依据幼儿园家庭社会实践活动的原则，完成活动的方案设计、前期准备以及活动组织与评价。

任务实施

(一)幼儿园家庭主题活动的设计与组织

1.知识学习

(1)家庭主题活动的含义

家庭主题活动是家园合作的主题活动，是幼儿园有计划、有目的的在提高家长育儿水平的基础上，与家长共同促进幼儿优化发展的活动。通过活动，不仅可以为家长和婴幼儿创造良好的互动环境，还可以对家长进行科学育儿指导和教育育儿的指导以及通过教育优化幼儿发展。

(2)家庭主题活动的特点

家庭主题活动具有双重目的，其一是通过家庭主题活动深化幼儿园教育理念，促进幼儿发展；其二是通过家庭主题活动促进家长深入家庭教育，优化亲子关系，提升家长科学育儿能力。

家庭主题活动的主体是多元的。幼儿和家长是家庭主题活动的活动主体，通过在家共同完成主题活动，提升亲子关系，强化幼儿园主题教育成果；幼儿教师是家庭主题活动的策划主体，根据幼儿发展需要、家长科学育儿需要和幼儿园活动设计家庭主题活动，并指导家长开展家庭主题活动；家长又是家庭主题活动中个别化指导的主体，在具体的活动实施中，需要家长去指导幼儿。

(3)家庭主题活动的内容(表4-2-1)

家庭主题活动形式多样，内容丰富，可以依据节日开展传统节日家庭主题活动，也可以是促进家长和幼儿亲近大自然、走进社区、认识社区的社会实践类活动，还可以是亲子阅读活动，不管是哪一类型的家庭主题活动，都可以成为幼儿园教育的延伸。

表4-2-1 家庭主题活动内容一览表

活动主题	幼儿园主题活动	家庭主题活动
传统节日活动	重阳节——“敬老活动” 清明节——“踏青活动”	“我为妈妈捶捶背” “寻找春天——摄影活动”
儿童中心主题	我长大了 我喜欢我	“我的照片” “画一画我的本领”
亲子阅读活动	我喜欢阅读	“每日悦读”打卡活动
认知类活动	“飞机的世界”	“我喜欢的飞机”

(4)家庭主题活动的设计原则

1)适宜性原则

活动的设计应遵循适宜性原则。首先，活动应该适宜幼儿发展水平，能促进幼儿发展；其次，活动应适宜在家庭中开展，活动的材料应该容易收集；再次，活动应该适宜家长们开展家庭指导，提升家长参与家园共育活动的信心；最后，活动的教师需根据家庭情况、家长情况、幼儿发展需求，幼儿园活动计划设计相应的活动，根据学期教学计划，来确定适宜的家长参加。例如：“我喜欢的飞机”家庭主题活动中，活动要求家长和幼儿查找喜欢的飞机，并尝试设计飞机结构图。在家庭中家长可以和幼儿通过网络搜索查到各种各样飞机的资料，可以通过画图的方式画出飞机的结构。幼儿普遍对飞机感兴趣，活动容易完成，活动所需材料很常见，符合适宜性的要求。

2)指导性原则

在家庭主题活动中，家长不仅是活动的参与者，还是幼儿阅读活动的直接指导者。因此，在该类开放活动中，教师要关注对家长的指导。例如，在体验活动中的“每日阅读打卡”活动时，教师不仅要对幼儿的活动提出要求，同时还要指导家长选取绘本，根据幼儿不同的阅读表现评价、发展幼儿阅读能力，激发幼儿阅读兴趣等。不同的活动主体应该有不同的指导内容。(表4-2-2)

表4-2-2　绘本阅读活动的家长指导

绘本名称	《我不跟你走》
绘本简介	《我不跟你走》(图4-2-1)这本书强调“自我保护意识培养”，从幼儿熟悉的生活场景入手，绘声绘色地描写小主人公露露在放学时，如何通过自己的保护清单中信息的对比筛选，勇敢地拒绝陌生人接送的故事，激发了幼儿对陌生人保持警惕性，不断提升幼儿的自我保护意识
阅读指导建议	1. 妈妈给孩子读一读《我不跟你走》的故事，讲述的时候语速要慢一些，语调温和一些 2. 问问孩子“你可以跟谁走？为什么？”引导儿童明确谁是照顾自己的人，最熟悉自己的人，可以带走自己的人 3. 和孩子玩画一画的游戏，画一个“人际圈”，圈最内的圆心，第一个圈圈是照顾者圈圈，是照顾自己的人，例如爸爸、妈妈、爷爷、奶奶等，第一圈外画第二圈爱心圈，将可以和自己一起交流、玩耍的人的名字写下，例如老师、幼儿园小朋友等 4. 让孩子把“人际圈”作品带到幼儿园一起分享交流
温馨提示	3~6岁幼儿对事物的认知还是以具体形象思维为主，“陌生人”对他们来说是一个抽象的概念，家长们可以和孩子充分地讨论什么样的人是陌生人，或者让孩子明确谁可以接我走，谁给的东西我可以吃。目前这一阶段，儿童可以通过学校教育和绘本阅读对陌生人有一个初步的认识。儿童意外走失或者被陌生人带走的危险依然存在，家长要做好儿童安全教育和看护工作

图4-2-1　《我不跟你走》

3)灵活性原则

家庭主题活动积极鼓励家长和幼儿的参与,活动的安排应充分考虑到不同家庭完成的可能性,因此活动内容应丰富,让每位幼儿和家长都有参与的可能性;活动时间的要求不必拘泥于某一特定时间;活动结果反馈可以有多种形式,比如文字记录、绘画记录、照片记录、视频记录。

(5)家庭主题活动的实施步骤

1)设计方案

①明确目的和意图

如在“寻找春天——摄影活动”的活动目标:1.通过活动使幼儿能够仔细观察身边的大自然,并学会使用照相机记录下来。2.通过“寻找春天——摄影活动”,让父母和孩子走进大自然,感受春天的美,亲近大自然。

②确定策划与组织者

幼儿园家庭主题活动的策划与组织者有以下三种:一是幼儿园领导统筹策划,教师落实组织活动;二是年级组组长带领教师策划组织;三是本班教师策划与组织。

③制订活动方案

本班教师需制订参观活动方案,方案需涵盖活动名称、活动目的、活动时间、活动地点、参与者、活动安排及建议、温馨提示、活动交流分享、活动反馈等方面的内容,见表4-2-3。

表4-2-3 家庭主题活动方案

活动名称	可以根据幼儿园主题活动选取,并体现活动的家庭性
活动目的	既要说明通过本次家庭主题活动达到什么目的,解决什么问题。家庭主题活动一般包含两方面的目标,一方面是针对幼儿的,另一方面则是针对家长育儿能力的提升
活动时间	应考虑幼儿以及家长的生活节奏等,避免提出过量的要求,导致活动不能真实完成,一般来说活动应安排在周六日或节假日期间
活动地点	不作强制要求,家长们可以根据自身情况灵活地选取适宜的地点完成活动,如果是体育类或游戏活动,则要告知家长场地要求和建议
参与者	××班幼儿及家长
活动安排及建议	明确活动各个项目的具体安排及要求,在家庭主题活动中,明确活动要求,使家长明确如何开展活动;
温馨提示	可以就幼儿的身心发展特点、兴趣爱好、家长与幼儿交流方式、记录手段等提示

温馨提示

○活动安排要以参与活动幼儿的年龄为基准进行考虑。

续表

活动交流分享	教师可以通过班级微信群组织家长开展活动成果交流分享，也可以收集家长们的亲子活动照片或视频，进行编辑后发布到班级群里或者通过微信公众号的方式发出
活动反馈	教师根据家长们分享交流的内容总结本次活动的情况，并通过幼儿园微信公众号将活动情况反馈给家长们

2）筹备活动

①幼儿园主题活动开展

进行家庭主题活动前，班级教师已经开展了“认识传统节日”的主题活动，幼儿初步认识、了解传统节日，学习兴趣浓厚。

②发布活动通知

教师可以通过多种形式通知家长参与家庭主题活动，例如口头通知、班级的宣传板、QQ/微信群、公众号、电话、短信等，并整理家长预参与人数。在活动通知中，教师阐述当前幼儿园主题活动开展的状况，让家长了解活动开展的背景、意义、时间等，此外，教师应做好与家长的沟通，取得家长对活动的支持，通过宣传活动的意义，提升家长的参与度，如图4-2-2所示。

“中华传统节日——中秋节”家庭主题活动邀请函

尊敬的家长朋友：

感谢您一直以来对幼儿园教育工作的支持！近期班级开展了“中华传统节日”的主题活动，在班级里通过绘本、海报、儿童活动区情境模拟等多种方式认识了部分传统节日的来源、习俗。班级幼儿对该项活动十分感兴趣，因此我园将开展“中华传统节日”的延伸活动——家庭主题活动！恰逢中秋节，班级设计了“中秋节”的家庭主题活动，共包含：我知道中秋节、一起做月饼、中秋赏月三个项目，活动中孩子们不仅可以增长知识，提升动手能力，更能感受到浓浓的亲子情和中秋节的氛围！诚意邀请您和孩子在中秋节期间参与活动、记录活动并在班级群开展交流。

期待您的参与！

×××幼儿园　中2班全体教师

2022年8月20日

图4-2-2　“中华传统节日——中秋节”家庭主题活动邀请函

3）组织活动

①活动记录

活动记录表不仅可以保存家园共育的活动内容，也可以很好地引导家长完成活动，在活动记录表中应体现活动涉及的各个项目、幼儿活动收获及反馈，家长活动收获及反馈，见表4-2-4。

表4-2-4 中班“中华传统节日——清明节”家庭主题活动记录表

幼儿姓名	洋洋	活动时间	2021.4.1–2021.4.5
活动记录(可以是文字、绘画、照片等)	活动项目1:我知道清明节 爸爸给洋洋讲述了“清明节”的由来 全家人一起祭祖扫墓 清明节家人一起踏青郊游		
	活动项目2:一起做青团 洋洋和妈妈一起做青团,洋洋负责装馅料,捏青团,妈妈告诉洋洋青团的原材料及作用		
	活动项目3:踏青郊游 全家人一起踏青郊游,在户外野餐、放风筝,享受美好的春天,还朗诵了古诗《清明》		
孩子活动感受	我知道了 清明节是怎么来的 我做了 青团、扫墓 我想说 清明节是祭祀祖先的节日,纪念革命先辈的日子		
家长活动感受	活动感想 日常生活中有很多环节都可以让孩子参与进来,也是提升亲子关系的好时机,希望幼儿园能多多给予有益的指导,提升亲子交往的质量		

②活动分享

教师引导家长通过微信群等方式分享交流活动成果。

4)评价活动

家庭主题活动评价,根据活动的主体,主要有三方面的评价:一是幼儿参与活动的感受、对活动的评价,二是家长对活动设计与活动体验的评价,三是教师对家长活动参与结果的评价。活动结束后,活动组织者立即开展活动评价,反思活动设计及活动内容,并提出改进的建议。(表4-2-5)

表4-2-5 家庭主题活动评价表

活动内容		活动时间	
参与人数		人员类别	
评价内容			
活动方案详细	好□	一般□	不好□
活动目标达成	好□	一般□	不好□
活动内容选取满足家长需求	好□	一般□	不好□
活动形式	好□	一般□	不好□
关注与家长的积极互动	好□	一般□	不好□
幼儿表现积极、参与度高	好□	一般□	不好□
建议			

2.技能操作

请完成大班“买年货”家庭主题活动的策划。

(1)设计大班“买年货”家庭主题活动方案(表4-2-6)

表4-2-6　×××班家庭主题活动方案

活动名称	
活动目的	
活动时间	
活动地点	
参与者	
活动安排及建议	
温馨提示	
活动分享交流	
活动反馈	

(2)活动邀请函(图4-2-3)

“×××”家庭主题活动邀请函

尊敬的家长朋友:

从活动开展的背景、活动意义、活动内容、活动时间等方面撰写。

期待您的参与!

×××幼儿园　××班全体教师

××年××月××日

图4-2-3　“×××”家庭主题活动邀请函

(3)活动记录表(表4-2-7)

表4-2-7　家庭主题活动记录表

幼儿姓名		活动时间	
活动记录(可以是文字、绘画、照片等)	活动项目1		
	活动项目2		
	活动项目3		
孩子活动感受	我知道了____ 我会做了____ 我想说____		

续表

家长活动感受	活动感想____________________ ____________________ ____________________

(4)活动评价与反馈(表4-2-8)

表4-2-8　活动评价与反馈表

活动内容		活动时间	
参与人数		人员类别	
评价内容			
活动方案详细	好□	一般□	不好□
活动目标达成	好□	一般□	不好□
活动内容选取满足家长需求	好□	一般□	不好□
活动形式	好□	一般□	不好□
关注与家长的积极互动	好□	一般□	不好□
幼儿表现积极、参与度高	好□	一般□	不好□
建议			

(二)幼儿园家庭社会实践活动设计与指导

1.知识学习

(1)幼儿园家庭社会实践活动的含义

幼儿园家庭社会实践活动是幼儿园组织的以家庭为单位参加的,让幼儿接触社会,通过感受和体验了解社会生活的活动。幼儿园家庭社会实践活动能够让孩子们感受、体验家庭和幼儿园之外的大世界,它是孩子们接触外界、拓宽视野、学习并遵守社会规则的重要途径。幼儿园应定期组织孩子们参与社会实践活动,以此来帮助孩子们了解周围的社区、亲近大自然。

(2)幼儿园家庭社会实践活动的形式

《幼儿园教育指导纲要(试行)》指出“环境是重要的教育资源,应通过创设并有效地利用环境促进幼儿的发展”“充分利用社区的教育资源,引导幼儿适当参与社会生活,丰富生活经验,发展社会性”。因此社会实践活动应该注重儿童的体验性,一般类型见表4-2-9。

表4-2-9　社会实践活动类型表

活动形式	举例
参观	参观博物馆、参观海洋馆
体验	职业体验馆、农业生活
运动会	亲子趣味运动会
走进大自然	踏青、郊游、爬山、放风筝

(3)幼儿园家庭社会实践活动的实施步骤

1)设计方案

①明确目的,选取内容(表4-2-10)

幼儿园有计划的社会活动,邀请家长参加不仅可以提升幼儿的社会实践体验,还可以促进家园教育的一致性。在活动前应明确活动的目的,选取相应的内容开展。

选择幼儿郊游和社会实践活动的地点、时间、内容、形式,应符合幼儿的年龄特点和教育要求,严禁组织幼儿在校外闹市区、机动车辆通行的道路开展体能活动、教学活动和社会实践活动。在台风、暴雨等恶劣天气和活动场所环境不明的情况下,严禁组织师生外出郊游和开展社会实践活动。

微课 幼儿园家庭社会实践活动的筹备

表4-2-10　幼儿园家庭社会实践活动类型、目的与内容

活动类型	活动目的	内容
参观	1.了解博物馆的名称、地理位置、意义 2.通过参观博物馆走进历史、了解传统 3.激发幼儿热爱家乡的自豪感	参观博物馆、参观抗战纪念馆等
走进大自然	1.感受大自然的风光,学会欣赏大自然的美景 2.培养动手能力,体验劳动的快乐 3.增进家长和幼儿间的亲子互动 4.增进同学之间的友谊,提高团队协作能力 5.加强家长间的相互了解,提升班级凝聚力	郊游、春游、爬山等
体验类活动	1.增加幼儿职业体验 2.增加社会认知	博物馆参观类、职业体验馆参观
运动游戏类	1.通过形式多样的亲子游戏,增进家长与孩子之间的情感交流,更好地促进家园双沟通 2.在活动中,培养幼儿自信、大胆、勇于竞争的品质	亲子运动会等

②确定策划与组织者

幼儿园社会实践活动的策划与组织方可以是幼儿园，也可以是有组织郊游活动专业经验、有专业组织资质、有专业指导和陪护教师、有符合国家规定的安全标准的车辆、有符合法规要求的安全保障书面约定的专业团体合作组织。

③撰写方案

社会实践活动方案需涵盖活动目的、活动时间、活动地点、交通安排或要求、用餐安排或要求、家长注意事项等内容。（表4-2-11、表4-2-12）

表4-2-11　活动方案撰写体例

内容	要求
活动说明	说明开展活动的原因，简要阐述活动内容，声明活动自愿参加
活动目标	阐述具体的活动目标，说明通过该活动对家长和幼儿产生的教育影响
活动时间	日期、开始时间、入园时间等
活动地点	具体到园址、班级/某功能室以及涵盖家长签到/集合地点
参观人员	明确人员类别（家长/幼儿/家委会成员等）、参观人数
活动流程	参观内容+具体时间段+地点
人员安排	幼儿园管理者、每个班级具体负责的教师及其联系方式，幼儿教师的具体工作安排
交通安排	外出活动明确出行安排的车辆和时间，明确幼儿随行人员数目
就餐安排	是统一安排还是自行就餐（如自行就餐，提示家长注意食品安全）
家长要求	具体阐述活动中家长需要准备的物品、家长需肩负的责任、需要签署的安全协议等
温馨提示	根据活动的要求、幼儿的心理特点和衣着要求等方面予以提示
其他	社会实践活动应附活动安全协议、活动教案等

表4-2-12　“植树节”社会实践活动方案举例

项目	内容
设计意图	在植树节到来之际，幼儿园开展植树节活动，让家长和孩子一起来参与“多一片绿叶，多一点温馨”的植树活动，让幼儿感受大自然的美好，体验劳动的快乐，培养幼儿的环保意识
活动目标	1. 了解“植树节的来历”“植树与环保”等有关植树节的资料 2. 引导幼儿观察形形色色的树种，了解树的名称、形态、特点、生长规律等 3. 通过植树活动，培养热爱劳动、热爱大自然的意识

续表

项目	内容
活动时间	2022年3月10日8:00—12:00
活动地点	地点：××地区植树基地
参与人员	家长
活动流程	入园准备 8:00—8:10 幼儿入园 8:10—8:30 早餐 8:30—8:45 家长进班签到 9:00—9:40 前往植树基地
	植树基地活动10:00开始 活动项目一：植树节的倡议 1. 教师讲解植树节的来历，宣布活动开始 2. 园林处工程师讲解种树所需要的工具、如何种树等知识 3. 教师向小朋友介绍种树的意义，讲解护绿爱树的重要性 4. 提出口号"小小行动，大大爱心，共创绿色家园"，并向大家倡议："让我们的世界变成青青世界，从我做起，从现在做起"。
	活动项目二：分班级开展植树活动并挂牌(牌子上写树的名字及祝福语) 1. 小班家园活动主题"我和小树一起长大" 流程：给公园的树浇水、松土、修枝，给树挂牌，与小树比高，与小树合影 2. 中班家园活动主题"珍爱绿色，珍爱家园" 流程：在公园种植园地，和家长一起种植小树，挂牌合影 3. 大班家园活动主题"多片绿叶，多份温馨" 流程：幼儿在家长陪同下在公园给树木挂牌，认识各种树木并做调查，绘画(主题是树木)，把盆栽带回家，开展家庭种植活动 12:00活动结束
人员安排	总负责人：园长 辅助人员：副园长、保健医随行 各班活动执行人：班级教师、助教老师、保育员老师
交通安排	家长8:45入园入班后，9:00统一乘大巴出发，每名幼儿必须由一名家长随行陪同，如有其他家庭成员想参加活动可以自行抵达目的地
就餐安排	本次活动幼儿园提供早餐，午餐自行解决
家长要求	1. 家长自愿报名参加活动并签订安全协议 2. 每个家庭只能有一名家长随行陪同，如有其他家长想参加，可以自行抵达目的地参与活动 3. 物品准备：小铲子(避免幼儿因为铁铲发生争执，每位幼儿自带铁铲，家长的铁锹统一由活动基地配备，两名家长一把)，小水桶，饮用水，湿纸巾，垃圾袋 4. 和幼儿园签订"亲子植树活动安全协议"

续表

项目	内容
温馨提示	1.家长和孩子们穿着轻便的服装和鞋子,及时增减衣物 2.移栽的盆栽请家长们先带回家写上幼儿的名字和盆栽的名称,于周一入园时带入幼儿园,老师会经常和宝贝一起给种子浇水,并观察它的生长过程 3.活动结束后家长可以带孩子自行离开,也可以统一乘坐大巴到达幼儿园后离开 4.家长自行就餐(如果是自己携带餐点,请注意食品是否变质)
安全教育	组织幼儿外出活动前,教师要对幼儿进行乘车、游园、登山、活动等安全教育和遵守纪律的教育,培养幼儿的自我保护意识和能力

2)筹备活动

①实地勘察

教师应对幼儿郊游和社会实践活动的场地、环境的安全进行实地勘察,熟悉观察的内容、活动的范围,了解行走的路线、方向,约定好专访的对象。

②活动审批表

根据幼儿外出郊游和社会实践活动的具体方案,填写活动审批表(表4-2-13)(包括时间、地点、人数、活动路线、安全保障措施等),并上报园长或教学管理人员审批备案,建立领导审批责任制。

表4-2-13 ××幼儿园组织学生外出活动审批表

活动时间		参加班级	
活动地点		参加人数	
安全负责人姓名		联系电话	
是否有家长陪同及陪同人数		安全管理人数	
交通工具是否有合法运营资格		交通工具数量	
是否事先勘查活动场所		活动场地安全评估	
活动内容安全措施(包括活动前教育、安全人员安排、应急救援措施等			

续表

学校(园)意见	负责人签名： (公章) 年 月 日	教育局主管部门意见	负责人签名： (公章) 年 月 日

③发布家长告知书

幼儿园举行大型活动或非常规活动，应该告知并征得家长同意，可以通过发放家长告知书来完成，如图4-2-4所示。在家园共育活动开展前，应提前向家长发放活动安全告知书并征得同意，提示家长活动的时间、地点、安全注意事项、回执，保证家长在参加活动时能够积极配合幼儿园工作，做好幼儿安全防护工作。

XX幼儿园植树活动安全家长告知书

亲爱的家长朋友们：

您好！

本幼儿园即将在XX年XX月XX日XX时开展社会实践活动，家长和幼儿自愿参加。在此恳请各位家长积极配合我园的安全教育工作，家园携手保障幼儿安全。现结合我园安全工作中的实际问题，向各位家长朋友提出以下建议，殷切希望您密切配合，积极实施。

1、活动时间安排：

幼儿入园离园时间安排：8：00

家长入园离园时间安排：8：45

其余时间如您有事接孩子，请与保安联系，做好来访登记。（联系电话：XX）

2、早晨入园：

（1）孩子离家前，请您仔细检查衣物口袋及随身物品，是否带有尖利或细小物品，如：小刀、钉子、纽扣、打火机等，以防误入口鼻或伤及自己与他人。

（2）孩子若在用药期间，请您将孩子姓名、药物的用法及用量、服药时间等相关要求注明在药袋上，嘱咐孩子交给老师。

3、活动期间安全注意事项

（1）参加外出活动的幼儿必须至少一名家长陪同，并全面负责孩子的安全问题，教师不承担任何安全责任。

（2）为了确保孩子安全，根据活动内容，外出活动提出的统一要求，家长必须服从。

（3）家长带孩子不得单独离队行动，中途离开必须与主班老师请假。

4、活动期间幼儿需要统一穿着幼儿园红色马甲，家长轻便着装，携带小铲子（避免幼儿因为铁铲发生争执，每位幼儿自带铁铲，家长的铁锹统一由活动基地配备，两位家长一把）， 桶，饮 、湿纸巾，垃圾袋；

5.家长须和幼儿园签订“亲子植树活动安全协议书”

家长朋友们，孩子像娇嫩的花朵需要我们细心呵护，让我们时时处处做个有心人，防患于未然。让我们的宝贝健康、快乐、茁壮成长吧！

XX幼儿园

二0XX年XX月XX

XX幼儿园XX活动安全家长告知书

XX幼儿家长已收到XX幼儿园XX活动安全家长告知书，并认真阅读，知晓告知书中的安全事项，如未能按要求执行，后果自负。

同意参加此次活动（ ）/不同意参加此次活动（ ）

特此说明！

家长签字 联系电话

日期：

图4-2-4 ××幼儿园植树活动安全家长告知书

④与家长签订安全责任协议

幼儿园集体外出活动应与家长签订安全责任协议，明确安全责任，安全协议应由幼儿园统一出具，签署完毕后，家长与幼儿方可参加活动。(图4-2-5)

××幼儿园2022年“植树节”社会实践活动安全责任协议

甲方：××幼儿园　　　（以下简称甲方）

乙方：幼儿家长　　　（以下简称乙方）

××幼儿园2022年“植树节”社会实践活动采取“幼儿家长自愿参加、家长同意参加则签字”原则。为了确保孩子外出安全，明确安全责任，特签订安全协议。

一、甲方责任

1. 在乙方外出前，甲方应对乙方进行交通安全、食品安全、自我保护、安全自救等安全教育。

2. 甲方本着方便大家的原则，尽自己所能为大家提供服务。

3. 3月10日上午（本周五）8：00点幼儿统一入园吃早饭，8：45家长入园，9：00统一从幼儿园乘坐大巴车出发，出发前家长对孩子进行纪律教育和安全教育，检查孩子的衣物和身体情况，（全体幼儿穿红色校服马甲，穿舒适的鞋）老师在集合地点清点人数。

4. 活动结束时，教师认真清点人数，整队家长带幼儿有序离开。

二、乙方责任

1. 外出活动由乙方自愿报名，自主参加，安全自负。

2. 参加外出活动的幼儿必须由一名家长陪同，并全面负责孩子的安全问题，教师不承担任何安全责任。

3. 为了确保孩子安全，根据活动内容，外出活动提出的统一要求，乙方必须服从。

4. 家长不得带孩子单独离队行动，中途离开必须与班主任请假。

5. 出行前，每位家长认真阅读，并签署意见。

三、其他约定

以上未尽事宜，视情况双方协商处理。本协议一式两份，甲方和乙方各留一份，双方签字后生效，有效性直到活动全部结束为止。

甲方：幼儿园　　（签字）：________________

乙方：幼儿家长　（签字）：________________

_____年____月_____日

图4-2-5　××幼儿园2022年“植树节”社会实践活动安全责任协议

3）组织活动

活动负责教师应全程陪伴，活动开始前向家长介绍活动内容、活动要求，如有自由活动部分，则应明确集合时间，在活动过程中，时刻关注亲子活动的进展，及时进行个别指导，同时可以使用相机记录下来亲子活动的场景。

4）评价活动

根据活动的主体，主要有三方面的评价：一是幼儿参与活动的感受和对活动的评价；二是家长对活动设计与活动体验的评价；三是教师对家长活动参与结果的评价。活动结束后，活动组织者立即开展活动评价，反思活动设计及活动内容，并提出改进的建议（表4-2-14）。

表4-2-14　社会实践活动评价表

活动内容		活动时间	
参与人数		人员类别	
评价内容			
活动方案详细	好□	一般□	不好□
活动目标达成	好□	一般□	不好□
环境整洁、温馨	好□	一般□	不好□
活动组织安排合理	好□	一般□	不好□
活动内容选取满足家长需求	好□	一般□	不好□

续表

活动流程顺畅	好□	一般□	不好□
关注与家长的积极互动	好□	一般□	不好□
家长表现积极、参与度高	好□	一般□	不好□
反思			
改进			

2.技能操作

(1)活动方案

请依据表4-2-15的体例撰写活动方案。

表4-2-15　活动方案撰写体例

内容	要求
活动说明	
活动目标	
活动时间	
活动地点	
参观人员	
活动流程	
人员安排	
交通安排	
就餐安排	
家长要求	
温馨提示	
其他	

(2)活动审批表

根据活动方案填写表4-2-16,上报园长或教学管理人员审批备案。

表4-2-16　××幼儿园组织学生外出活动审批表

单位(盖章):

活动时间		参加班级	
活动地点		参加人数	
安全负责人姓名		联系电话	
是否有家长陪同及陪同人数		安全管理人数	

续表

交通工具是否符合有合法运营资格		交通工具数量	
是否事先勘查活动场所		活动场地安全评估	
活动内容安全措施（包括活动师前教育、安全人员安排、应急救援措施等			
学校（园）意见	负责人签名： （公章） 年 月 日	教育局主管部门意见	负责人签名： （公章） 年 月 日

(3)家长告知书

根据图4-2-6准备家长告知书。

“×××××”活动安全告知书

尊敬的家长朋友：

大家好！阐述活动时间安排、安全注意事项等内容。

×××幼儿园 ××班全体教师

××年××月××日

“×××××”活动安全告知书家长回执

××幼儿家长已收到××幼儿园××活动安全家长告知书，并认真阅读，知晓回执书中的安全事项，如未能按要求执行，后果自负。

特此说明！

家长签字：　　　　联系电话：

日期：

图4-2-6　家园共育活动安全家长告知书

(4)安全责任协议

由幼儿园统一出具安全责任协议，与家长签订安全责任协议，签署完毕后，家长与幼儿方可参加活动。具体协议格式如图4-2-7所示。

甲方：××幼儿园　　（以下简称甲方）

乙方：幼儿家长　　（以下简称乙方）

××幼儿园×××社会实践活动采取“幼儿家长自愿参加、家长同意参加则签字”原则。为了确保孩子外出安全，明确安全责任，特签订安全协议。

一、甲方责任

____

____

二、乙方责任

____

____

三、其他约定

以上未尽事宜，视情况双方协商处理。本协议一式两份，甲方和乙方各留一份，双方签字后生效，有效性直到活动全部结束为止。

甲方：幼儿园　　（签字）：__________

乙方：幼儿家长　（签字）：__________

____年____月____日

图4-2-7　×××幼儿园×××社会实践活动安全责任协议

检查评估

工作人员按照表4-2-17中的检查项目进行自我检查，并将检查结果和自我点评记录在表中。

表4-2-17　幼儿园家庭主题活动检查记录表（工作人员自评）

序号	检查项目	检查结果	自我点评
1	是否明确幼儿园家庭主题活动的含义	是□　否□	
2	是否明确幼儿园家庭主题活动的特点	是□　否□	
3	是否明确幼儿园家庭主题活动的内容	是□　否□	
4	是否明确幼儿园家庭主题活动的设计原则	是□　否□	
5	是否可以按要求设计幼儿园家庭主题活动	是□　否□	
6	是否可以撰写幼儿园家庭主题活动方案	是□　否□	
7	是否可以撰写家庭主题活动邀请函	是□　否□	
8	是否可以规范填写活动审批表	是□　否□	
9	是否可以规范设计家园共育活动安全家长告知书	是□　否□	

家长根据表4-2-18中的检查项目对工作人员的工作情况进行检查，并将检查结果和结果点评记录在表中。

表4-2-18　幼儿园家庭主题活动检查记录表(家长点评)

序号	检查项目	检查结果	结果点评
1	是否能明确讲述幼儿园家庭主题活动的意义	是□　否□	
2	是否能明确布置幼儿园家庭主题活动的实施步骤	是□　否□	
3	是否告知了家园共育活动安全注意事项	是□　否□	
4	幼儿园家庭主题活动是否体现主题	是□　否□	
5	幼儿园家庭主题活动指导是否有效	是□　否□	
6	幼儿园家庭主题活动评价是否合理	是□　否□	

教师根据表4-2-19中的检查项目对工作人员的任务完成情况进行检查，并将检查结果和结果点评记录在表中。

表4-2-19　幼儿园家庭主题活动检查记录表(教师点评)

序号	检查项目	检查结果	结果点评
1	是否按时完成任务	是□　否□	
2	团队协作是否顺畅	是□　否□	
3	幼儿园家庭主题邀请函内容是否全面	是□　否□	
4	是否能组织主题鲜明的幼儿园家庭主题活动	是□　否□	
5	幼儿园家庭主题活动过程的指导是否有效	是□　否□	
6	幼儿园家庭主题活动评价是否合理	是□　否□	
7	幼儿园家庭主题活动方案撰写是否规范	是□　否□	
8	幼儿园组织学生外出活动审批表填写是否规范	是□　否□	
9	家园共育活动安全家长告知书设计是否规范	是□　否□	

任务小结

- 幼儿园家庭主题活动
  - 幼儿园家庭主题活动的设计与组织
    - 家庭主题活动的含义
    - 家庭主题活动的特点
    - 家庭主题活动的内容
    - 家庭主题活动的设计原则
      - 适宜性原则
      - 指导性原则
      - 灵活性原则
    - 家庭主题活动的实施步骤
      - 设计方案
      - 筹备活动
      - 组织活动
      - 评价活动
  - 幼儿园家庭社会实践活动设计与指导
    - 幼儿园家庭社会实践活动的含义
    - 幼儿园家庭社会实践活动的形式
    - 幼儿园家庭社会实践活动的实施步骤
      - 设计方案
      - 筹备活动
      - 组织活动
      - 评价活动

教学资源

任务三 社区亲子活动策划与组织

任务导入

场景：幼儿园、社区

人物：中大班幼儿、幼儿教师、家长、社区工作人员

情节：大自然、大社会就是幼儿学习的重要场所，家长、社区中的物质资源、自然资源、人文资源等为幼儿学习提供了重要的支持。为了加强与家庭、社区的合作，幼儿园准备开展社区亲子活动，幼儿园组织教师定期在社区开展类型丰富的亲子活动。那么可以开展哪些社区亲子活动呢？教师需要做哪些活动的准备，有哪些注意事项？新入职的苗苗老师，对此存在着很多困惑。请你梳理出社区亲子活动策划与组织的步骤，设计不同类型的社区亲子活动，为苗苗老师提供参考。

任务目标

- 能挖掘社区资源，尊重家长和社区人员的想法，依据社区亲子活动的实施原则，完成社区亲子参观活动方案设计、前期准备、活动的组织与评价。
- 能够遵循幼儿年龄特点，结合幼儿园的主题活动，完成社区亲子教育活动的方案设计、前期准备以及活动组织与评价。

任务实施

社区亲子活动是指利用社区资源，家长和幼儿为活动的参与者，教师与社区为活动的组织者，共同完成亲子活动的一种家园共育活动的形式。

社区亲子活动的类型主要包括社区亲子参观活动、社区亲子教育活动等形式。

（一）社区亲子参观活动策划与组织

1.知识学习

（1）社区亲子参观活动的含义与内容

社区亲子参观活动，是幼儿园带领幼儿与家长走进社区，参观不同的场所，从而增进幼儿与家长的亲子关系，促使其加强对社区资源的了解，促进幼儿遵守不同场所的行为规范等的一种社区亲子活动。

社区内的场所，皆可作为参观的地点，包括参观文化场所（图书馆、博物馆等）、商业场所（商场、农贸市场等）、运输场所（地铁站、公交站等）、休闲场所（游乐园、电影院等）、教育场所（小学）等。

（2）社区亲子参观活动的实施原则

微课 社区亲子参观活动实施原则

1）安全性原则

社区亲子参观活动的实施，需要考虑参观场所的安全性以及活动内容的安全性。因此，在策划该类亲子活动时，幼儿教师应严格把控参观场所的地点、类型，设计安全适宜的活动，并应做好应急预案。活动开始前，须向家长告知活动中的安全事项，例如听从教师安排、不擅自活动、视线不离开幼儿、始终关注幼儿的活动状况等。为了更好地保证活动全程的安全性，幼儿园可选派保健医跟随活动，以便及时应对突发状况。

2）全体性原则

社区亲子活动应以幼儿发展为中心，并且面向全体家庭，利用社区资源开展各类活动。因此，教师在策划与组织社区参观活动时，还需要考虑选取的活动地点是否能够容纳全班幼儿家长的参与。若人数较多，教师可以分批次组织该类活动，保证每位幼儿和家长都有机会参与其中。同时，教师还应在活动前向家长介绍活动内容、家长的职责，避免家长和幼儿漫无目的、走马观花，让家长和幼儿带着任务来参观社区场所，使其具有参与感，并感受到活动中的主体地位。

3）地域性原则

陶行知先生说过“生活即教育，社会即学习”，充分发掘幼儿生活周围的社区资源，能够弥补幼儿园教育的不足。为此，从幼儿园、家庭、社区的实际情况出发，充分利用本地的社区资源，因地制宜地开展社区参观活动，拓展幼儿的学习资源，促进幼儿教育质量的提高。例如，可以选择本地的博物馆、古文化街；教师还可以引导家长带幼儿到周边的公园观赏荷花等。

4)教育性原则

组织社区参观活动，一定要确定本次活动的教育目的。因此活动也往往会与幼儿园的主题活动有所联系。例如，“我是天津娃”主题活动，教师可以延伸出社区亲子参观活动，有目的地组织幼儿和家长走进天津古文化街，和家长共同带领幼儿品味天津的美食、了解天津民间工艺，使幼儿能够在真实的场景中观看各类美食、民间工艺的制作过程。

(3)社区亲子参观活动的实施步骤

1)设计方案

社区亲子活动多为幼儿园主题活动下的系列活动之一。因此，教师首先应明确主题活动的设计意图与目的，进而延展出与主题相关的社区亲子活动。

方案设计包括两部分内容。一是整体实施方案，包括活动的目的、时间、地点、参与人员、时间流程等(表4-3-1、表4-3-2)；二是具体参观方案，也就是我们常说的“教案”，包括活动目标、活动准备、活动过程、延伸活动等，在具体参观方案中，教师还需设计一些富有趣味性的活动、明确的小任务以及对家长的指导要求，帮助家长和幼儿在活动中获得成长。例如，教师可以提前彩印美术馆的藏品图片，让幼儿和家长在参观的过程中“找一找”它在哪，家长告知幼儿作品的名称是什么、作者是谁；“听一听”作品想要表达的是什么。

表4-3-1 实施方案撰写体例表

内容	要求
活动目的	简要说明组织活动的意图、目的
活动时间	包括集合时间、参观至结束时间
参观地点	写明具体地点
参观人员	明确参观的家庭成员以及人数要求
活动流程	参观内容+具体时间段+地点
人员安排	幼儿园管理者、幼儿教师的具体工作安排
家长注意事项	阐述对家长的职责要求以及常规要求。例如视线不能离开幼儿、手机静音等
其他	如需要参观记录表及其他纸质材料，需要写明

表4-3-2　科技馆亲子参观活动实施方案举例

活动目的	通过参观科技馆，激发幼儿爱科学、学科学的情感，增强幼儿科技探索的欲望，拓展亲子视野，引导家长关注对幼儿创造力的培养
活动时间	2022年9月12日　星期一　9:00—11:30
参观地点	天津科学技术馆
参观人员	大班全体幼儿及家长、幼儿教师、保健医
活动流程	提前一天收集幼儿与家长信息，预约团队门票 8:30—9:00　幼儿园集合签到，统一出发，教师讲解注意事项，发放场馆材料以及活动任务清单 9:00—9:40　跟随各班讲解员与教师，入馆参观，讲解员重点讲解“飞天之梦展区” 9:40—10:00　会议室休息 10:00—11:30　亲子在二层展区中选择1–2个科学项目，自由探索，并记录在任务清单中 11:30　场馆门口班牌处集合签到、拍摄班级合照，统一返回
人员安排	1. 教师组织各班幼儿与家长进行参观活动 2. 每班配置一名讲解员 3. 保健医对突发意外伤害进行处理 4. 园所信息部教师拍摄影像资料
家长注意事项	1. 为幼儿准备饮用水/水杯、小零食等 2. 为幼儿穿戴舒适的衣物、鞋子 3. 注意幼儿乘车安全 4. 告知幼儿参观的规则：如轻声说话、礼貌待人、不乱丢垃圾等 5. 参观过程中家长手机静音，为幼儿拍摄活动资料
其他	请携带一支笔

2）筹备活动

①做好人员保障

保障人员主要包括园所内的领导、教师、保健医等，以及社区相关人员（表4-3-3）。参与社区参观活动的教师应熟悉活动流程，能够预设各环节易出现的突发状况；此外还需在园所领导的带领下，及时与参观场所的工作人员进行沟通，阐明本次活动的意图、参与的人员类别以及数量、活动时间与环节安排等，获得社区人员的支持，从而保证活动顺利开展。

温馨提示

○教师可以单独梳理出简要的活动实施方案，便于家长快速了解活动。

○因地制宜，充分利用当地文化资源，使活动彰显地域特色。

表4-3-3 参与人员职责

序号	参与人员	职责
1	幼儿园管理者	1.组织教师在活动前开展启动会,明确活动的流程,把控整个活动各环节的安全性
		2.与社区相关人员建立良好关系,与其沟通活动实施方案,取得社区人员的支持
		3.活动中的人员安排与调配
		4.活动后组织教师开展自评
2	幼儿教师	1.参与活动的策划,熟悉活动流程
		2.上网搜索场所信息,了解场所地点、活动、典藏等内容
		3.实地参观社区场所,和工作人员做好交流,进一步了解参观时的注意事项,获取参观资料
		4.活动前对幼儿进行相关知识的普及
		5.团队协作,梳理参观当天所需要的材料
		6.通过多种形式发布活动消息,邀请家长参加并提示携带相关物品
3	保健医	了解流程,预设易发生的突发状况以及应急药箱的准备
4	家长	1.了解活动内容,积极参与活动
		2.也可提前了解参观场所的相关信息
		3.做好时间和物品准备
		4.明确并告知幼儿参观时的注意事项

②做好物质保障

教师需根据活动的时长、地点,准备好或提示家长准备充足的物品。例如幼儿点名册、参观时幼儿与家长需要观察记录的表格、任务清单等;或是提醒家长根据活动时长为幼儿携带水杯、适宜的食物等。物品清单举例见表4-3-4。

表4-3-4　物品清单举例

负责人员	物品举例
教师	班级幼儿签到表、观察记录表或任务清单、参观场所的资料等
	干/湿纸巾、垃圾袋、领队旗等
社区人员	场所资料等
保健医	医药箱,包括碘伏、纱布、创可贴、藿香正气水等
家长	幼儿水杯、食物、干/湿纸巾、垃圾袋等
	适宜幼儿行走的鞋子、衣服等

③发布活动通知

活动发布对象主要包括家长和幼儿。教师可以通过家园共育栏、幼儿入园离园环节、活动宣传海报(图4-3-1)、微信群邀请函等方式向家长告知活动,邀请家长积极参与。教师还需向幼儿告知活动的安排,提前为幼儿普及基本知识。

3)组织活动

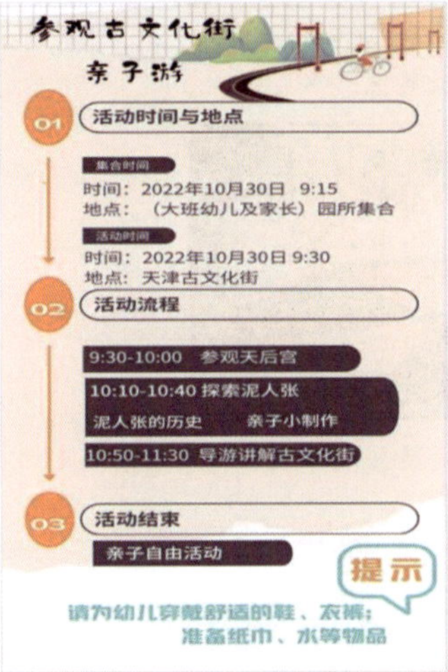

图4-3-1　活动宣传海报

①规定地点集合

在参观前一天再次提示家长集合时间和地点,教师应提前到达等候幼儿和家长,并组织签到,发放活动材料。也可选派另一位教师在参观地点与社区工作人员提前对接,等候参观人员的到来。

②引领亲子参观

教师与社区工作人员、家长共同配合,带领幼儿参观,并为幼儿进行讲解;在此过程中,教师引导家长和幼儿共同完成任务清单。天津科学技术馆参观活动任务清单见表4-3-5。

温馨提示

○教师需提前掌握参观场所涉及的科学文化知识,保证知识普及科学、严谨。

表 4-3-5　天津科学技术馆参观活动任务清单

<table>
<tr><th colspan="5">自主探索活动清单</th></tr>
<tr><td colspan="5">提示：请家长提前一天登录天津市科学技术馆，了解展区内容，与幼儿共同商议并确定想探索的展区；家长可以帮助幼儿记录探索过程</td></tr>
<tr><td colspan="3">幼儿姓名：</td><td colspan="2">班级：</td></tr>
<tr><td rowspan="9">展区选择</td><td rowspan="4">
认识自我展区□</td><td rowspan="9">探索记录</td><td colspan="2">探索活动名称：</td></tr>
<tr><td>我看到了</td><td></td></tr>
<tr><td>我学到了</td><td></td></tr>
<tr><td>对我的启发</td><td></td></tr>
<tr><td rowspan="4">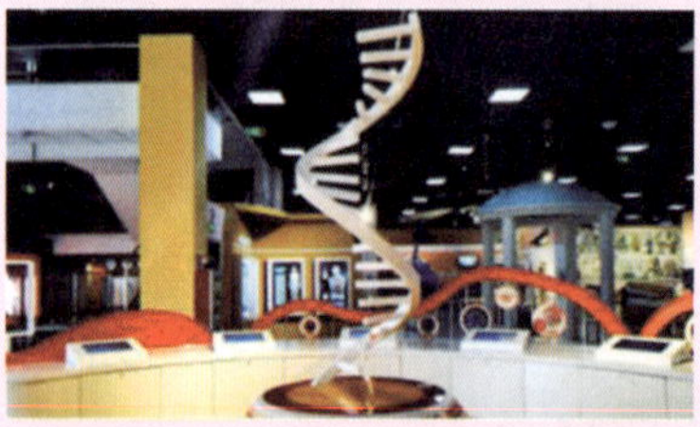
公共卫生展区□</td><td colspan="2">探索活动名称：</td></tr>
<tr><td>我看到了</td><td></td></tr>
<tr><td>我学到了</td><td></td></tr>
<tr><td>对我的启发</td><td></td></tr>
<tr><td>
梦想天地展区□</td><td colspan="2">……</td></tr>
</table>

③发布延伸任务

参观活动结束后，教师或者社区工作人员向幼儿与家长发布延伸任务。例如，思考类的任务——你最喜欢哪个作品，为什么？操作类的任务——请小朋友和家长运用废旧材料，搭建参观建筑的造型、主要展馆等。分享类的任务——小朋友和家长都拍了哪些照片，可以发在班级群和大家分享等。

在活动组织过程中，教师还应对整个活动的过程拍照留存，并在活动结束后拍摄集体照片，为幼儿留下珍贵的回忆。

4)评价活动

在社区亲子参观活动中，家长、社区、幼儿、教师皆可作为活动评价的主体。教师可以从不同的角度、形式组织评价活动。如，可以向家长发送

注意事项

○坚持“大手牵小手”原则，避免由于人员较多，出现幼儿走失的情况。
○关注幼儿与家长的活动情况，避免意外事故的发生。

温馨提示

○教师应随时提示家长、幼儿保证参观环境的安静、整洁，鼓励幼儿在参观活动中遵守场所的行为规则，做一个文明的小小参观者。

电子问卷，了解家长对活动的认识、看法以及建议；向社区推送问卷或进行面谈，对本次活动开展情况提出问题和改进建议；还可以在后续的活动中，与幼儿进行互动，通过谈话活动，了解幼儿在活动中获得了哪些发展。

2.技能操作

请完成海洋馆主题社区亲子参观活动的策划与组织。

(1)设计海洋馆参观方案

依照体例，自选活动班级，设计详细的参观活动实施方案(表4-3-6)，并且撰写具体的活动教案(表4-3-7)。

表4-3-6　海洋馆社区亲子参观活动实施方案

内容	要求
活动目的	
活动时间	
参观地点	
参观人员	
活动流程	
人员安排	
家长注意事项	
其他	

表4-3-7　海洋馆社区亲子参观活动教案

活动名称		活动班级	
活动目标			
活动准备			
活动过程	此部分需要详细阐述教师活动、家长指导以及幼儿活动		
活动延伸			

(2)做好人员与物料准备

根据设计的活动方案，完成两项任务，一是详细撰写海洋馆参观活动中教师、家长、社区工作人员等需做的准备工作，并根据活动内容列出各项准备的清单(表4-3-8)；二是利用信息化手段，设计活动海报，向家长推送活动的主要信息。

表 4-3-8 海洋馆社区亲子参观活动准备清单

人员	职责	物品清单

(3)组织海洋馆参观活动

按照活动流程组织本次活动,完成任务清单的发放。

请你根据活动教案,梳理并向家长与幼儿提供海洋馆参观活动的任务清单(表 4-3-9),帮助家长和幼儿有目的参观海洋馆,提示家长如何指导幼儿共同完成活动任务。并在清单最后呈现延伸活动的内容,进一步增进亲子互动,提高家长的教育水平。

表 4-3-9 海洋馆社区亲子参观活动任务清单

任务序号	任务要求	任务打卡
1	任务要点: 家长指导要点:	☺□ ☹□
2	任务要点: 家长指导要点:	☺□ ☹□
3	任务要点: 家长指导要点:	☺□ ☹□
……		
延伸活动	任务要点: 家长指导要点:	☺□ ☹□

(4)组织参与者评价活动

通过电子问卷调查以及访谈的方式,了解家长和社区工作人员对本次活动的实施建议,从而完善后续活动的策划与组织。

1)电子问卷要求

①标题:海洋馆参观活动家长问卷调查。

②说明语:请说明本次问卷调查的目的。

③正文:包括被调查者的基本信息。

④问卷项目:以选项为主。

2)访谈提纲要求

①介绍访谈目的。

②询问社区工作人员基本信息。

③发起提问,可包括结构化问题和非结构化问题。

(二)社区亲子教育活动策划与组织

1.知识学习

(1)社区亲子教育活动的含义与特点

社区亲子教育活动主要是指围绕幼儿园教育活动主题,充分挖掘社区物质资源和人文资源,在社区工作人员共同配合下,组织的亲子活动。

社区亲子教育活动的特点:一是互动性,社区亲子教育活动在于幼儿、家长需要与社区环境、人员进行积极互动;而社区亲子参观活动,幼儿与家长是以观察者的角色,来了解参观的场所、遵守相应的规范;二是多元性,社区亲子教育活动组织的主体既可以是社区人员、也可以是幼儿园;活动资源的选取可以是社区的物质资源(超市、体育馆等社区场所),也可以是社区的人力资源(银行的柜员、医院的医生等)。

(2)社区亲子教育活动的类型与内容

社区亲子教育活动主要包括两大类型的活动:“走出去”和“请进来”。“走出去”指幼儿园组织幼儿、家长在社区场所中,与社区人员合作开展的主题亲子活动。“请进来”表现在发掘社区人文资源的基础上入园组织亲子活动,或者开放幼儿园,邀请周边社区的居民、幼儿入园参与亲子活动,从而实现幼儿教育资源的共享。社区亲子教育活动类型一览表见表4-3-10。

表4-3-10 社区亲子教育活动类型一览表

活动类型	活动地点	具体内容
走出去	社区场所	幼儿园主导,进入社区,面向园所幼儿和家长开展的亲子活动
		社区为主导,邀请幼儿园进社区,面向居民、幼儿社区组织的亲子活动
请进来	幼儿园	发掘社区人文资源,入园组织亲子活动
		开放幼儿园,邀请周边社区居民、幼儿入园参与亲子活动

社区亲子教育活动的内容与幼儿园主题活动密切相关。例如节日类的活动、读书日活动等;生活健康类活动、小小健将等。社区亲子教育活动举例见表4-3-11。

表4-3-11 社区亲子教育活动举例

序号	活动类型	社区亲子教育活动名称	活动类型
1	节庆节气类活动	读书日——亲子选书	园所主导,走进图书馆
2	生活健康类活动	垃圾分类我能行	社区主导,幼儿园入社区
3	社会热点类活动	童心迎奥运	园所主导,走进体育馆
4	动植物主题活动	落叶飘飘	园所主导,公园
5	重要议题类活动	伟大的消防员	走进来:消防员组织演习活动

(3)社区亲子教育活动的实施原则

1)发展性原则

社区亲子教育活动、亲子参观活动,同样与幼儿园的主题活动相联系,在活动中,促进幼儿和家长的成长。《3~6岁儿童学习与发展指南》提出要关注幼儿学习与发展的整体性。因此,社区亲子教育活动的实施,应把控"亲子""教育性""两个关键词,体现幼儿园健康、语言、社会、科学、艺术五大领域的教育内容,并实现多领域的融合。在加强亲子互动、增进亲子关系的同时,促进幼儿发展。

2)互动性原则

社区亲子教育活动,应注重幼儿、家长、教师、社区的四向互动,以幼儿为主体,注重互动的体验。教师在组织该类活动时,需关注幼儿与家长互动,即幼儿与家长共同完成活动任务、家长通过多种方式支持幼儿活动等;幼儿与教师互动,主要表现教师对幼儿的适宜指导、对幼儿的积极应答等;幼儿与社区互动则体现在教师通过活动的形式、帮助幼儿建立起与社区环境、社区人员的积极互动;此外,在幼儿园与社区互动中,幼儿园占主导地位,应充分发挥双方优势互补的作用。互动性还可涵盖幼儿间、家长间的互动行为。幼儿、家长、教师、社区互动关系如图4-3-2所示。

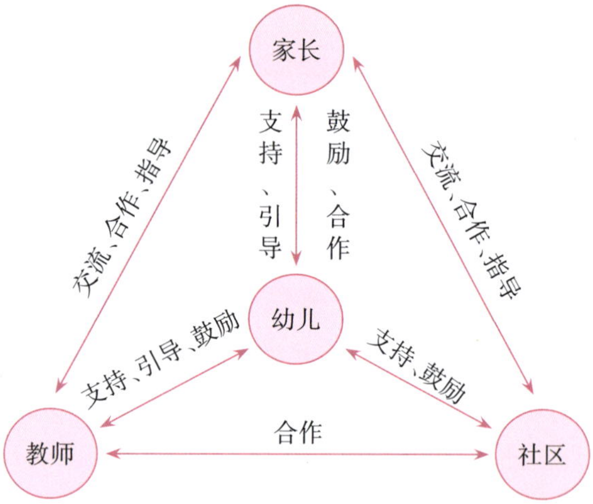

图4-3-2 幼儿、家长、教师、社区互动关系

3)趣味性原则

幼儿园以游戏为基本活动,通过社区亲子活动促进幼儿发展、家长成长的同时,需要关注活动实施的趣味性。幼儿园与家庭、社区合作共育,要寓教于游戏中,使家长、幼儿甚至是社区人员能够在轻松愉快的氛围中,潜移默化地获得知识、提高能力。

4)指导性原则

开展社区亲子教育活动,教师应充分发挥其主导作用,有目的、有计划地组织家长、幼儿、社区人员开展亲子活动。因此，在该类活动中，教师既要在活动前提示家长、社区人员相关的注意事项以及对幼儿的指导要点，同时还要注重活动中的现场指导，及时关注家长以及社区人员的活动情况，关注家长和幼儿的个别需求，使每位家长都有所收获。

5）适度性原则

社区亲子教育活动的时长一般在1~1.5小时，活动内容和形式较为丰富，活动目标涵盖幼儿多领域的发展。因此，开展此类活动要考虑到幼儿身心承受能力，教师应与社区人员适度、适量地安排活动的力度以及活动的时间。在策划与组织活动时，要做到动静交替，穿插休息放松环节；既要避免内容单调、形式单一，还要防止内容繁杂、任务过多。亦可根据活动的实施情况，灵活调整活动的环节和形式。

（4）社区亲子教育活动的实施步骤

1）设计活动方案

社区亲子教育活动方案，同样包括整体实施方案以及具体教育活动教案。具体教育活动教案体例包含活动名称、活动目标、活动准备、活动过程、活动延伸等（表4-3-12）。考虑社区亲子教育活动的特征，活动对象的年龄既可以是小（3~4岁）、中（4~5岁）、大（5~6岁）三个年龄段的幼儿，也可以是混龄幼儿（3~5岁）。

表4-3-12　社区亲子教育活动教案示例

活动名称	富有童趣、贴合主题	活动班级	具体年龄段/混龄
活动目标	包括两个维度目标 1.幼儿发展目标 主要为幼儿在活动中在知情意行各方面的达成情况 2.家长指导目标 主要体现家长在活动中对幼儿指导行为的要求，以及树立科学教育理念等，例如能够指导幼儿用正确的方式用双脚跳过障碍物		
活动准备	包括三个方面 1.社区环境以及社区人员的准备 2.活动材料的准备 3.幼儿经验的准备		
活动过程	包含2~3个活动环节，中间需穿插休息或放松活动 需要阐明幼儿活动、家长与教师指导、社区参与方式等		
活动延伸	可延伸至家庭、幼儿园活动等		

2）做好活动准备

①做好人员保障

社区亲子教育活动为幼儿园组织的大型亲子活动，人员组成较为多

温馨提示

○活动内容可充分融入中国优秀传统文化，通过主题亲子活动，增强幼儿乃至家长的文化认同感和自豪感。

元，主要包括幼儿园和社区的工作人员、家长、幼儿等。因此，面对不同类型的社区亲子教育活动，应充分做好人员的准备，明确各自的工作职责（表4-3-13）。

表4-3-13 社区亲子教育活动人员责任参考表

序号	参与人员	人员责任
1	幼儿园工作人员	1.将社区人文资源引入幼儿园，在园所内开展亲子活动
		2.幼儿园共享教育资源，为周边社区幼儿与家长组织亲子活动
		3.做好活动安全预案以及保健医、教师等人员的安排
2	教师	1.明确每学期的主题活动计划，做好社区亲子教育活动方案的设计
		2.按时与社区互通活动方案，取得支持，建立稳固的合作关系
		3.提前与家长、幼儿沟通，帮助其做好参与亲子活动的心理准备与物品准备
3	家长	1.了解活动安排，配合园所参与活动的组织和实施
		2.做好时间准备和物品准备
		3.鼓励幼儿积极主动参与活动
4	社区人员	1.明确活动的安排，做好参与活动的心理准备、时间准备以及相关的物品准备
		2.选取社区志愿者或工作人员参与活动实施
		3.合理利用幼儿园教育资源，实现资源的共享

②做好物质保障

相对于社区亲子参观活动，社区亲子教育活动在物质准备上，还需进行活动场地、环境的准备，以及活动教具的准备（表4-3-14）。例如，在社区敬老院举办“重阳节”的活动，在环境准备上则需要进行活动室环境的布置、准备数量足够的彩笔、画纸等，组织家长和幼儿为爷爷奶奶制作一件美术作品。

表4-3-14 物品清单举例

负责人员	物品举例
教师	班级幼儿签到表、其他纸质材料等
	活动环境所需的材料、提前布置好场地
	数量充足的活动教具等
社区人员	配合幼儿园布置活动场地等
保健医	医药箱，包括碘伏、纱布、创可贴、藿香正气水等

续表

负责人员	物品举例
家长	幼儿水杯、食物、干/湿纸巾、垃圾袋等
	教师要求的其他活动材料等
	为幼儿准备适宜活动的鞋子、衣服等

③发布活动通知

教师需提前向家长、幼儿发布活动的安排。可以利用幼儿离园环节、家园共育栏或班级微信群、公众号等线上线下相结合的方式，发布活动的安排；并可以在离园前，利用幼儿等待家长的时间，告知幼儿活动的安排和要求，做好幼儿的心理准备。还需在临近活动时，再次与社区进行沟通、确认，保证活动的顺利实施。

3)组织亲子活动

①规定地点集合

教师与社区人员在规定地点等候家长和幼儿，并组织进行签到，记录幼儿的出勤。由志愿者引领或引导家长按照指示标志进入活动地点。

②组织亲子活动

教师为活动的主导者，社区工作人员/志愿者配合，共同组织社区亲子活动。

活动前，再次说明活动的环节以及注意事项。活动中，以家长指导为主，教师与家长共同引导、支持幼儿的活动；教师应该关注亲子的活动过程，及时进行个别指导；并且关注全体幼儿的活动状况，适度调整活动的时长和方式。活动结束后，教师可以发布延伸活动。

在此过程中，社区工作人员/志愿者可以辅助教师组织活动或者拍摄影像资料，记录活动过程。

4)评价活动

社区亲子教育活动的评价方式，从评价的时间看，包括现场评价和事后评价；从评价的主体看，包括教师评价、家长评价、社区评价等；评价的对象上，包括幼儿活动、家长指导行为、教师活动组织等；评价的方式上，可以是口头评价、文本评价等。

为了促进家长指导水平的提升，社区亲子教育活动中，教师往往会在活动中对个别家长指导情况和幼儿行为进行评价；或在活动结束后，针对普遍性的问题，进行现场的集体评价，能够及时帮助家长梳理正确的教育理念，例如“活动中，家长能够及时关注幼儿的需求并进行帮助。建议家长，在今后的教育中，可以先让幼儿尝试几遍，如果还不成功再干预幼儿

注意事项

- 切勿仅对幼儿/家长的行为表现进行笼统评价，活动中的现场评价可“由面至点”。
- 考虑幼儿/家长的特点选择评价方式，若在集体场合进行言语评价，应注意评价语气，以及语言的规范、严谨，维护好家长/幼儿的自尊心。

的行为，这样才能够提高幼儿自主解决问题的能力”。对于本次活动开展的情况、家长的满意度等，则可以进行事后评价。

2. 技能操作

每年的农历九月初九，是中国传统节日——重阳节。“九”有长久长寿的含义，寄托着人们对老人健康长寿的祝福，尊老、敬老是中华民族的传统美德。幼儿教师开展了系列的教育活动，引导幼儿在家里主动帮助爷爷奶奶做事情。并且也同社区协商，在敬老院举办一场“重阳节”活动，通过设计多个教育活动环节，为敬老院的爷爷奶奶送温暖。

(1)设计方案

请设计一份“重阳节”社区亲子教育活动实施方案以及活动教案。活动场地为社区敬老院，活动对象为中班幼儿。实施方案需呈现明确的活动时间、地点、流程、人员等内容(表4-3-15)；教案应包含幼儿发展目标和家长指导目标，并且包含2~3个活动环节(表4-3-16)。

表4-3-15 “重阳节”社区亲子教育活动实施方案

内容	要求
活动目的	
活动时间	
活动地点	
参与人员	
活动流程	
家长注意事项	
其他	

表4-3-16 “重阳节”社区亲子教育活动教案

活动名称		活动班级	
活动目标			
活动准备			
活动过程			
活动延伸			

(2)活动准备

1)做好人员保障

请根据本次活动的主题,做好人员的分工,明确各自职责,便于活动的开展(表4-3-17)。

表4-3-17　"重阳节"社区亲子教育活动人员分工表

序号	人员	主要分工
1		
2		
……		

2)做好物质保障

社区亲子教育需要对活动场地、活动材料做好充足的准备。请根据设计的活动方案,确定活动所需的材料、场地/环境布置效果、活动玩教具等物品,梳理出详细的物品清单(表4-3-18)。

表4-3-18　物品清单

序号	类别	主要物品	负责人员类别
1	纸质材料		教师□ 社区人员□ 家长□
2	活动场地/环境		教师□ 社区人员□ 家长□
3	玩教具		教师□ 社区人员□ 家长□
4	幼儿用品		教师□ 社区人员□ 家长□
……			

3)发布活动通知

请以公众号宣传海报和邀请函的方式分别向家长和社区人员发布活动通知。邀请函内容包括活动目的、时间、地点、注意事项等内容。

(3)组织亲子活动

在组织环节时,需要注意及时对家长和幼儿进行指导,请根据设计的活动内容和流程,制定教师观察记录表(表4-3-19),重点呈现需观察的要点,以及指导的时机。

表4-3-19　教师观察记录表

序号	观察行为	观察对象
例	鼓励幼儿大胆尝试,用双脚跳过障碍物	教师□ 幼儿□
1		
2		
……		

(4)评价活动

活动结束后，可根据组织环节中的观察记录，进行个别以及集体评价。此外，还需对本次社区亲子教育活动的实施效果、幼儿行为等开展家长评价以及教师自评。请从活动设计、准备、组织等维度设计教师自评表（表4-3-20）；请从幼儿表现、家长指导、活动内容等设计家长评价表（表4-3-21）。

表4-3-20 教师自评表

一级评价指标	二级评级指标	评价等级
例：活动设计	活动内容选取积极向上，有教育意义	好□ 一般□ 不好□
1		
2		
……		

表4-3-21 家长评价表

一级评价指标	二级评级指标	评价等级
例：幼儿行为	遇到问题能够主动思考，在父母引导下/自主解决	好□ 一般□ 不好□
1		
2		
……		

检查评估

工作人员按照表4-3-22中的检查项目进行自我检查，并将检查结果和自我点评记录在表中。

表4-3-22 社区亲子活动策划与组织检查记录表（工作人员自评）

序号	检查项目	检查结果	自我点评
1	明确各类社区亲子活动的含义	是□ 否□	
2	熟悉各类社区亲子的内容	是□ 否□	
3	掌握各类社区亲子活动实施原则	是□ 否□	
4	明确社区亲子实施方案设计要点	是□ 否□	

续表

序号	检查项目	检查结果	自我点评
5	明确具体活动教案的设计要点	是□　否□	
6	能根据活动内容梳理活动物品清单、设计任务清单	是□　否□	

学员按照表4-3-23中的检查项目，对服务情况进行互评，并将检查结果和结果点评记录在表中。

表4-3-23　社区亲子活动策划与组织检查记录表（学员互评）

序号	检查项目	检查结果	结果点评
1	因地制宜选择社区亲子活动的内容	是□　否□	
2	征询社区人员/家长的意见	是□　否□	
3	引导社区人员/家长积极主动参与社区亲子活动	是□　否□	
4	同社区人员/家长沟通顺畅、语言得体	是□　否□	
5	及时指导家长支持幼儿活动	是□　否□	
6	引导社区人员/家长评价活动	是□　否□	

教师根据表4-3-24中的检查项目，对工作人员的任务完成情况进行检查，并将检查结果和结果点评记录在表中。

表4-3-24　社区亲子活动策划与组织检查记录表（教师点评）

序号	检查项目	检查结果	结果点评
1	活动准备充分	是□　否□	
2	活动内容选择适宜	是□　否□	
3	活动整体方案设计合理	是□　否□	
4	具体教案撰写清晰，操作性强	是□　否□	
5	活动组织环节安排适宜，过渡流畅	是□　否□	
6	以问卷/访谈的方式完成活动的评价	是□　否□	

任务小结

- 社区亲子活动策划与组织
  - 社区亲子参观活动策划与组织
    - 社区亲子参观活动的含义与内容
    - 社区亲子参观活动的实施原则
      - 安全性原则
      - 全体性原则
      - 地域性原则
      - 教育性原则
    - 社区亲子参观活动的实施步骤
      - 设计方案
      - 筹备活动
      - 组织活动
      - 评价活动
  - 社区亲子教育活动策划与组织
    - 社区亲子教育活动的含义与特点
    - 社区亲子教育活动的类型与内容
    - 社区亲子教育活动的实施原则
      - 发展性原则
      - 互动性原则
      - 趣味性原则
      - 指导性原则
      - 适度性原则
    - 社区亲子教育活动的实施步骤
      - 设计活动方案
      - 做好活动准备
      - 组织亲子活动
      - 评价活动

任务四　突发事件应急与处理

教学资源

任务导入

场景：幼儿园

人物：班级教师、幼儿家长、幼儿

情节：××幼儿园亲子运动“运送炮弹”项目在班级教师的陪同下，由家长将幼儿横抱运输，某大班幼儿家长怀抱着5岁的幼儿奔跑，在完成“运送炮弹”的项目时，不慎摔倒，幼儿脸朝地，额头擦伤，流鼻血，大哭不止，这种情况可以避免吗？如果要安全地开展活动，需要做哪些方面的准备？如果你是班级教师，面对家园共育活动中出现的意外伤害事故，你会怎么做？

任务目标

- 能根据家庭教育活动中常见的意外伤害及潜在引起意外伤害的因素，完成家长安全开展活动的指导。
- 能根据幼儿心肺复苏、幼儿骨折、幼儿头皮血肿、幼儿气管异物的现场救护技能要求，完成不同的意外伤害情景下的现场救护。
- 能根据突发问题的具体情况，冷静地分析处理。
- 能根据活动形式与内容，编制详细的活动安全预案。
- 能取得与家长的合作，做好后续的沟通工作。

任务实施

(一)活动安全预案的编制

1.知识学习

(1)活动安全预案的含义

“预案”在《现代汉语词典》中的解释为:为应付某种情况的发生而事先制订的处置方案。安全预案是开展活动前为了活动可以安全进行的行动计划和实施指南,既包含对意外危险事件的防范,又包括针对意外发生时标准化的反应程序,是针对可能发生的意外事件或灾害,为保证迅速、有序、有效地开展应急与救援行动、降低意外或者灾害造成的损失而预先制订的有关计划或方案。幼儿园也应编制相关的安全预案,提升防范风险和处理突发事件的能力。

活动安全预案一般包含以下几方面内容:一是预防,通过提前预估分析可能发生的危险事件及事件发生的后果,通过技术和管理手段降低事故发生的可能性,或将已经发生的危险控制住,防止危险扩大化;二是应急处置,一旦发生意外事故或者灾害,通过应急处理程序和方法,可以快速反应并处置事故或将事故消除在萌芽状态;三是抢险救援,通过编制活动安全预案,采用预先的现场抢险和救援方式,对人员进行救护并控制事故发展,从而减少事故造成的损失;四是意外后的恢复,包括送医救治、善后处理、恢复正常秩序等。

(2)活动安全预案的必要性

活动安全预案可以降低事故发生的可能性。在《未成年人保护法》(2006年12月29日第十届全国人民代表大会常务委员会第二十五次会议修订)中我国首次就关于学校安全预案进行了立法,第二十三条规定:教育行政等部门和学校、幼儿园、托儿所应当根据需要,编制应对各种灾害、传染性疾病、食物中毒、意外伤害等突发事件的预案,配备相应设施并进行必要的演练,增强未成年人的自我保护意识和能力。应急预案中对于安全防范演练的要求和规定,可以提升相关人员的安全意识,降低事故发生的可能性。

互动安全预案可以有效保护幼儿园、家庭财产安全,确保师幼生命安全。《幼儿园管理条例》指出“幼儿园发生食物中毒、传染病流行时,举办幼儿园的单位或者个人应当立即采取紧急救护措施,并及时报告当地教育行政部门或卫生行政部门”。“幼儿园的园舍和设施有可能发生危险时,举办幼儿园的单位或个人应当采取措施,排除险情,防止事故发生。”安全预案，可以在发生事故的情况下指导相关人员及时处理，自助自救。

编制安全预案可以指导现场相关人员对现场开展抢险和人员救护，从而降低事故造成的损失。通过安全预案明确应急救援的范围和体系，一旦发生事故，有据可循、有章可依，对那些无法事先预料的突发事件或者事故能起到应急指导的作用，提高救援效率和效果。

(3)活动安全预案编制的基本要求

活动安全预案首先要有针对性，要重点针对活动中重大危险源、可能发生的各类事故、关键的岗位和地点、薄弱环节。活动安全预案的编制必须具备科学性，编制前期需要进行调研，明确决策程序和处置方案。活动安全预案应具有可操作性，在活动中出现任何事故时，有关应急组织、人员可以按照活动安全预案的规定迅速、有序、有效地开展应急救援行动，降低事故损失。活动安全预案要有规范性，其内容应符合国家法律、法规、标准和规范的要求。活动安全预案应该全面完整，安全预案本身作为应急管理工作中的重要组成部分，是突发事件应对处置的操作指南，包括应对工作的各环节；各个应急预案之间又相互衔接，形成预案体系，在面对突发公共事件(表4-4-1)时能迅速处理。

表4-4-1　突发公共事件

自然灾害	水灾、火灾、地质灾害、气象灾害等
事故灾难	煤气爆炸事故、交通事故、公共设施和设备事故、环境污染和生态破坏事件等
公共卫生事件	传染病疫情、群体性不明原因疾病、食品安全、食物中毒、动物疫情以及其他严重影响公众健康和生命安全的事件
社会安全事件	恐怖袭击事件、暴力事件、走失等

(4)活动安全预案的编写步骤

1)预演活动流程

撰写活动安全预案前可以通过预演活动流程，提前发现不合理、有隐患的环节，调整、完善活动方案。模拟的形式结合活动类型，明确安全要求。撰写活动安全预案应列出各时间节点、主要责任人、安全保障内容等。幼儿园活动环节安全提示见表4-4-2。

表4-4-2 幼儿园活动环节安全提示

活动场所	活动内容	涉及人员	安全提示
幼儿园室内	入园	保健医、班级教师、幼儿	1.班级教师确保班级内环境安全 2.禁止幼儿把不安全的物品(如尖锐的小零件、小珠子、带有小零件的玩具等)带进班级 3.要及时清点幼儿进班人数,以免幼儿出走
	进餐	班级教师、幼儿	1.不使用有安全隐患的餐具、餐巾和食具,不给幼儿进食有咀嚼和吞咽危险的食品(如锋利的骨头、带刺的鱼、坚硬的豆类等) 2.做好进餐前餐具、餐桌、餐巾等消毒卫生工作,保持干净、整洁、有序的进餐环境 3.注意盛装饭菜的餐具必须加盖,并放在幼儿碰不到的安全地方,避免烫伤幼儿 4.饭菜温度要适宜,过烫的粥、汤等降温后再盛入碗中让幼儿食用 5.进餐前后不做剧烈运动,进餐前及进餐时不批评幼儿,使幼儿保持愉快的心情进餐
	饮水	班级教师、幼儿	及时排除地湿、地滑、幼儿排队拥挤、推拉等不安全因素
	盥洗	班级教师、幼儿	1.妥善保管卫生间里的清洁、消毒等用品,确保幼儿触及不到 2.随时排除卫生间设施设备出现的不安全隐患 3.保持卫生间地面的干爽清洁,防止幼儿因地滑摔倒 4.幼儿如厕和盥洗,必须有班级教师的组织和照顾,盥洗不推、不挤,保证幼儿在班级教师的视线范围内活动 5.对如厕、盥洗有困难和有特殊需求的幼儿,班级教师要加强照顾,以免发生意外
	教学活动	班级教师、幼儿	1.供幼儿进行室内学习活动的设施设备(如桌、椅、柜、电器、电源等)和摆放的位置要符合安全标准,并有安全防护措施 2.提供给幼儿操作的学习材料、玩具材料必须符合幼儿的年龄特点,安全、卫生 3.班级教师要合理分工,教学活动分组及活动场地分配要便于教师指导和照顾全体幼儿 4.幼儿操作有一定危险因素的材料、器具(如铅笔、小剪刀、玻璃杯、酒精灯、小锤子等)时,教师要教给幼儿正确的使用和操作方法,提出安全注意事项,密切注意幼儿的操作过程,保持良好的常规秩序,及时制止和排除不良因素和意外出现的安全隐患 5.培养幼儿安全意识和规则意识,培养坐、立、行正确的姿态,培养正确的与同伴合作和交往的方法

续表

活动场所	活动内容	涉及人员	安全提示
幼儿园室内	睡眠	班级教师、幼儿	1.入睡前班级教师应认真检查幼儿是否携带扣子、卡子、玩具等小物品上床，是否佩戴饰物，佩戴饰物要摘掉，并教育幼儿睡眠时不要玩耍物品，以防异物入眼、耳、鼻、口内造成不良后果 2.睡眠过程中，班级教师要加强观察巡视，及时排除幼儿因玩耍物品、被子蒙头、睡姿不对、挤压、梦游、如厕、独自出走、攀爬等情况可能发生的不安全因素，严禁脱岗 3.组织幼儿穿脱衣服和叠被子时，提醒幼儿不站在较高的床上穿衣叠被，以免从床上掉下来
户外活动	班级户外	班级教师、幼儿	1.各种活动器械和器械摆放的位置要方便幼儿使用，大型运动器械下要有安全保护设施 2.幼儿活动之前，教师要检查幼儿的衣着和场地情况，排除不安全因素 3.幼儿活动前教师必须对幼儿进行安全常识和自我保护教育，提出活动常规要求 4.教师要教给幼儿各种玩具、器械、戏水、玩沙、集合等的正确操作方法、玩法和行走线路，培养幼儿正确使用和操作各种器具的能力 5.户外活动每个班级必须有两位以上教师参与(分组活动除外)，在活动过程中教师要密切关注所有幼儿的活动情况，分布好站立、巡视的位置，将幼儿的活动范围确定在教师的视线范围内 6.教师要及时清除因幼儿操作损坏的玩具
	大型集会	园长、各部门负责人、班级教师	幼儿园要制订周密的活动计划，包括时间、地点、人数、活动程序、安全保障措施等，并知会全体教职工了解活动程序和工作要求，有计划、有目的、有秩序、有规范地进行大型集会活动
	家长参与	教师、家长	1.要组织安排好家长活动的内容、范围和座位，防止家长参与活动踩踏或挤到幼儿 2.注意家长接走幼儿的交接环节，防止不认识的人员乱中接走幼儿和幼儿独自出走

2)认真检查活动环境

幼儿的活动场所多变，既有可能在幼儿园、家庭、户外，也有可能在一些公共场所开展活动，因此要提前检查环境，确保活动在安全、适宜的环境中进行。幼儿托育、教育机构应创造安全的幼儿教育活动环境，在编写活动安全预案前仔细检查环境，发现潜在危险，通过管理技术手段消除危险。

检查内容应视活动的具体场所而定，一般来说室内活动环境有如下检查内容：第一，检查幼儿活动的场所是否平整、无坑、无凸起，无尖锐的器械或家具。第二，检查室内光亮程度和温度等，根据活动时间在特定的时段检查活动场地是否有强烈的日光，如有强烈日光需要用窗帘遮挡，避免刺眼的阳光让幼儿出现跌碰。检查环境中是否有镜子和金属表面的反光，如有可以移开物品或提前遮挡。第三，检查环境中是否有危险物品，如有要存放好，放在幼儿不易够到的位置。药品不乱放，更不能为了让幼儿吃药哄骗他们药品是糖。洗涤消毒物品存放好，拧紧瓶盖避免幼儿接触误食，开水应该放在幼儿够不到的地方，在幼儿活动范围的高处不要摆放易碎的物品，比如鱼缸、台灯、花瓶等，剪刀、针、筷子等物品放置在幼儿够不着的地方。第四，检查活动场所出入口交通安全情况，出入口是否直对马路，有交通事故隐患；出入口是否人员密集混杂，有幼儿走失幼儿的风险。检查活动环境时可以使用专门的表格，做好检查工作，见表4-4-3。

表4-4-3　活动场地检查记录表（示例）

××活动场地检查记录表 检查地点：多功能室			
检查项目	具体内容	安全情况（安全写是，有隐患则具体描述）	安全保障手段
场地环境	地面平整无坑或凸起	是	
	装饰物牢固	挂画松动	已经钉紧
	家具设施无锐角	是	
	其他器具无隐患	是	
	出入口不临近马路，人员混杂，无交通事故、走失幼儿的风险	是	
危险物品	无化学物品	是	
	无消毒剂	是	
	无药品	是	
	无易碎物品	是	
温度	温度适宜	是	

续表

光亮	明亮、无刺眼光源	是	
空气	清新无异味	需要通风	活动前一小时开窗通风
检查时间：××年××月××日××时		检查人：×××	

如果线上指导家长在家庭中开展活动，也应该做到如上要求，提示家长留出每个房间的备用钥匙，避免幼儿把自己锁在房间里；提示家长关注是否有幼儿攀爬高处的潜在危险；提示家长陪伴幼儿，预防意外伤害的出现。

3）撰写方案

活动安全应急预案方案包括指导思想、组织领导、日常安全防范、人员安排及责任、突发事件应急处理要求、奖惩和附件等。（表4-4-4、表4-4-5）

表4-4-4　××幼儿园活动安全预案大纲

指导思想		方案需要写明指导思想，即预案撰写的目的、原则、法律依据等
组织领导		方案需要明确组织领导，即活动各项工作的主要负责领导及联系方式
幼儿园概况		介绍幼儿园安全通道、消防设施等
日常防范要求		幼儿园日常安全防范措施和要求
人员安排及安全职责	××安全	各项安全的负责人及具体职责
	××安全	
	××安全	
	××安全	
突发事件应急处理要求		突发事件应急处理的具体程序
奖惩		安全预案中应写明奖惩措施，达到警醒和激励的作用
附件		安全预案还应该提供相关自然灾害或公众危害事件应急预案、突发事件应急救援组织机构图、幼儿园部门负责人电话表等必要的附件

表 4-4-5　××幼儿园活动安全预案(示例)

指导思想		1. 目的:有效预防、及时控制突发事件的发生,消除危害,保证生命财产安全 2. 原则:以幼儿园领导为主体成立指挥中心,以幼儿园领导和相关部门负责人为主体成立突发事件应急工作组 3. 编制依据:《中华人民共和国消防法》《中华人民共和国未成年人保护法》《中华人民共和国食品卫生法》《传染病防治法》等
组织领导		1. 活动总指挥: 2. 活动副总指挥: 3. 比赛负责人: 4. 后勤负责人:
日常安全防范	幼儿园概况	本园始建于××年,现园长:××,幼儿园园舍建筑面积×× m^2,全园教职工50人。幼儿园园舍为三层楼房,每层楼东西两侧各配备一套消防栓,每层的重点部位配备灭火器共4个。幼儿园疏散通道有明显的箭头标志,一层楼的东侧和中间各有一个安全出入口(配示意图)
	日常防范要求	1. 防火领导小组要定期检查、不断完善防火设施,紧急通道应设有标志明显,每班有紧急疏散方案 2. 幼儿在园活动时,活动室前后门、走廊门必须处于打开状态,各通道必须保持畅通 3. 食堂操作间、加工间保持通风。排油烟机要定期清洗,不留油垢 4. 要加强对幼儿和工作人员防火安全知识的教育与培训,结合教育内容进行防火演习,使其掌握紧急情况下的逃生技能
人员安排及安全职责	场地安全	清除活动场地障碍物,布置和分配场地的使用,巡视各场地。如发生意外情况,×××负责协助老师处理,×××负责了解情况以及汇报,×××负责现场处置、协调工作
	保卫安全	指挥幼儿家长把自行车、摩托车等停放到停车处,到西门接待家长,把好入门关,不让社会闲杂人等进入幼儿园,不让幼儿独自离开
	电器安全	后勤处老师提前调试比赛时会用到的电器,活动中随时查看电器状况确保安全

续表

人员安排及安全职责	比赛安全	由各班的带班教师负责 1.接待本班的幼儿、家长;提前将活动注意事项在班级微信群发放,当天向家长和幼儿详细讲解一遍 2.下楼时由一个老师走在前面带队,另一个老师在后面监督与把关,并注意时刻提醒幼儿摸着扶手下楼,不跑不跳,不挤不推,要特别注意楼梯拐角处的安全保障情况 3.活动现场幼儿分班安排好小椅子,班上的两位教师随时看护幼儿,提醒幼儿不玩、不跨小板凳。家长不坐幼儿的小板凳,站在幼儿坐的板凳后面 4.如在活动中遇到安全问题,第一时间处理并汇报××老师及上级主管领导。××老师及上级主管领导应详细了解事件的起因和及时进行事故现场处理 5.幼儿与家长游戏时,教师按顺序邀请幼儿与家长,注意观看比赛的幼儿与家长要坐在或站在离比赛地1.5米以外处,以免影响比赛的正常进行,防止因奔跑而撞伤参加比赛或是观看比赛的幼儿 6.活动结束后,幼儿依次带上小板凳,由带班老师一个在队前面一个在队后面护送进入活动室 7.在活动室内带班老师向本班幼儿发放红花。向幼儿家长强调:幼儿由家长负责接回家,下午幼儿的安全由家长负责监护 8.幼儿在家长的带领下离园回家
突发事件应急处理要求		1.突发事件当事人立刻报告园长 2.园长迅速赶到现场,按照职责进行工作;外来因素造成的突发事件要报告主办单位领导 3.发生意外事故,保健医简单处理后速送医;非意外事故及外来人员造成的事故,迅速拨打110报警 4.紧急疏散幼儿和工作人员到安全地带,确保幼儿和工作人员的生命安全 5.在等待救援的同时,严格控制闲杂人员和家长进入幼儿园,避免出现混乱
奖惩		对在事故中有突出表现的个人和单位予以表彰和奖励,对事故的责任人给予纪律处分以及依法追究其刑事责任
附件		《***********大型活动安全工作预案》 《***********重大食物中毒事故应急处理预案》 《***********重大传染病应急处理工作预案》 《***********人员密集场所火灾事故应急预案》 附表1:突发事件应急救援组织机构图 附表2:学院各部门电话表

4)其他配套文件

幼儿园举行大型非常规活动,应该告知并征得家长同意。在家园共育活动开展前,应提前向家长发放活动安全告知书并征得同意,提示家长活动的时间和地点、活动时的活动安全注意事项,举行社会实践活动需要外出时,还需与每一位参加活动的家长签署《幼儿园××活动安全责任协议》,明确安全责任,保证家长在参加活动时能够积极配合幼儿园工作,做好幼儿安全防护工作。

2.技能操作

幼儿园将在幼儿园活动室开展幼儿生活技能展示活动,请完成中班幼儿生活技能展示活动安全方案。

(1)活动前场地检查(表4-4-6)

表4-4-6　××活动场地检查记录表

××活动场地检查记录表 检查地点:			
检查项目	具体内容	安全情况(安全写是,有隐患则具体描述)	安全保障手段
场地环境	地面平整无坑或凸起		
	装饰物牢固		
	家具、器械无锐角		
	其他器具无隐患		
	……		
危险物品	无化学物品		
	无消毒剂		
	无药品		
	无易碎物品		
	……		
温度	温度适宜		
光亮	明亮、无刺眼光源		
空气	清新无异味		
检查时间:		检查人:	

(2)活动安全预案(表4-4-7)

表4-4-7 ×××活动安全预案

指导思想		
组织领导		
幼儿园概况		
日常防范求		
人员安排及安全职责	××安全	
	××安全	
	××安全	
	××安全	
突发事件应急处理要求		
奖惩		
附件		

(二)婴幼儿突发事件的处理

1.知识学习

(1)婴幼儿突发事件

家园活动中的婴幼儿突发事件往往容易导致意外伤害,婴幼儿自身年龄阶段特点是产生婴幼儿突发事件的主要原因。婴幼儿阶段(0~6岁阶段)是意外伤害高发期,婴幼儿在成长的过程中,活动范围不断扩大,能力不断增强,对新鲜事物充满好奇,一方面他们对事物的认知水平还不足以让他们发现和识别风险,另一方面他们自我保护能力有限,极容易发生意外伤害。譬如7个月大的婴儿可能会捡起身边的任何物体塞进嘴里,1岁左右的婴儿喜欢爬来爬去,会用手指抠洞有触电的风险,2岁多的幼儿喜欢蹦蹦跳跳,容易跌落磕碰。另外,性别也影响着婴幼儿意外伤害的发生,研究表明,男孩生性好动、活动频率高、范围广、发生意外伤害的概率比女孩高。

婴幼儿意外伤害是指突发的事件使身体受到伤害。国际疾病分类标准意外伤害中包括:跌落、锐器伤、砸伤、烧烫伤、撞击伤、挤压伤、砸伤、咬伤、爆炸伤、中毒、触电、溺水、异物伤以及环境因素引起的伤害共14种意外伤害。意外伤害死亡已成为婴幼儿死亡的第一原因,也是导致婴幼儿残疾的主要原因。意外伤害还可造成婴幼儿身心发育障碍,给家庭和社会带来沉重的负担。

(2)家园活动中婴幼儿突发事件的处理原则

1)快速反应原则

突发事件发生后,正确快速的反应可以极大地减少意外伤害对婴幼儿的伤害,教师应该沉着冷静,迅速反应。轻伤,如擦伤、碰伤可自行处理或送往保健室处理;受伤程度严重则要第一时间向领导汇报,进行应急处理并立即联系医院送医,同时联系家长告知情况。如果是遭遇火灾、地震等自然灾害,教师也要尽可能保持镇定,争取按照逃生演练的既定程序,第一时间组织婴幼儿安全、有序地撤离现场。

2)以婴幼儿为本原则

以婴幼儿为本的原则,要面向全体婴幼儿,既要关注受伤婴幼儿的需要,也要关注其他婴幼儿的需要。突发事件发生后,教师要始终坚持以婴幼儿为本,时刻关注婴幼儿的健康状况和情绪状态,安抚婴幼儿。婴幼儿一旦受伤或陷入危机,很容易产生恐惧心理,而且还可能影响班内其他婴幼儿的情绪,造成集体恐慌。教师首先要沉着镇静,不要引起婴幼儿的恐慌,其次安抚受伤婴幼儿及班级其他婴幼儿,有必要的话将受伤婴幼儿与其他婴幼儿隔离开。如果某婴幼儿的行为造成了意外伤害事故,教师也不应该当场指责婴幼儿,婴幼儿本身已经感受到了内疚,可在事后单独教育婴幼儿。

3)真诚沟通原则

真诚沟通是处理危机的基本原则之一。突发事件发生后,教师首先要及时将消息告知婴幼儿家长。在说明事情发生的过程时,一定要做到“三诚”,即诚恳、诚实、诚意。首先,态度要诚恳,不能搪塞敷衍,更不能强词夺理。如果遇到家长不冷静、有过激行为或难以沟通时,应多换位思考,及时调整与家长的沟通策略,争取家长的理解。其次,要诚实,要将事情发生的原因和经过如实告知家长,不能逃避责任、隐瞒事实。最后,要有诚意,事故发生后,教师应及时进行家访,进一步了解婴幼儿的伤情,并为其提供力所能及的帮助。

4)承担责任原则

事故发生以后,一些责任教师为避免舆论的猜测,在面对外界尤其是新闻媒体时,常常保持缄默,甚至选择回避。但这样做往往会适得其反,倘若媒体通过其他渠道获取虚假信息并加以报道,不仅对事故处理毫无帮助,还可能会给教师和当事人带来二次伤害。无论事故发生的原因是什么,教师对待事故的态度和处理措施都至关重要,它将直接影响教师自身以及所在幼儿园的形象。真诚恳切地承认错误、承担后果,要远比逃避和推卸责任更容易得到大家的谅解。因此,教师应尽快从自责懊悔的情绪中走出来,以积极合作的态度面对媒体,勇敢地承担起属于自己的责任。

(3)婴幼儿突发事件常见意外伤害的处理策略

意外伤害产生的类型的前几位分别是碰伤、摔伤或扭伤、锐器刺伤、切割伤、坠落伤、烧烫伤。不同的意外伤害处理有不同的要求和流程,但一般来说意外伤害处理遵循以下流程:救助评估、救助、事后沟通等。

1)烫伤的发生与处理

开水、热汤、火都会引起婴幼儿烫伤,烫伤后表面皮肤一般表现为皮肤红色、潮红色、白色或黑色,出现水疱,组织液流出,组织碳化。烫伤后首先应立刻用凉的流动的自来水持续冲洗降温直至疼痛缓解,如果烫伤表面有衣物覆盖,不应立刻除去衣物,而是要在冷水冲洗浸泡中除去衣物,必要时可以用剪刀剪开衣物。烫伤的处理视情况而定,轻微烫伤可以当场处理,如果烫伤严重或烫伤重要的身体部位,需要就医处理,烫伤伤情判断与处理见表4-4-8。

表4-4-8　烫伤伤情判断与处理

烫伤面积	烫伤部位	处理办法
直径小于8厘米	未累及面部、外阴、手指足趾、髋关节部位,局部反应为红斑和完整水疱	先应立刻用凉的流动的自来水持续冲洗降温直至疼痛缓解,如果烫伤表面有衣物覆盖,不应立刻除去衣物,而是在冷水冲洗浸泡中除去衣物,必要时可以用剪刀剪开衣物,处理后在家观察
直径等于或超过8厘米	面积小但累及面部、外阴、手指足趾、髋关节部位,局部反应为皮肤缺失糜烂	也先立即降温处理,用干纱布松散覆盖后尽快前往医院,不要局部外用任何药膏

2)外伤的发生与处理

婴幼儿活泼好动,身体平衡性较差,在跳跃、奔跑时会不慎跌倒,很容易发生碰伤、割伤、摔伤或扭伤,尤其是手部、腿部和头部。根据不同的伤情需要采用不同的处理办法,见表4-4-9。

表4-4-9　外伤伤情判断与处理

伤情类别	现场处理办法	送医情况
擦伤与割伤	尽快用干净的东西来压迫伤口,紧紧压着出血部位直到出血停止	1.伤口脏,清洗后伤口内仍有无法清除的垢泥、玻璃或其他异物 2.很难止血,比如10分钟或更久的持续按压,都未能止血 3.伤口较大、伤口需要缝合,较深或被污染,需要医生评估是否需要接种破伤风疫苗和打破伤风针 4.有感染表现,如伤口部位发红、肿胀、疼痛加重或者婴幼儿发热等

续表

伤情类别	现场处理办法	送医情况
异物刺入身	异物有一部分露出皮肤，有刺痛感，应帮助婴幼儿取出并消毒；异物刺入身体较深，不能擅自拔出异物，如已拔出，应当止血	如果异物造成眼睛外伤，应立刻带婴幼儿前往儿童医院或眼科医院进行处理
头外伤	首先，就地观察5到10分钟。婴幼儿摔落后，不要马上抱起或移动婴幼儿，在确保周围环境安全的情况下，就地观察5到10分钟，如果婴幼儿能保持清醒、反应好、脸色正常、双手双脚活动自如、伸缩自如，没有抽搐、面色发青或苍白，也没有神志不清等，就表示婴幼儿损伤轻微	如果婴幼儿出现意识丧失、神志不清、抽搐、面色发青或苍白、肢体不能活动、频繁呕吐、头痛剧烈等，建议立即拨打120求助

3）气管异物的发生与处理

婴幼儿在进食块状食物时，因咀嚼不全或吞咽过快，易造成食物卡喉、呼吸困难，甚至是窒息。硬币、瓜子、花生米、果核、果冻或玩具等都是容易引起婴幼儿气管异物的吞食物，家园共育活动中要注意家长携带的食物或者体积较小的婴幼儿容易吞咽的教具被婴幼儿误食等情况发生。日常生活中要教育婴幼儿不要随便吞食玩具或其他物品，应该避免喂食婴幼儿大块的食物，如葡萄、果冻等。如发现婴幼儿气管异物应立即处理，气管异物判断与处理见表4-4-10。

表4-4-10　气管异物判断与处理

伤情判断	现场处理办法
能咳嗽	说明气道没有完全梗阻，咳嗽可以帮助排出异物
没法呼吸或突然停止哭泣	1. 立刻使用背部叩击、腹部冲击或胸外按压的方式帮忙让异物排出。可使用海姆立克急救法：站在婴幼儿背后，用两手臂环绕婴幼儿腰部，一手握拳抵住腹部正中肚脐上两指处，另一手抱住拳头 2. 双臂用力收紧，快速向里向上按压婴幼儿胸部，形成一股冲击性气流，将堵住气管、喉部的异物冲出 3. 持续几次积压，直到气管堵塞解除，异物排出
鱼刺卡喉	1. 应立即停止进食，放松咽喉，减少吞咽动作，引导婴幼儿低头弯腰，试着用力咳嗽，细小的鱼刺会跟着气流被冲出来；或者刺激喉咙诱发恶心、呕吐，促使鱼刺松动吐出 2. 如果仍没有效果，可以用勺子或筷子压住舌头的前部分，举起手电筒观察喉咙的入口两边及四周，发现鱼刺可用镊子轻轻夹出 3. 如果看不到鱼刺，需要及时就医

4)鼻出血的发生与处理

秋冬季节,天气较为干燥,婴幼儿鼻腔干燥,容易出现鼻出血的情况,生活中很多人仰头止血或者塞纸巾,这都是错误的做法,正确的做法是:用手按压婴幼儿鼻翼两侧柔软的部分,中途不停止,坚持5~10分钟的后再松开鼻子,如果还不能止血则需要就医。

5)高热惊厥的发生与处理

高热惊厥是婴幼儿最常见的神经系统疾病,惊厥的表现类似癫痫发作的症状,例如意识不清、眼球上翻、口吐白沫、嘴唇发紫或者有明显的牙关紧闭、四肢抽搐的症状。高热惊厥需要教师及时判断并进行现场处理,高热惊厥判断与处理见表4-4-11。

表4-4-11　高热惊厥判断与处理

表现	处理办法
高烧(体温39 ℃以上)出现不久,或体温突然升高之时,发生全身或局部肌群抽搐,双眼球凝视、斜视、发直或上翻,伴意识丧失。可停止呼吸1~2分钟,重者出现口唇青紫,有时可伴有大小便失禁。一次热病过程中发作次数仅一次者为多。历时3~5分钟,长者可至10分钟	1.立即帮婴幼儿侧身俯卧,头稍后仰,下颏略向前突,不用枕头;或去除枕头,让婴幼儿平卧,头偏向一侧。这样舌根不会阻塞呼吸道,呕吐也不会引起窒息。切忌在惊厥发作时给婴幼儿灌药,有发生吸入性肺炎的危险 2.将婴幼儿移至安静环境中,让其侧卧,松开其衣领,便于及时排出分泌物。将毛巾、手绢、纱布等拧成麻花状置于其上下牙之间,防止舌咬伤。如果婴幼儿牙关紧闭,不能硬撬 3.婴幼儿惊厥后,成人不要大声呼叫或用力摇晃、拍打婴幼儿,可轻按婴幼儿抽动的上下肢。要有专人守护,防止坠床的发生 4.积极降温。若婴幼儿因高烧惊厥,应采用冷敷、温水擦浴、酒精擦浴等方法降温,或口服退烧药以降温 5.控制住惊厥后,要迅速将婴幼儿送至医院治疗

6)骨折的发生与处理

婴幼儿本身的骨骼系统尚未完全成熟,骨骼中的有机质含量较多。因此,在同样的引力下,婴幼儿产生的骨折类型与成人有很大的不同。婴幼儿骨折多为上肢的骨折,易发于锁骨、腕、肘等部位,因婴幼儿骨骼韧性及弹性较大,遇到外力往往折而不断,极易发生骨裂或骨折。因此,在婴幼儿发生骨折后一定要尽早就医检查,明确骨折情况,以便及时选择正确的治疗方法。在骨折的后期,应该及时增加功能锻炼,促进骨折的恢复。

婴幼儿发生骨折有如下表现和反应:一是感到剧烈疼痛,特别是活动伤肢或按压骨折的部位时,疼痛更明显;二是骨折的肢体失去正常功能,如下肢骨折不能走路,上臂骨折不能抬高;三是骨折的部位出现变形。

骨折的急救主要有以下要点:一不移动,在未急救包扎前,不轻易移动伤者。如果轻易移动,可能引起骨折移位,严重的还可能引起休克和血管、神经损伤，甚至由闭合性骨折变为开放性骨折，加重伤势；二要止血，骨折发生后，观察婴幼儿全身状况，如果是开放性骨折并伴有大出血，先要在伤口处覆盖敷料，包扎止血，再处理骨折。三处理骨折，基本方法是：使断骨不再刺伤周围组织，限制受伤肢体的活动，使骨折不再加重，这种急救方法叫“固定”，不同部位的骨折有不同的固定方法，见表4-4-12。

微课 骨折固定方法

表4-4-12 骨折固定方法

骨折类型	固定方法
四肢骨折	观察骨折处是否有皮肤破损及断骨暴露，如果有断骨暴露在外，不要强行还原，可盖上干净纱布，简单固定，迅速送医院进一步治疗。如果骨折处没有上述情况，应立即用夹板固定。夹板一般选用薄木板，在紧急情况下也可用木棒、硬纸板、竹片等代替，甚至还可将伤肢固定于健肢。固定时，给伤肢垫上棉花或布，夹板的长度应超过伤处的上下两个关节，用绷带把伤肢的上下两个关节都固定住，露出婴幼儿手指或脚趾，以便观察肢体的血液循环，绷带的松紧以手指和脚趾尖不出现苍白、发凉、青紫为宜
颈椎骨折	将婴幼儿平放，头部垫高，为避免震动，可在头部两侧放上沙袋或硬枕头，使头部固定
肋骨骨折	判断断骨是否伤及肺部，如果断骨刺伤肺，婴幼儿呼吸困难，应尽快送医院急救。反之，可让婴幼儿深呼吸，用宽布带缠绕胸部断肋处，减少胸廓运动
腰椎骨折	处理这种骨折，稍有不慎，即可产生严重后果。婴幼儿发生腰椎骨折以后，应严禁腰部活动，否则会加重脊髓的损伤。不能让婴幼儿走动、弯腰，救护者也不能搀扶、抱持婴幼儿。不可用软担架抬婴幼儿，可用木板、门板等作为搬运工具，多个救护者动作一致地将婴幼儿抬到硬担架上，让婴幼儿俯卧，用宽布将身体固定在担架上，尽量平稳地将婴幼儿送到医院

(4)事故后的记录

对意外伤害事故处理后，应立即填写幼儿园意外伤害事故登记表（表4-4-13），登记备案，以便后续处理事故时有据可依。同时要做好家园沟通，家园沟通包括当时告知和事后沟通。事后也应该及时进行反思，总结经验，避免类似情况发生。

表4-4-13 ××幼儿园意外伤害事故登记表（示例）

<table>
<tr><td colspan="6">××幼儿园意外伤害事故登记表
登记人：××　　登记时间：××年××月××日　　登记编号：</td></tr>
<tr><td>姓名</td><td>××</td><td>性别</td><td>××</td><td>年龄</td><td>5岁</td></tr>
<tr><td>班级</td><td>××班</td><td>班级教师</td><td>××</td><td>发生时间</td><td>11月××日</td></tr>
</table>

续表

事故记录(详细记录事故发生的时间地点)
××年××月××日,幼儿园在小操场举行了亲子运动会,在亲子运动"运输炮弹"项目中,××爸爸抱着××在跑道上奔跑时,不慎摔倒,××面部碰触地面,额头擦伤、流鼻血
事故处理(详细记录伤情和临时处理措施)及结果(写明是否就医等)
助教立即联系保健医和园长,班级教师安抚幼儿情绪,保健医到位后观察幼儿伤势后,指导班级教师用手按压幼儿鼻翼两侧柔软的部分,中途不停止按压5分钟后,鼻血止住,同时保健医使用碘伏清理额头擦伤伤口。随后观察中幼儿没有再次流血,无须就医。班级教师、保健医等工作人员耐心细致,关心幼儿,事故后家长向老师和医生表示了感谢。 班级教师签字:×× 保健医签字:××
事故分析与反思
此次事故的发生属于意外事故,首先,本次活动设计合理,本次亲子活动运动项目"运输炮弹"已经在幼儿园举行过多次,深受家长和幼儿的欢迎,并在活动前提示家长和幼儿量力而行;其次,活动前的安全教育告知到位,幼儿园活动前已经对家长进行了安全责任告知,并对幼儿和家长进行了相应的安全教育;最后,活动前安全检查到位,亲子运动会开始前幼儿园后老师对场地进行了检查,事故发生时对跑道再次进行检查,跑道平坦、干净、无凸起,因此幼儿园和教师在此次事故中不担负任何责任。事后班级教师与家长沟通寻找原因,家长认为本次活动中其在搬运幼儿过程中汗水滴落在眼镜上,想擦眼镜,但是不方便,一不留神摔了幼儿。 在家园共育活动中,我们要注重安全第一的原则,通过合理的活动设计、安全教育、安全检查的手段规避安全风险,为幼儿创造良好的活动环境,同时形成一套完善的应急机制,如果遇到事故沉着冷静地解决事故,将事故造成的伤害降低到最小。在事故处理中坚持以幼儿为本,与家长保持良好的沟通状态,获得家长对幼儿园工作的支持。 班级教师签字:×× 幼儿园安全责任人签字:××

(5)家园沟通

1)事故发生后及时沟通

事故发生后应及时诚恳、诚实的告知家长婴幼儿意外伤害情况,即使是轻微伤害,无须就医的也应及时联系家长告知情况,避免家长的误解,同时获得家长的支持。

2)事故处理后的沟通

婴幼儿教师应积极与家长保持沟通,可以通过电话、微信或家访等多种方式了解婴幼儿后续情况,关心关爱婴幼儿,获得家长对后续工作的支持。在沟通中可以了解家长的需求,同时把事故后的沟通作为家庭安全教育的契机，向婴幼儿和家长传递安全知识和理念。

幼儿园意外伤害处理案例

王××是天津城市职业学院2020届幼儿发展与健康管理专业毕业生，毕业后任教于某幼儿园。2021年6月的某日上午10:20，王老师和班级另一名教师带领小班幼儿（12名）在幼儿园多功能室做双语活动，互动过程中王老师发现一名幼儿体温偏高，王老师观察这名幼儿的精神面貌并无病态，便询问宝宝（化名）身体有没有哪里不舒服，宝宝抱着小王老师的腿说，“老师，我没有不舒服呀，我可不可以去和其他小朋友们一起玩”，小朋友们正在跟随音乐边唱儿歌边跳动，王老师的第一直觉是也许是活动造成的幼儿体温短暂性升高，王老师立即带宝宝回班级教室量体温，体温无异常，宝宝开心地回到了集体中活动中，一切都在有条不紊地进行着，两三分钟后，课程进行到了尾声，正好巡查的教学主任进入班级，此时宝宝突然躺地上不动了，王老师赶忙跑过去看他，宝宝开始说不出话，翻白眼，有抽搐症状，王老师脑海中突然闪现了在大学专业课程中学习的关于幼儿高热惊厥的案例，高热惊厥要防止幼儿咬舌头，于是立即把手塞到幼儿嘴里，并请主任去赶紧拿木棒或勺子，幼儿可能会咬舌头，同时安抚幼儿“宝宝不要怕，老师会帮你的，你要配合老师，如果你感觉控制不住自己的身体就眨眨眼睛，不哭不哭，你是最勇敢的宝贝”等鼓励性的言语，同时立即请另一名教师将班级幼儿带离多功能室并拨打120、联系家长。此时幼儿情况有所好转，但意识还是不清醒，王老师安慰宝宝说：“不怕，如果你疼就咬老师没事的，不要咬舌头，不要咬舌头，听话哈，老师在陪着你，一会儿妈妈也回来。”可能也是新的一轮抽搐开始了，幼儿眼角含泪地狠狠咬了老师的手一口，主任这时候匆匆赶来了，将勺子塞到了幼儿的嘴巴里，王老师的手才被替换了出来。此时的宝宝开始有了一些意识。10分钟后，宝宝妈妈与救护车同时抵达，宝宝妈妈见到幼儿躺在活动室有些慌了神，王老师立即安抚宝宝妈妈的情绪“家长千万不能慌，现在咱都是幼儿的精神支柱，咱现在哭幼儿会更害怕，勇敢一点，”救护车到达后，在家长的请求下王老师陪同幼儿及家长坐120赶往医院，教学主任去到小班观察其他幼儿情况，对幼儿进行情绪疏导。宝宝也通过急诊的一系列筛查之后打了紧急退烧针，入院当晚幼儿再次出现了高烧现象，遵从医嘱留院观察一周。宝宝留院观察期间，王老师每日与宝宝妈妈进行沟通，及时了解幼儿的恢复情况，一周后幼儿康复出院，家长为王老师送上了锦旗。

高热惊厥是幼儿常见的一种意外伤害，王老师是入职的新老师，却有条不紊地处理了这起意外伤害，在幼儿发生高热惊厥的第一时间作出了正确的情况评估和救助，并及时联系家长和120，很好地完成了意外伤害的处理。后续王老师保持了积极的家园沟通，关心幼儿情况，同时和家长交流关于高热惊厥发生的原因及如何进行护理与预防，王老师关爱幼儿的工作态度得到了家长的认可。

2. 技能操作

在发生意外伤害事故后，应完成准备工作、现场救助、整理记录，见表4-4-14。首先，应迅速判断情况，并做好准备工作，从救护者、环境、物品设备、婴幼儿等方面准备；然后迅速实施现场救助，进行伤情评估，根据评估进行救助处理，同时联系并告知家长相关情况；最后完成整理并做好意外伤害处理的记录，见表4-4-15。

表4-4-14　婴幼儿意外伤害技能操作表

操作项目__________　　操作人__________　　操作时间__________

技能项目		具体操作	完成度	备注
准备工作	救护者准备			
	环境准备			
	物品/设备			
现场救助	伤情评估			
	急救处理			
整理记录	告知家长			
	物品整理			
	完成意外伤害事故登记表			

表4-4-15　××幼儿园意外伤害事故登记表

××幼儿园意外伤害事故登记表 登记人：________　登记时间：________　登记编号：________					
姓名		性别		年龄	
班级		班级教师		发生时间	
事故记录（详细记录事故发生的时间地点）					

续表

事故处理（详细记录伤情和临时处理措施）及结果（写明是否就医等）
班级教师签字： 保健医签字：
事故分析与反思
班级教师签字： 保健医签字：

检查评估

工作人员按照表4-4-16中的检查项目进行自我检查，并将检查结果和自我点评记录在表中。

表4-4-16　突发事件应急与处理检查记录表（工作人员自评）

序号	检查项目	检查结果	自我点评
1	是否明确活动安全预案含义	是□ 否□	
2	是否掌握活动安全预案必要性	是□ 否□	
3	是否掌握活动安全预案编制基本要求	是□ 否□	
4	是否掌握活动安全预案编写步骤	是□ 否□	
5	是否了解家园活动中婴幼儿常见意外伤害	是□ 否□	
6	是否掌握家园活动中婴幼儿常见意外伤害处理的原则	是□ 否□	
7	是否知道婴幼儿意外伤害的发生的原因	是□ 否□	
8	是否学会婴幼儿常见意外伤害的处理方法	是□ 否□	

家长根据表4-4-17中的检查项目对工作人员的工作情况进行检查，并将检查结果和结果点评记录在表中。

表4-4-17　突发事件应急与处理检查记录表（家长点评）

序号	检查项目	检查结果	结果点评
1	是否能清楚表述活动安全预案的必要性和内容	是□ 否□	
2	是否可以编写规范的活动安全预案	是□ 否□	

续表

序号	检查项目	检查结果	结果点评
3	沟通态度是否和蔼，语言是否亲切	是□　否□	
4	是否可以进行家园活动中婴幼儿常见意外伤害提示	是□　否□	
5	是否可以规范的处理婴幼儿意外伤害	是□　否□	

教师根据表4-4-18中的检查项目对工作人员的任务完成情况进行检查，并将检查结果和结果点评记录在表中。

表4-4-18　突发事件应急与处理检查记录表（教师点评）

序号	检查项目	检查结果	结果点评
1	是否按时完成任务	是□　否□	
2	团队协作是否顺畅	是□　否□	
3	是否可以评估活动环境的安全性	是□　否□	
4	是否能根据需要撰写活动安全预案	是□　否□	
5	是否能规范完成意外伤害事故处理	是□　否□	
6	是否可以规范对意外伤害事故进行事后登记	是□　否□	
7	是否可以规范地与家长沟通意外伤害事故情况	是□　否□	

任务小结

- 突发事件应急与处理
  - 活动安全预案的编制
    - 活动安全预案的含义
    - 活动安全预案的必要性
    - 活动安全预案编制的基本要求
    - 活动安全预案的编写步骤
      - 预演活动流程
      - 认真检查活动环境
      - 撰写方案
      - 其他配套文件
  - 婴幼儿突发事件的处理
    - 婴幼儿突发事件
    - 家园活动中婴幼儿突发事件的处理原则
      - 快速反应原则
      - 以婴幼儿为本原则
      - 真诚沟通原则
      - 承担责任原则
    - 婴幼儿突发事件常见意外伤害的处理策略
    - 事故后的记录
    - 家园沟通

参考文献

[1] 汪文鋆.弱智儿童家庭教育咨询.杭州:浙江教育出版社,1994.
[2] 顾克.幼儿园利用社区教育资源组织教育活动之思考[J].学前教育研究,2004(7).